丁品森 著

魏书生题

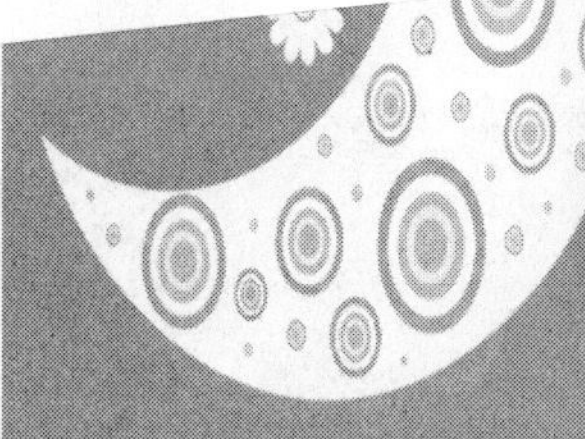

华龄出版社

责任编辑：高志红
装帧设计：国风设计
责任印制：李未圻

图书在版编目（CIP）数据

青少年心灵加油站/丁品森著．—北京 ：华龄出版社，2013．12
ISBN 978-7-5169-0391-9

Ⅰ．①青… Ⅱ．①丁… Ⅲ．①青少年—心理健康—健康教育 Ⅳ．①G479

中国版本图书馆 CIP 数据核字（2013）第 291160 号

书　　名：青少年心灵加油站
编　　者：丁品森　著
出版发行：华龄出版社
印　　刷：三河科达彩色印装有限公司
版　　次：2014 年 1 月第 1 版　　2014 年 5 月第 2 次印刷
开　　本：720×1020　1/16　　印　　张：22.5
字　　数：280 千字　　印　　数：4 001～7 000册
定　　价：25.00 元

地　　址：北京西城区鼓楼西大街 41 号　　邮编：100009
电　　话：84044445（发行部）　　传真：84039173

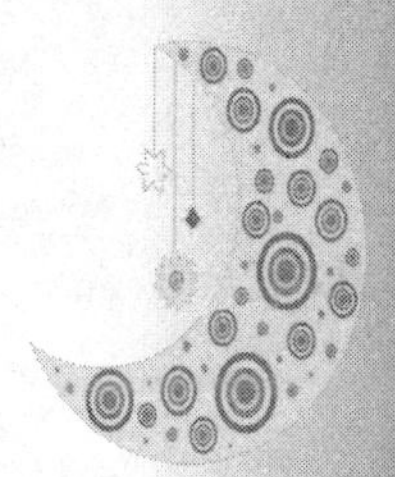

用心铸就，溢满大爱（代序）

——荐丁品森老师写给青少年的书

丁品森老师躬耕杏坛四十年，熟悉青葱校园的一草一木，深知莘莘学子的喜乐哀愁，与广大青少年同学结下了难解难分的深厚情谊。退休以后，那“一日不见，如三秋兮”的挚爱依然让他挥之不去，那“中心藏之，何日忘之”的深情依然让他难以忘怀，因此他便决定以书稿的形式来继续跟青少年同学的心灵对话，来延续与青少年同学那割舍不了的深深情缘。鉴于当今社会人生价值观念严重错位，思想道德教育严重缺失，导致许多青少年同学心头疑虑丛生，道德水准有所下滑的现状，丁老师经过反复思忖，决定把如何加强思想修养和提高道德水准的问题，作为继续跟青少年同学进行对话的核心内容。应该说，这对“双鬓已经作雪”和一向并非专职从事政治思想工作的丁老师而言，确实有着不小的难度。然而，“寸心依然如丹”的他，坚信为者常成，行者常至，只要“咫尺以进，往而不辍”，那就必然能“山泽可越焉”。于是，他便案前灯下，埋首苦读，严寒酷暑，笔耕不止，为研究青少年思想道德教育问题挥洒了大量的汗水，倾注了无数的心血。在此期间，尽管有些好心人劝他说，如今年事已高，理该颐养天年，不必再吃这样的苦头了，可他领这些人的情却并没有纳这些人的言，因为他认为心有大爱为学子，独坐板凳不觉苦，即便是当真有点儿辛苦，也是苦中有乐，苦后有乐，而且一旦全身心投入了，那就更是不觉其苦而只觉其乐。所以，他仍然执著一念，矢志不移地不懈坚持着。有心人，天不负，几度斗转星移、花开花落之后，他终于写出了《青少年心灵日光浴》、《青少年心灵氧吧》、《青少年心灵港湾》等 6 本对青少年进行心理疏导的专著，现在他又将第7本专著《青少年心灵加油站》奉献到了广大青少年同学的面前。所有这些著作，全都旨在为广大青少年同学释疑解惑，解开心结，以减轻他们思想上的压力，减少他们精神上的负担，使他们以更积极乐观的心态去直面人生，去学习知识，去友爱同学，从而让他们一生中最宝贵的一段黄金岁月能闪耀出更灿烂夺目的光彩。正因为此，这些书面世以后，受到了国内20余家新闻媒体的广泛关注，它们或出专版，或开专栏，或发书评，或登读后感，以多种方式给予了相当的好评。张家港市委宣传部、张家港市教育局、共青团张家港市委和张家港市关工委，也对这些书给予了充分的首肯，并向全市青少年作了热情的推荐。综上可见，丁老师这些专著的第一个特点是：倾心尽力，对广大青少年充满了大爱。

丁老师这些专著的第二个特点是：内涵丰富，能使广大青少年得益受惠。在这些著作中，丁老师始终将紧扣时代脉搏和贴近学生实际作为自己最根本的着力点，搦管为文时总是想方设法寻辟新径，畅抒己见，使尽解数贴船下篙，雪中送炭，力求把每一句话都说到广大青少年的心坎上。为了使理论的阐发不致流于空泛，丁老师精心地将透辟的说理跟鲜活的个案和生动的故事交融在一起，或夹叙夹议，或边叙边议，尽力做到在叙中启示议的层面，在议中揭示叙的主旨，以期达到寓理于事和理从事发的境界，使青少年读了真能心悦诚服，欣然接受。这些著作中的每一个篇章，都蕴涵着生动有趣的各种知识，饱含着质朴深刻的思想哲理，青少年同学读了，都会感到奇趣横生，妙语解颐，并由此而猛有所悟，顿释疑窦。打开这一本本著作，就仿佛是走进了一座座新意弥漫的漂亮园林，放眼望去，只见佳景迭出，风姿绰约，显得格外的美丽迷人。而丁老师呢，就好像一名称职的导游那样，凭着他丰富厚实的学识积淀，凭着他极具魅力的文字语言，在娓娓动人地作着引人入胜的介绍。他时而游刃有余地话说着许多古今中外的新奇故事，时而妙语连珠地穿插着无数现实生活中的鲜活实例，时而信手拈来地引述着众多名人大家的绝妙锦言，时而不露痕迹地镶嵌着精美隽永的古典诗词，而尤为难能可贵的是，他更时时不忘用一根颇具见地的思想彩线，将所有的这些都有机地缀合在一起，使人们只感到主体突出鲜明，景、语妙合无垠，简直就像天造地设似的般配得体。这

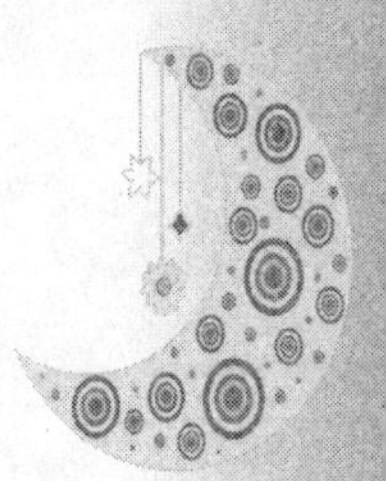

样，广大青少年阅读时也就能既见树木，又见森林，既从绝妙锦言和古典诗词中享受到审美的快感，又从生动故事和鲜活实例中寻绎到历史的、人生的大智慧，而不至于局限在狭隘封闭的个人空间内，被无知和短视所困扰。所以，广大青少年只要一卷在手，就能不仅思想受惠，而且心情愉悦，先前的一些疙瘩就会倏忽轻松解开，原本的一些烦恼就会顷刻烟消云散，他们的胸中就会由此勃发一股搏击人生的力量，他们的心灵就会随之得到净化与升华。

丁老师这些专著的第三个特点是：深情款款，能有力拨动广大青少年心灵的琴弦。这些专著从学校教育的现状和青少年的思想实际出发，跟青少年谈思想修养，谈品格熔铸，谈为人之道，谈处世之法，谈学习门径，谈读书诀窍，可以说都是以讲说道理为主的，可是在丁老师的笔下，却一点都不给人耳提面命和枯燥乏味的感觉，而是让人觉得是那么的温暖柔和，平易亲切，就如同那潺潺流淌的清溪，以润物无声的优美姿势，润泽着青少年同学的幼小心灵。此中的奥秘何在呢？关键就在于丁老师对广大青少年始终怀抱着“拼却老红一万点，换将新绿百千重”的赤诚心愿，同时又熟谙“谆谆而后喻，诿诿而后服”这一最根本的育人之法。故而在执笔行文时，他就既在旗帜鲜明、观点新颖方面下工夫，又在娓娓而谈、亲切随和方面花力气，力求做到如润物无声的春雨那样，将许多道理自自然然、细细软软地播撒到青少年的心田上，以使他们能如坐春风一般，在不经意间便欣然有获。书中的每一个字，每一句话，可以说都是这位从教四十年的老教育工作者对青少年同学一片心声的真诚吐露，一份情意的厚重凝聚。有了这样的浓浓挚爱，厚厚深情，这些著作便都有如缕缕和煦的阳光，撒进了青少年的内心世界，为他们驱走头顶的阴霾；便都有如淙淙流淌的清泉，滋润了青少年的干渴心田，为他们荡涤心灵的尘埃；便都有如轻轻化雨的春风，化解了青少年的重重心结，为他们开辟出一方明净的天空。人非草木，孰能无情，相信广大青少年同学捧读着这书页之上处处镌刻着丁老师的爱心，字里行间时时流泻着丁老师的厚意的著作，一定会深切地感受到丁老师的这一片殷殷之心和眷眷之情，从而引发巨大的心灵震撼，并产生强烈的情感共鸣。

丁老师这些专著的第四个特点是：文字优美，能牢牢地吸引广大青少年的眼球。丁老师执教语文四十年，长期浸润在古今中外的名篇佳构之中，退休后亦仍手不释卷，笔耕不辍，在这漫长的岁月里，他一直把“言以足志，文以足言……言之无文，行而不远”的古训奉为作文的圭臬，而对谋篇布局之技，遣词造句之法，他也熟稔在胸，且分外地注重。凭借着这样的识见和功底，他在笔走龙蛇，挥写与青少年同学亲切交谈的篇章时，也就在结构的缜密、语句的畅达和文字的精练等方面，狠下了一番切实的工夫。这样，这些著作也就大多写得章法浑成，文采飞扬，诗情浓郁。其中的绝大部分篇章，兴许都能让青少年同学感到“天机云锦用在我，剪裁妙处非刀尺”的精妙，其中的绝大部分文字，或亦都能使青少年同学领略“悠悠天宇旷，绵绵诗情浓”的美感，甚至即便是在掩卷闭目之后，也依旧能产生“诗意已轻轻地走了，但思绪正悄悄地来临”的强烈感受。要言之，缜密周严的结构和饱蕴诗意的文字，大大增强了这些专著使人爱不释手的迷人魅力，广大青少年捧读时定会如观珍宝那样地赏鉴再三，如食橄榄那样地回味幽长。而在这广大青少年的再三赏鉴和幽长回味之中，这些著作也就充分发挥了它们“滞者导之使达，蒙者开之使明”的启迪和导引作用。

北宋大文学家苏轼诗云：“粗缯大布裹生涯，腹有诗书气自华。”北宋的另一位大文学家王安石也说：“年少从他爱梨栗，长成须读五车书。”这就可见认真读书的极端重要。为此，我愿借这一机会，由衷地希望每一位青少年同学都能认真地读一读丁品森老师为你们精心撰写的这些书。相信只要你们潜心研读，细加涵泳，这些书就当真能成为你们的“心灵加油站”，使你们在潜移默化之中，思想得到净化，灵魂得到升华，并在举手投足、一笑一颦之间，自然而然地渐渐显现出或高贵儒雅，或热情奔放，或温柔内敛，或活泼灵动的可贵气质来。倘若诚能如此，那么你们就一定能成为一个志向远大、品格高尚和能力卓异的人，就一定能为中国梦的实现贡奉一份你们所能贡奉的最宝贵的力量。

（张天保：教育部原副部长、国家总督学顾问） 張天保
二〇一三年十月廿一日

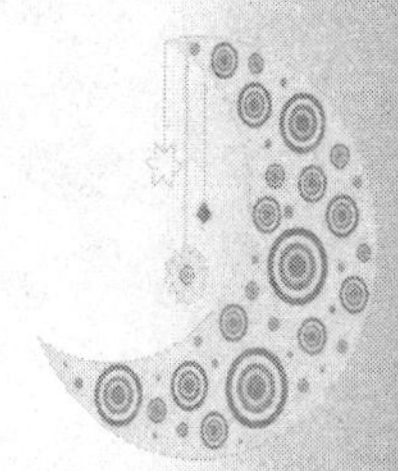

目　录

立志篇

自知篇

自信篇

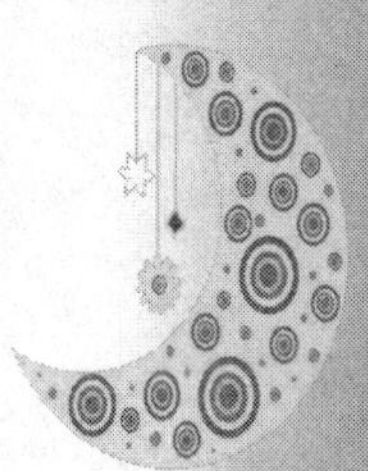

自处篇

自强篇

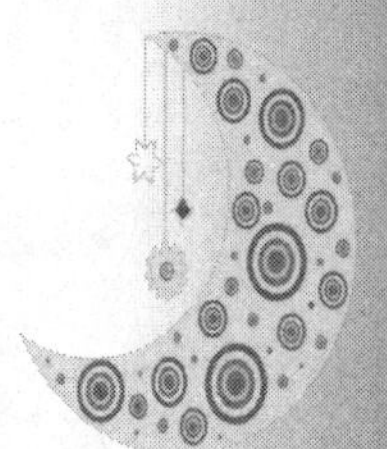

自砺篇

处世篇

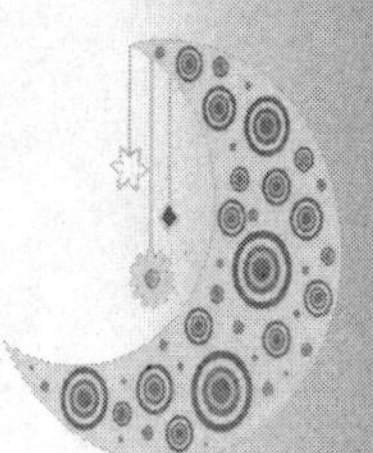

立志篇

心随朗月高，志与秋霜洁

孔子曾这样述说他一生修养成人的过程："吾十有五而志于学，三十而立，四十而不惑，五十而知天命，六十而耳顺，七十而从心所欲不逾矩。"这就可见，从小立志乃是百事之首，人的一生就是由十五而立志发端的，以后的三十而立，四十而不惑，五十而知天命，六十而耳顺，七十而从心所欲不逾矩，都是由从小立志而生发出来的，要是没有了十有五的立志，那么以后的一切也就根本无从谈起了。所以，我们一定要从小立大志，编织少年梦，很好确立自己的高远之志。

其实，古今中外的许多名人，都特别强调立志的重要性。诸葛亮就曾说："志当存高远。"华罗庚亦云："没有雄心壮志的人，他们的生活缺乏伟大的动力，自然不能盼望他们会有杰出的成就。"法国著名微生物学家巴斯德也说："立志是事业的大门，工作是登门入室的旅程。"他们之所以都如此重视立志，是因为立志能够对人们产生以下这三大效应：一是巨大动力效应，二是持续发展效应，三是总聚焦效应。

伟大的行动总是以伟大的志向为先导的，一个人有了远大的志向，就有了明确的方向，就有了前进的动力，就有了"咬定青山不放松"、"千磨万击还坚劲"的不屈意志，就有了"乘风破浪会有时，直挂云帆济沧海"的豪情，于是也就能刀山火海也敢闯，艰难困苦等闲视，始终向着自己既定的目标阔步向前。这就是立志的巨大动力效应。

一个人有了远大的志向，就会随之有周密的计划，有实现计划的具体步骤，就会踏踏实实地去苦干，循序渐进地去实现，就会遇有困难不后退，碰到挫折不泄气，遭受失败不灰心，初战告捷不窃喜，连有斩获不松劲，战果累累不自满，真正做到败不气馁胜不骄，永远充满更上一层楼的决心和气魄。这就是立志的持续发展效应。

一个人有了远大的志向，就能够把自己的全部能量聚焦于一点，使自己的力量得到最大限度的发挥，这就正像凸透镜可以使万千条阳光集中到一个焦点，从而使一张纸熊熊燃烧一样，产生无法估量的巨大作用。大志一旦确立，我们就必然会围绕着大志去读书，去思考，去求师，去实践，去探索，去创新……总之是不管在什么时候，什么地方，不管是想什么，做什么，都始终对准大志，紧扣大志，聚焦大志，而绝不会旁斜，亦不会逸出，更不会逆背，这样也就使所思所做的一切都不再是互不相关的孤零零的存在，而是形成了紧密关联、环环相扣的一条长链。而长链既成，也就等于是架起了一座通往宏伟目标的金桥，远大志向的实现也就成为顺理成章的必然之事了。这就是立志的总聚焦效应。

“心随朗月高，志与秋霜洁”，只要我们从小立下高远之志，并矢志不渝地为实现这一志向作不懈的努力，将立志的巨大动力效应、持续发展效应和总聚焦效应充分发挥出来，那么我们就一定能一路摧城拔寨，夺关斩将，一步步走向成功的殿堂，真正成为国家所需要的栋梁之材。

对未来永远充满渴望

在跟一些青少年同学叙谈时，他们往往会向我提出这样的问题：“我在学习上已经相当尽力了，可成绩还总是不尽如人意，这到底是什么原因呢?”我便反过来问他们一些相关的问题，以了解他们的具体情况，其中有一个问题就是：“你对未来有什么渴望吗?”他们听了这句问话，不是茫然不知所对，就是说：“有什么渴望不渴望的，就盼着日后考个好大学，将来找份好工作呗。”这时，我便对他们说：“这也许就是你们成绩上不去的一个重要原因。”

古希腊哲学家朗吉努斯在《论崇高》里写下了这样一段文字：“天之生人，不是要我们做卑鄙下流的动物，它带我们到生活中来，到包罗万象的宇宙中来，要我们做万物的观光者，所以它一开始便在我们心灵中植下一种热情——对一切伟大的，比我们更神圣的事物的渴望。”这种渴望，对我们来说实在是太重要了，如果没有它，我们就会像一般的动物那样，只知道吃了睡，睡了吃，一无所求地消磨着四时的光阴，或是一天到晚只是慌乱茫然，一遍又一遍地咀嚼着无尽的懊悔和忧伤；而一旦有了它，我们就有了追求的目标，就有了奋斗的激情，就有了不屈的精神，就有了向上的力量，我们就能在看似周而复始的平凡日子里，不断取得一个又一个可贵的进步，就能在仿佛难以克服的障碍里，永远收获一个又一个意外的惊喜。这样，即便我们原本是一个走在人群中光彩不现的平凡之人，也能在历经种种困难的磨砺之后，让自己的生命闪现出耀眼的光芒，就好像唐伯虎的一首诗所写的那样：“一上一上又一上，一上上到高山上。举头红日白云起，四海五湖皆一望。”

拿破仑的士兵在那横扫欧洲的辉煌时代里，曾经给全世界出了这样一道谜题：同样是普普通通的士兵，他们为什么比其他欧洲国家的士兵更加优秀？一位法国将军就曾这样得意洋洋地宣称："我的下士当任何一支军队的上尉，都绰绰有余!"那些欧洲的贵族们绞尽脑汁也弄不明白：究竟是什么力量使得那些法国农民、鞋匠、城市游民，个个都在战场上表现得无与伦比，变成了一支令整个欧洲闻之色变的可怕力量？多年以后，在一本关于拿破仑的传记中，人们终于找到了答案。在该传记《行军包里的元帅权杖》这一章中，作者给人们提供了这样一个数字：在拿破仑提拔的26名元帅中，有24名出身平民。拿破仑巧妙地激发了每个士兵的遐想，使他们对未来充满了渴望，也充满了坚信：在自己的行军包中，就藏着一柄元帅权杖，只要努力，下一位陆军元帅就会是自己！一个渴望着自己成为一个元帅的士兵，怎么还会是一名甘于平凡的士兵呢？这，就是为什么拿破仑和他的士兵能够征服大半个欧洲的原因。由此可见，一个人必须对未来充满渴望——这绝不是抽象的道理，更不是空洞的说教，而是为活生生的铁的事实所证明了的真理。

让自己对未来永远充满渴望吧，这样，你的周身上下就会永远有一股使不完的劲头，你的成绩就一定会大有起色，你的前景就一定会一片亮色！

未来，才最值得关注

1920 年，在美国田纳西州的一个小镇上，有个小女孩沙莉出生了。她逐渐懂事以后，知道自己与其他孩子不一样：没有爸爸，是个私生子。她时常听到别人的冷言冷语："这是一个没有父亲的孩子。"有人甚至骂她是"孽种"。她因此而变得越来越郁郁寡欢，越来越逃避现实。13 岁那年，镇上来了个牧师，她便常常偷偷地溜进教堂里去倾听。牧师的宣讲很对她的胃口，深深地触动了她的心灵，但由于自己特殊的身份，她又不敢正大光明去听，所以每当牧师的宣讲将完未完时，她总是知趣地先行离场。有一次她听得入了迷，竟然忘记听了多久，直到教堂的钟声敲响时才猛然惊醒，这时率先离开教堂的人已堵住了她想迅速逃离的出路，她只能无奈地低着头，随波逐流地慢慢向外移动。突然，一只大手搭在她的肩上。她惊惶地顺着这只手臂向上看，此人不是别人，正是牧师。牧师和蔼地问她："你是谁家的孩子？"这是沙莉十多年来最害怕问到的一句话，她低下头，无言以对，只感到无地自容。四周没有离去的人这时都围了过来，善解人意的牧师抚摸着沙莉的头发说："噢，我知道了，我知道你是谁家的孩子，你是上帝的孩子。"随后，牧师又对她说，也是故意让周围的人都听到，"这里所有的人和你一样，都是上帝的孩子。过去不等于未来，不论过去怎么不幸，这都不重要。重要的是必须对未来充满信心。孩子，现在就要做出决定，努力做你想做的人。你要知道，人最重要的不是你从哪里来，而是你要到哪里去。只要你对未来充满信心，现在就会充满力量。不论你过去怎样，那都已经过去了。只要你调整心态，明确目标，乐观积极地去争取，那么成功就一定会属于你。"牧师的话音刚落，周围顿时爆发出热烈的掌声。尽管没有人多说一句话，但这掌声就是理解，就是歉意，就是认可，就是欢迎。

牧师的这一番话改变了沙莉的人生，从此她变得越来越乐观，越来越进取。在40岁那年，沙莉竟荣任了美国田纳西州州长。后来，她弃政从商，又成为世界500强企业之一的公司总裁，成为全球赫赫有名的成功人物。在67岁那年，沙莉出版了自己的回忆录——《攀登巅峰》。在这本书的扉页上，她给读者写下了这样深情的话语：过去不等于未来。因为过去属于死神，未来属于自己，因为过去是回忆漫步的领地，未来是梦想驰骋的舞台。过去，不管是成功了，还是失败了，都不要太在意。未来，才最值得关注。只有面向未来，才能勇往直前。为了未来，为了攀登巅峰，请记住：是非审之于己，毁誉听之于人，得失安之于素，过去归之于零。

在这大千世界上，身世难于启齿、经历曲折坎坷的青少年同学，为数恐怕也并不在少，面对自己不幸的境遇，这些青少年同学究竟该怎么办才好？我们觉得，最好的办法就是从沙莉的身上获取教益，汲取力量，忘却过去，面向未来，卸下包袱，勇往直前。要坚信：只要将"未来，才最值得关注"的理念深深地植根于自己的心中，那么密布于头顶的阴云就定可很快驱散殆尽，久违了的阳光就必将重又照亮前行的道路。

为“爱好”而读书

究竟为什么而读书？对于每一个青少年同学来说，这不仅是一个时时都会都会面临的问题，而且是一个必须认真地加以解决的问题。

哈佛大学曾对美国 1500 名学生进行过一项调查，询问他们读书是出于爱好还是为了赚钱。1255 名学生回答是为了赚钱，245 名学生表示出于爱好。这项调查累计做了 10 年，10 年以后，在 245 名出于爱好而读书的学生中，有 100 人取得了很大的成功，而在 1255 名为赚钱而读书的学生中，只有 1 人达到了目的。

德国著名作家歌德曾说：“伟大的理想使人崇高，卑微的需要使人沉沦。”据我们的理解，为“赚钱”而读书就是出于一种卑微的需要，而为“爱好”而读书就与“伟大的理想”有着非常紧密的关系。这是因为一个人只有有了真正的“爱好”，才能摈弃个人的名利，抛却小我的得失，永远痴迷执著地对知识进行不懈的追求。

宋朝的柳开，自幼爱好文学，且特别仰慕韩愈和柳宗元的文章，便改名为肩愈，字绍元，表示了欲与韩愈比肩和绍承柳宗元的强烈心愿。爱好就此成了柳开奋进的动力，他每天用功诵读韩、柳的作品，不但把它们读得烂熟，而且还逐字逐句体会文章的意思，揣摩篇章结构的奥妙。后来他又体会到文如其人的道理，于是更用心学习韩、柳的为人处世之道，不断提升自身的思想品德。就是这样，为了自己的爱好，柳开双管齐下，作了异常刻苦的努力，最后终于如愿以偿地写得一手好文章，成为一位一扫五代十国时期柔弱文风，开创北宋诗文革新运动新风的文章大师。

在四川汶川大地震中，也同样发生了一件为“爱好”而读书的动人事情：在一片废墟中，在一堆瓦砾下，只听得传来了阵阵清脆的读书声，那

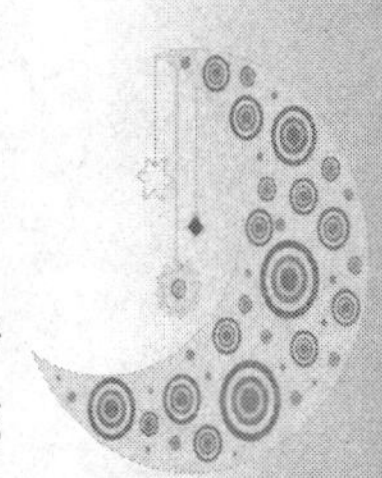

是一个被压在废墟下的女孩，正打着手电筒在忘情地读书。天崩地裂，房倒屋塌，这是何等巨大的灾难和异常危险的情景，可这位女孩却依然在那里孜孜不倦地读书，这究竟是什么原因呢？我们说，其源就在于她是为“爱好”而读书。这位女孩出身于一个贫困家庭，可她人穷志不穷，平时就养成了为“爱好”而读书的良好习惯，常常在回家的路上打着手电筒看书，所以当地震灾难猝然降临，一下被压在一片黑暗和相当危险的废墟下时，她虽然不免感到害怕，却并没有因此而万分惊恐，她在寻思着该如何来面对这样的局面，她首先想到的就是始终与她为伴的书，她本能地感到，读书可以使她忘却一切，读书可以缓解她紧张的神经，读书可以平添她与死神抗争的智慧和勇气，于是在为“爱好”而读书的意念的驱动下，她也就自然而然地创造了一道在废墟下忘情读书的人间奇观。这奇观足以使天地动容，足以使山河易色，足以使死神望而却步，足以使世人不胜叹服。

郑板桥曾经有言：“精神专一，奋苦数十年，神将相之，鬼将告之，人将启之，物将发之。不奋苦而求速效，只落得少日浮夸，老来窘隘而已。”一个人如果真能胸怀崇高的理想，在强烈“爱好”的驱策下，精神专一地奋苦攻读数十年，那他就必然能逐渐走出蒙昧的黑暗，摆脱无知的操纵，登上那高耸的知识之巅，尽情地饱览那壮阔奇异的美景，成为一个眼界开阔、心胸豁达、学富五车、本领高强、于国于民都急切需要的栋梁之才。

爱得有多深，就做得有多好

爱因斯坦曾说：“对于一切来说，只有热爱才是最好的老师。”高尔基也说：“天才，就其本质而说，只不过是一种对事业、对工作过盛的热爱而已。”无数事实都充分表明，他们的这些话语确实是放之四海而皆准的颠扑不破的真理。

印青，这位被誉为“中国舒伯特”的著名音乐家的音乐创作之路，就正是从热爱开始的。印青的父母都是音乐工作者，家庭的影响使他从小就梦想能在音乐上有所作为。1970 年入伍后，他虽如愿成了一名文艺兵，可不久就被安排下部队，当起了架线兵。理想与现实一下子出现了极大落差，可印青靠着由热爱迸发出的激情和潜能，依然一刻不停地追寻着他心中的那个梦。部队组织野营拉练时，除了背包、线拐和枪以外，他还要带上小提琴和满背包的音乐理论书，走到哪儿背到哪。他还特意走了几十公里的山路去买了好多煤油，以便白天随队野营拉练，晚上在煤油灯下刻苦夜读。功夫不负有心人，他终于在 18 岁那年成功创作了处女作《我是个架线兵》，并在参加军区汇演时获得了好评。此后，怀揣着满腔热情的印青便一发而不可收，在二十多年中写出了 1000 多件作品，并有 300 多件作品获了奖，《班长》、《潇洒女兵》、《中华大家园》、《走进新时代》、《凝聚》、《西部放歌》、《祖国我永远祝福你》、《永远跟你走》等更是获得了全国“五个一工程奖”。硕果累累，荣誉接踵，可印青仍热爱依旧，热情不减，照样一如既往地日夜潜行在音乐的海洋中。有时他已经睡下了，突然想到一个旋律，就会马上披衣而起，飞笔记下。为此，一贯支持他的妻子也难免会嗔怪他几句：“你娶的是音乐女神，而不是我。”如今，年过不惑的他，为了自己所钟爱的音乐事业，甚至远离幸福的家庭，一个人蜗居斗室，埋头创作。可以这么说，正是对音乐事业的深深热爱，成就了印青今天的非凡业绩，而且可以预期，还必将铸就他明天更无比的辉煌。

那么，热爱为什么会产生如此巨大的作用呢？这是因为热爱首先是在认知上对自己所喜爱和追求的事物的充分肯定，并对它给予非常高的期望，随之也就能调动我们的一切主观能动性为之而倾心付出。由于热爱，我们的每一份感动、每一份喜悦和每一份希望，就都能化作最充沛的激情和最强烈的渴求。而如此一来，我们的思维就必然会空前活跃，我们的头脑就必然会特别聪明，我们的身心就必然会进入一种拼命努力的最佳状态，我们也就必然能把事情做到今天要比昨天好、明天更比今天好的理想境界。即便是遭遇了千般困难、万般挫折，我们也能“衣带渐宽终不悔，为伊消得人憔悴”。依然义无反顾地一往无前，以自己切切实实的行动向世人证明：只要努力就有希望，只要耕耘就有收获，人生之路并不漆黑一片，成功的彼岸并非遥不可及；只要让自己所有的潜能全都尽情地迸发出来，那么麻雀就会变成凤凰，丑小鸭就会变成白天鹅，鲤鱼就会一跃跳过龙门。

“做你所爱，爱你所做”（比尔·盖茨语），爱得有多深，就做得有多好。所以，我们应该让“既然我已经踏上这条道路，那么，任何东西都不应妨碍我沿着这条路走下去”这一句康德的名言，成为永远激励我们不断奋进的嘹亮号角。

放飞美丽梦想

法国传媒大亨巴拉昂患了癌症，临死前出了一道考题，题目颇为特别：穷人最缺少的是什么？凡是回答与他预先锁在保险柜中的答案相同者，即可获得100万法郎的奖金。结果，在近50000份答卷中，只有一名叫蒂勒的小女孩拿到了全部奖金。她的答案是：野心。

那么，这位仅用10年时间就迅速跻身法国富豪行列的“野心家”为什么要搞这样的一次征答活动呢？他在自己立下的遗嘱中就此作了如下的说明：“我先前是个穷人……我不愿把我成为富人的秘诀带走。”这也就是说，他是想在生命的最后一刻，向人们告知他成功的秘诀，以唤起众人沉睡已久的“野心”。

“野心”，这个词在我们中国人的眼中是明显带有贬义色彩的，可在巴拉昂的心目中，“野心”并不是指野心家和阴谋家之类意欲夺取权位的贪欲之心，而是指那种不断地改变现状，超越自我，从而使自己抵达一个又一个人生顶峰的梦想。这种梦想，应该说是非常宝贵的，这就正如一位文学家所说：“野心和梦想，是永恒的特效药，是所有奇迹的萌发点。”此话说得真有道理，下面的这个故事可以说就是对这句话所作的最好的诠释：

美国有个名叫蒙地·罗伯茨的人，在读中学的时候，一次老师布置了一道《长大以后的志愿》的作文题，那晚他就洋洋洒洒地写了七张纸，尽情地描绘了他想拥有一座牧马农场的美丽梦想，甚至还画出了一张200英亩大的牧场平面图，在上面标注了所有的房屋，还有马厩和跑道。可是，当他将这一花费了好大心血写成的作文交上去以后，老师却在第一页上批了一个大大的“F”（最低分），旁边还附了一行字：“放学后留下来。”蒙地放学后去问老师：“为什么我的作文只得了‘F’?”老师的回答是："你没有钱，没有家庭背景，你什么都没有，绝对不可能建造这样的牧场，你这是好高骛远，白日做梦。"最后他加了一句："如果你把作文重写一遍，将目标定得现实一些，我会考虑重新给你评分的。"蒙地回家后痛苦地思考了很久，去问父亲应该怎么办。父亲对他说这是一个非常重要的决定，要他自己拿主意。蒙地再三考虑了几天后，终于决定将原稿交上去，一个字都不改，并向老师宣告："你可以保留那个'F'，而我将继续我的梦想。"若干年以后，蒙地当真如愿地将牧场建了起来，而他当年的那位老师也带了30个孩子来到牧场中搞了为期一周的露营活动。当老师将要离开的时候，他对蒙地说了这样一番动情的话："蒙地，现在我可以对你讲了，当我还是你的老师的时候，我差不多可以说是一个偷梦的人!那些年里，我偷了许许多多孩子的梦想。幸运的是，你有足够的勇气和进取心，不肯放弃，让你的梦想得以实现。"

这则有趣的故事雄辩地告诉我们，青少年时代是个多梦的季节，实现梦想的脚步就是从这个季节里迈出去的。这个故事还告诉我们，梦想是所有奇迹的萌发点，我们一旦拥有了美丽的梦想，就千万不能让别人轻易地将它偷走。我们的梦想也许有不切实际之处，但却是那样的五彩缤纷，而且其中或许真就蕴藏着我们终生的快乐，如果我们因为别人的一点嘲笑，就轻易将它舍弃，那岂不就丢失了纯真的美好未来吗？何等可惜啊！

事实上，现今世上这所有的一切，其实都是过去各个时代的梦想的总和，都是那些敢于梦想的人创造的。无线电报的成功，是马可尼梦想的结果；大西洋的海底电讯，使菲尔德把欧洲和美洲联系在一起的梦想变为了现实；比尔·盖茨成为美国首富，是因为他和同伴保尔·阿伦有一个要把计算机放到每张办公桌上以及每个家庭中去的梦想。梦想孕育了思想，梦想化为了行动，梦想变成了现实，梦想推动了世界，整个人类社会就是在实现梦想的过程中不断前进的。

立志努力，纵然不能完全成功，也会得到进步；发愿向上，纵然不能完全实现，也会得到进展。放飞美丽梦想，我们内心的力量就不会找不到方向，我们心中无价的金矿就不会变成平凡的尘土，我们就能让自己的聪明才智得到淋漓尽致的发挥，我们就能用自己的双手创造出许多令人惊讶不已的人间奇迹。

人生因梦想而辉煌

“水激石则鸣，人激志则宏。”可以毫不夸大地说，世界上许多作出杰出贡献的人，都是善于做梦的人，他们都是在美丽梦想的激励下，方才取得了令世人瞩目的卓著成就。

钱塘江大桥何以能够建成？就因为茅以升从小就埋下了为人们建桥造福的梦想的种子。飞机为什么能够上天？就因为莱特兄弟从小就萌生了像大雁一样飞起来的梦想。火车为什么能够奔驰？就因为斯蒂芬森在当矿工时心中就立下了发明蒸汽机车的宏大志向。一句话，正是那美丽的梦想，使这些人迸发了澎湃的激情，确立了坚定的信念，唤起了异乎寻常的勇气，增强了百折不挠的意志，从而最大限度地发挥了自己的潜能，做出了常人所难以做到的事情。

正因为梦想有着如此巨大的作用，所以人们都将最热情最美妙的赞词奉献给了它。曾任美国总统的威尔逊曾说：“我们因为有梦想而伟大，所有的伟人都是梦想家。他们在春天的和风里，或是冬夜的炉火边做梦。有些人听凭自己的伟大梦想枯萎而凋谢；但也有人灌溉呵护梦想，在颠沛困顿的日子里精心培育梦想，直到有一天得见天日。”黎巴嫩著名诗人纪伯伦曾说：“我宁可做人类中有梦想和有完成梦想的愿望的、最渺小的人，而不愿做一个最伟大的无梦想、无愿望的人。”所以，如果你有了梦想，就一定要勇敢地去追逐，而千万不要将企盼的双眸锁在岁月的一角。只要心底有一个金色的向往，幸福就会与你相伴；只要梦里有一个美好的结局，如意就会与你相随。不懈地去追求一个个梦想，就一定能留下一座座丰碑。

诚然，梦想的确立还只是人生的发端，要使梦想真正变为现实，那还

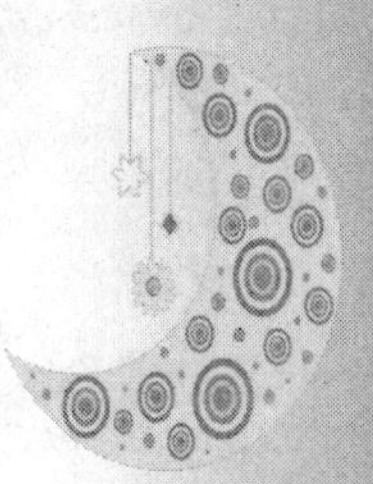

得走十分漫长和异常艰巨的道路。在这一点上，看一看黎族作家洒尕的经历，对我们也许会有很大的好处：

1975年，还在读小学五年级的洒尕在阅读了《西游记》之后，对写书的人生产生了无比的羡慕和崇敬，并进而产生了一个大胆的念头：长大了，我也要写书。村里人和他的语文老师得知了他的想法之后，都认为他是痴人说梦。可他并没有因此而退却，而是紧咬牙关暗暗在心里发誓：我将来一定要做一个作家，我要用无可辩驳的事实来证明——你们全都错了！五年过去了，命运之神非但没有让洒尕向做作家的梦想靠近，反而和他开了个残酷的玩笑，他在高考时竟以两分之差被关在了大学的门外。回到家乡后他赶过马、烧过窑、耕过田、当过木匠，但不论生活如何艰辛苦涩，他都从未放弃过当一名作家的梦想。尽管一次次的投稿换来的是一次次的失败，是乡亲们一句句嘲笑讽刺的话语，可他并没有被这些失败击垮，也没有去理睬那些闲言碎语，而是更加勤奋地没日没夜地写个不停。正像俗话所说的那样，老天绝不会让苍鹰吃草，在洒尕的废稿写了足有一米高的时候，他的处女作终于在地区文联的刊物上发表了。而当成功的大门一旦被推开之后，他也就渐渐迎来了一片无限的光明，最后终于如愿以偿，以无数的荆棘编织成了作家的桂冠。

洒尕的故事告诉我们，天助不如自助，执着一念，不懈追求，这才是成功之本。布朗宁曾经说过："啊！如果凡人所梦想的都唾手可得，那还要天堂干嘛?"是的，只有历经了无数的坎坷曲折，冲破了九灾十八难之后，我们才有可能通往隧道的出口，迎来黑夜以后美好的黎明时分。

鸟儿有了梦想，才能展翅飞向蓝天，人们有了梦想，才能创造生命的奇迹。没有梦想的人生，必然平淡无奇，黯然无光，怀有梦想的人生，方能才情四溢，绚丽多彩。矢志不移地放飞梦想，追逐梦想，我们就一定能不断地超越平凡，一步步迈进卓越的大门。

信念是成就的萌发点

信念是什么？信念是情感、认知和意志的有机统一体，是人们在一定的认识基础上确立的对某种思想或事物坚信不疑，并为之身体力行的心理态度和精神状态。如果用文学的语言来具体描述的话，那么信念就是“人生自古谁无死，留取丹心照汗青”的信仰，就是“俱怀逸兴壮思飞，欲上青天揽明月”的渴望，就是“大鹏一日同风起，扶摇直上九万里”的豪情，就是“粉身碎骨全不惜，要留清白在人间”的决心，就是“黄沙百战穿金甲，不破楼兰终不还”的无畏，就是“千磨万击还坚劲，任尔东西南北风”的坚忍，就是“亦余心之所善兮，虽九死其犹未悔”的执着，就是“长风破浪会有时，直挂云帆济沧海”的自信。

我们青春的火焰要燃得旺盛，必须依靠信念，我们生命的乐章要奏出强音，就一定得仰仗坚定的信念，因为信念可以使我们始终充满自信，充分发挥潜力，因为信念往往可以决定一个人的命运，催发一个人走上那成功之路。美国纽约州历史上第一位黑人州长罗杰·罗尔斯，出生在纽约声名狼藉的大沙头贫民窟，上学后他和他的同学一样，旷课，斗殴，甚至砸烂教室里的黑板，当时任校长的皮尔·保罗想了很多办法来引导他们，可是都没有奏效，后来他发现这些孩子都很迷信，于是就想出了用看手相的办法来鼓励学生。当罗尔斯从窗台上跳下，伸着小手走向讲台时，皮尔·保罗就说：“我一看你修长的小拇指就知道，将来你是纽约州的州长。”这使罗尔斯大吃一惊，可他记下了这句话，并且当真相信了它。从那天起，“纽约州州长”就成了他心中的一面旗帜，他的衣服不再沾满泥土，说话时也不再夹杂污言秽语，而且在此后的四十多年时间里，他没有一天不按州长的身份来要求自己。结果，在51岁那年，他果然当上了州长。在就职演说中，罗尔斯说：“信念值多少钱？信念是不值钱的，它有时候甚至是一个善意的欺骗，然而你一旦坚持下去它就会迅速升值。”

罗尔斯的这个故事告诉我们，一个人之所以能获得成功，最初往往就是从一个小小的信念开始的。信念就是成就的萌发点，信念就是前进的助推器，只要给自己树起一面信念的旗帜，那么每一个人都是自我生命的艺术家，都可以彩绘自己的人生世界；那么每一个人都是自我生命的工程师，都可以塑造自己的美好形象。

正因为信念密切地关系着一个人的成败和命运，所以人们无不以满腔的热忱，为信念献上最美妙的赞语。有的说，信念犹如明灯，当阴霾蔽日之时，给你指明前进的航程；有的说，信念宛似温泉，当冰凌满谷之时，冲荡得你暖意融融；有的说，信念好比葛藤，当你向险峰攀登之时，引你拾级而上；有的说，信念有如手杖，当你磕磕绊绊之时，能使你行进无忧；有的说，信念就像金钥匙，当你置身于人生迷宫之时，助你撷取皇冠上的明珠。

信念的力量简直是无可估量，它可以激发潜意识释放出无穷的热情、精力和智慧，帮助我们在万般艰难中义无反顾，去赢取最后的胜利，或使我们将自己的生命发挥到极限，去创造令人不可思议的奇迹。所以，我们一定要永远给自己树起一面信念的旗帜，以便在它的指引下去达成自己的目标，去实现自己的美梦。

目标决定人一生的命运

成功学的创始人卡耐基曾对世界上一万个不同种族、年龄与性别的人进行过一次关于人生目标的调查，他发现，只有3%的人能够确定目标，并知道怎样把目标落实；而另外97%的人，要么根本没有目标，要么目标不确定，要么不知道怎样去实现目标……十年后，对上述对象再一次进行调查，结果令人吃惊：调查样本总量的5%找不到了，95%的人还在；属于原来那97%范围内的人，除了年龄增长10岁以外，在生活、工作和个人成就上几乎没有太大的起色，还是那么普通和平庸；而原来那与众不同的3%，却在各自的领域里都取得了相当的成功，他们十年前所提出的目标，都不同程度地得到了实现，并正在按原定的人生目标，坚定不移地继续走下去。

美国哈佛大学的心理学家对一群年轻人进行的长期追踪调查，也同样说明了这样的道理。他们追踪调查的那些对象，年龄、智力、能力和家庭背景都大致相同，唯一不同的是他们的生活目标。在这些人中，27%没有生活目标，60%只有模糊不清的生活目标，10%有清晰的生活目标，3%有非常明确和坚定的生活目标。25年以后，心理学家对这些人进行再次调查，结果表明，27%没有生活目标的人，大多生活在最底层；60%只有模糊不清生活目标的人，大多生活在社会的中下层；10%有清晰生活目标的人，大多生活在社会的中上层，是各行各业的专业人才，如公务员、医生和教师等；3%有非常明确和坚定生活目标的人，则大多成为各行各业的顶尖人物。

既然目标的有无，决定着事情的成败，决定着一个人一生的命运，所以每一个要想有所作为的人，就必须在青少年时期就确立一生为之奋斗的

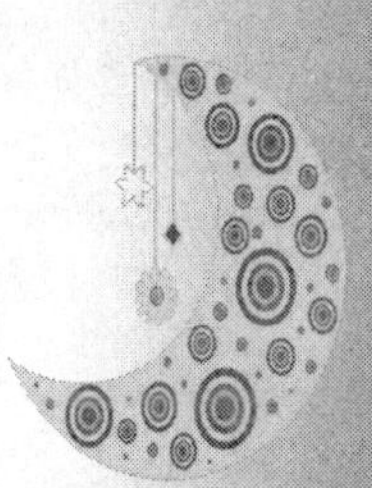

宏伟目标。法国著名物理学家纪尧姆，就在这方面为我们树立了很好的榜样。11岁时，纪尧姆随母亲去国际度量衡局参观，在听了讲解员讲解标准器如何精确、如何稳定之后，他当即就提出了这样的问题："在任何情况下，这公尺总是这么长吗？千百年来，这标准米尺连一丝一毫的变化也没有吗？"结果将讲解员给问住了。从这时起，小纪尧姆就为自己确立了这样的奋斗目标：一定要解开这个疑团，解决这个难题。从此以后，他就全身心地投入到了对这一问题的研究之中，而且简直达到了如痴如醉的境地。有一次，为了找到一种在外界温度下变化极小的物质，他甚至把自己心爱的结婚戒指也投进炉中熔化了。皇天不负有心人，经过多年的辛勤努力之后，他终于成功地研究出两种可作为标准量器材料的宝贵合金，为国际度量衡局解决了长期悬而未决的难题，并因此而获得了令人艳羡的诺贝尔物理奖。

目标的确立之所以会对一个人的一生产生如此巨大的影响，是因为目标一旦确定，并主动将它反复向自己灌输，我们就能清晰地看到自己的使命和任务，就能真切地感受到生命存在的意义和价值，从而激发起自己所有的热情和才智，调动起自己全部的潜能和资源，把它们全都集中到自己所确定的目标上去。这样矢志不移地去奋发努力，当然就必定会赢来巨大的成功，这就正如美国著名哲学家爱默生所说的那样："一心向着自己目标前进的人，整个世界都给他让路！"

确立目标要精准定向定位

没有目标和航向的船只，只会在大海里胡乱打转，最终免不了沉没的命运；没有目标和追求的人生，只能在生命的旅途上徘徊，永远也到不了令人神往的地方。只有确立了崇高的目标，才能产生高尚的动机，才能激发起巨大的热情，才能塑造出生命的辉煌。

那么，究竟该怎样才能确立崇高的目标呢？

要确立崇高的目标，首先得弄清楚什么样的目标才是崇高的。目标的崇高与否，有一个衡量的具体标准，那就是看它是否符合社会和人类的利益。如果对社会和人类有益，那么这个目标就是崇高的；反之，如果跟社会和人类的利益相背，那么这个目标就绝无崇高可言。譬如说年轻人都向往做科学家，可他们的出发点却往往有很大的不同，有的人为的是更好地为四化大业服务，使华夏子孙能真正自立于世界民族之林而毫无愧色，这样的目标就是崇高的，值得倡导的；而有的人呢，则为的是出人头地，光宗耀祖，挣大把大把的钱，过花天酒地的生活，这样的目标就与崇高根本沾不上边，就应该为我们所不耻。所以，要确立崇高的目标，一定要有高远的眼光，宽阔的襟怀，宏大的气魄，美好的德行，一定要完全摈弃个人私念的诱惑，彻底挣脱名缰利锁的束缚。

要确立崇高的目标，还得对自己的现实状况和潜在能力有清醒的认识和准确的估计。如果无视现有的实际状况，根本不考虑自己的资质和潜能，而贸然提出要成为爱因斯坦第二或是达·芬奇第二的目标，那么这看似崇高的目标就会因难以企及而失却其实际意义，甚至会显得有点荒唐可笑。目标的确定不能高不可攀，但也不能唾手可得，因为如果目标定得过低，无需使劲蹦跳即能伸手可及，那么它的确立也就同样失去了应有的作用。所以，在确立目标的时候，必须对自身的情况作认真的审视，必须在“度”的把握上作反复的权衡，从而使所确立的目标既具有实现的可能性，又富有很强的挑战性，让它始终能促使我们充分发挥自己的全部潜能，为实现这样的目标而乐此不疲地去奋发努力，不达目的，誓不罢休。

综上可知，在确立目标的时候，必须既思及社会和人类的利益以定向，又考虑自己的实际情况以定位，以既确保自己所定的目标是崇高伟大的，而绝不是卑微渺小的，又确保达成目标的现实性和可能性，而绝不使之成为虚无缥缈的海市蜃楼。只有这样，我们才能清楚地知道自己“会不会做”、“能不能做”，准确地把握自己“应不应该做”、“可不可以做”，从而使崇高的目标牢固地确立起来，并在它的激励下最大限度地挖掘自己的潜在能力，竭尽努力地发挥自己的聪明才智，百折不挠地去冲破障碍，矢志不渝地去执著追求，这样我们就一定能以激昂的奋斗之豪情，谱写出辉煌的成功之乐章。

咬定青山不放松

对于一个要想有所作为的年轻人来说，确立奋斗的目标无疑是极为重要的，可目标确立之后，要当真将它变为现实，却也并非是一件轻而易举的事情。

该怎样才能很好将目标变为现实呢？这就需要我们付出许多艰辛的努力，而其中至为重要的一点就是：目标一旦确定，就必须“咬定青山不放松”，盯住目标勇向前，倾尽全力为目标的最终实现不懈奋斗，而绝不能一有风吹草动，就轻易游移，随意变更，也不能凭着一时的兴之所至，就喜新厌旧，朝秦暮楚。在这方面，法国科学家拉马克可以说是既为我们提供了惨痛的教训，也为我们贡献了宝贵的经验。拉马克年轻时就颇具雄心，开始想在气象学方面一展抱负，接着又想在金融业方面施展才华，后来又想在音乐方面大显身手，此后又想在医学方面有所成就……这么着朝三暮四地折腾来折腾去，结果自然是一无所获，只落得个长吁短叹的结局。直到有一天，他去植物园散步，有幸遇上了著名的思想家、哲学家、文学家卢梭，在卢梭的导引和影响之下，这才真正把自己的奋斗目标确定了下来。其后，他用26年的时间系统地研究了植物学，写出了名著《法国植物志》，后来又用35年的时间研究了动物学，成了一位著名的博物学家。拉马克的经历告诉我们，在实现目标的过程中，如果东一榔头，西一棒子，今日点瓜，明日种豆，那是断然不可能有所收获的。只有如箭发于弓直向目标，绝不偏离轨道去寻找别的靶子，才能取得真正的成功。

孟子何以能成为儒学宗师，泽被后代？就是因为他一直认为“有为者譬若掘井。掘井九仞而不及泉，犹为弃井也”，并始终身体力行，掘“井”不止。王选何以能发明激光照排系统，成为“当代毕升”？他回答记者提问时所说的话正道出了其中的奥秘："狂热地追求，看准了目标，永不回头。"人称"鳄鱼"的卢瑟福何以能成为核物理之父，并获得诺贝尔化学奖？就是因为他有着像鳄鱼一样的特性—— 一经选中目标，就不顾一切，勇往直前，宁可搏斗而死，也决不回头。这就可见，古今中外，大凡学有所得、业有所成的人，全都是对于自己所认准的目标"咬定青山不放松"的人。

卡莱尔曾说："最弱的人，集中精力于单一目标，也能有所成就；反之，最强的人，分心于太多事务，可能一事无成。"此话可谓鞭辟入理，至当至切。放大镜为什么能让纸燃烧？就是因为它把分散的能量都聚集到了一个点上；滔滔长江何以能一泻千里？就因为它把所有的力量都集中到了一个方向。倘若我们也能把自己的全部力量都集中到自己追求的目标上，那么我们不也就同样能威力无比，所向披靡，一往无前，势不可挡么？我们或许不一定有孟子、王选和卢瑟福那样的才情，但只要我们也像他们那样，对已定的目标永远抱有"咬定青山不放松"的精神，始终不离不弃、不急不躁地去顽强奋斗，不屈前行，那么我们的梦想就终将成真，我们目标就定能实现。

实现目标也要凭智慧

有些青少年同学说，确立目标无疑是重要的，可它遥不可及，很难把握，要实现它还真有点“老虎吃天，无从下口”的感觉。这些同学提出的这个问题很实在，也很值得认真研究。为了很好地解决这个问题，不妨让我们先来看一看日本长跑选手山田本一在比赛中取胜的故事吧：

1984年，在东京国际马拉松邀请赛中，名不见经传的山田本一出人意料地夺得了世界冠军，记者问他凭什么取得如此惊人的成绩，他只说了这么一句：凭智慧战胜对手。在两年后举行的国际马拉松比赛中，山田本一再次获得了世界冠军，记者再次请他谈谈经验，他的回答依然是那句话：用智慧战胜对手。马拉松比赛明明是要靠实力的嘛，怎么说是凭智慧取胜呢？所以对于他的回答，众人始终是一头雾水，不解其意，有人甚至还以为是他故弄玄虚。10年后，这个谜终于被解开了，山田本一在自传中这么说道：“每次比赛之前，我都要乘车把比赛的线路仔细地看一遍，并把沿途比较醒目的标志画下来，比如第一个标志是银行，第二个标志是一棵大树，第三个标志是一座红房子……这样一直画到赛程的终点。比赛开始后，我就以百米的速度奋力地向第一个目标冲去，等到达第一个目标后，我又以同样的速度向第二个目标冲去。40多公里的赛程，就被我分解成这么几个小目标轻松地跑完了。起初，我并不懂得这样的道理，我把我的目标定在40多公里外终点线上的那面旗帜上，结果我跑到十几公里时就疲惫不堪了，我被前面那段遥远的路程给吓倒了。”如此看来，山田本一确实是凭智慧取胜的，而他的智慧就在于：他把终极的目标妥善地分解为了一个个小目标，然后再有序而扎实地向前推进。终极的目标虽然遥不可见，但分解后的小目标却近在眼前，且环环相扣，只要奋力把这目标链中的每一个小目标逐一攻克之后，岂不也就能积小胜为大胜，使那最终目标的实现成为顺理成章的事情么？

妥善分解目标，有序扎实推进，这是山田本一取胜的诀窍，同时也应该成为我们实现人生目标的良策。有些人做事之所以会半途而废，往往并不是因为目标难度太大，而是由于觉得成功离自己太远，这也就是说，这些人其实并不是因为失败而泄气，而是由于倦怠而放弃。正因为这样，我们在实现人生目标的时候，就一定要妥善地把一生的目标分解成一个个阶段性的目标：长期目标、中期目标、短期目标、年度目标、学期目标、月目标、周目标乃至日目标。大目标分解成了小目标，相对来说就变得可触可摸，易攻易克，“跳一跳，果摘到”的说法就不再是纸上谈兵，而能较为轻易地变为眼前的现实。这样，我们也就不再会因为远大目标的遥不可及而时觉焦虑烦恼，而反倒会因为一个个小胜利的接踵到来而感到一阵阵的快乐，并在这阵阵快乐的伴随之下，以更自信更坚定的步伐，一步步地走向我们预定的远大目标。

人生之路长漫漫，实现目标也要凭智慧。

自知篇

“认识你自己”

在希腊古老的德尔斐神庙上，镌刻着这样一句箴言：“认识你自己。”古希腊人还把这句话奉为“神谕”，说它是最高智慧的象征。他们为什么会这么崇奉“认识你自己”这句话语呢？这得从下面的这个故事说起。

相传在很久很久以前，古希腊维奥蒂亚境内的底比斯城，来了一只狮身人面的怪兽，称之为斯芬克斯。它站在山顶上，用缪斯传授的谜语难人。谁猜不中这则谜语，就要被吃掉；谁猜中了，它就自杀。这则谜语是这样的：今有一物，同时只发一种声音，但早晨是四条腿，中午只有两条腿，而到晚上却有三条腿，这是何物？许多人因猜不中谜语，被怪兽吃掉了。后来，城外来了一个名叫奥狄浦斯的青年，终于猜中谜底是“人”。因为人在婴儿时期，牙牙学语，匍匐爬行，似用四只脚走路；慢慢长大，少年英俊，青年潇洒，中年如日中天，只有两脚走路；而到年迈体衰，老态龙钟，需拄杖而行，似有“三脚”。奥狄浦斯猜中了此谜，斯芬克斯随即自杀。

一个看来十分简单的谜语，而且谜底就是“人”，为什么偏有那么多人猜不中，不得不葬身于狮身人面怪兽的腹中呢？由此即可见“认识你自己”的艰难。而这，也正是古希腊人要把“认识你自己”推崇为人类最高智慧的象征的原因之所在。也许有人要说：“我就是自己，自己就是我，认识自我有什么难的呢？”可事实上，认识自己并不像这些人想象的那么简单。大千世界，茫茫人海，真正能够认识自己的人其实并不很多。好多人可以了解他人，了解环境，了解社会，甚至了解世界，但就是不易了解自己。之所以会出现这样的情况，是因为认识自己，不仅要认识自己光鲜亮丽的一面，还要认识自己污秽龌龊的一面；不仅要认识自己所向往的美好形象，还要认识自己客观存在的真实面貌；不仅要认识昨天的自己，当下的自己，还要能规划和认识明天的自己。所以，如果不能不怕羞愧地认真审视时有污垢的自己，如果不能不怕出丑地彻底反省常会出错的自己，也就很难真正达到“认识你自己”的应有高度。古希腊哲学家泰勒斯早就指出：“认识自己难，认识自己的不足更难。”这种“难”，难就难在人们往往不愿意承认和坦露自己内心中深层次的某些思想意识，而总是有意无意地尽力回避，在公开表露时甚至还要竭力加以美化；至于自己那些下意识、潜意识和无意识的东西，那就更是会秘而不宣，讳莫如深。

人们这种“本能”地要修饰和美化自己，不愿意认真认识自己弱点和缺点的特性，在下面这则有关买卖铜镜的古代寓言中，就得到了非常充分的显现。一个卖铜镜的人，在他所卖的十面铜镜中，只有一面磨得非常光滑清晰，连脸上的毛细孔都能照得清清楚楚。有人便向他提议说，全都磨光了不就更好卖了吗？不料卖镜人却说：“只有十全十美的人，才要纤毫毕现的镜子。可这样的人，现实生活中却很少哇!”果不其然，九面磨得比较粗糙的铜镜都卖掉了，而那面磨得最光滑的，却反倒无人问津。这就可见，不愿意认真认识自己的弱点和缺点——这确实是人们普遍存在着的一种“本能”。难怪俄国大文学家托尔斯泰要为此发出这样的感叹：“大多数人都想改变这个世界，但却极少有人想改造自己。”也难怪古今中外的许多哲人，都要屡屡向人们提出“人贵有自知之明”之类的劝诫。

尽管“认识你自己”当真不是件容易的事情，但即便再怎么难，我们也还是必须倾尽全力认认真真去学好这一门功课。因为只有正确地认识了自己，真正把自己的方方面面都看得清清楚楚、明明白白、真真切切了，我们才具备了一生中最重要的智慧，才能及时地去垢除污，更好地扬长避短，才能最大限度地开发潜能，痛快淋漓地施展才华，从而在通往目标的道路上迈出更坚实有力的步伐。比别人多握有一张获取成功的王牌，在人生的舞台上演出一幕又一幕大气磅礴、摄人魂魄的活剧来。

诚实地向自己展开自己

在青少年同学中，有时会见到这样一种人：他们看别人豆腐渣，看自己一枝花，往往什么人都不在他们的眼里，什么人都不在他们的话下，在他们心中，只有他们自己才是那浑身本领的英雄，才是那可以一手包打天下的好汉。很显然，这些同学是犯了太狂太傲的毛病，而其病根就在于缺少“自知之明”。

“自知之明”，出自《老子》第三十三章：“知人者智，自知者明；胜人者有力，自胜者强。”其意思是说，认识别人可称为机智，只有认识了自己才算高明；战胜了别人可称为有力，只有战胜了自己才算强大。在老子看来，“知人”、“胜人”固然重要，但那仅仅是外在的现象，只有“自知”、“自胜”才更为重要，因为那才是内在的根本。这也就是说，不管是谁，倘真要想立足于世，至为重要的一点就是“人贵有自知之明”。

所谓要有“自知之明”，实际上就是要能正确地认识自我、评价自我。具体一点说，就是要能正确地认识和评价生理自我、心理自我、理性自我和社会自我。认识和评价生理自我，主要是指对自己的相貌、身材、体魄和健康状况等能作出正确的认识和评价。认识和评价心理自我，主要是指对自我的性格、气质、意志、情感和能力等方面的优缺点能作出正确的评判和估价。认识和评价理性自我，主要是指对自我的思维方式、思想方法、知识状况和道德水平等因素能作出正确的认识和评价。认识和评价社会自我，主要是指对自我在社会上所扮演的角色，所承担的责任、权利、义务，以及自我的人际关系和交往水平等方面能作出正确的认识和评价。

正因为认识和评价自己包括了以上这些方面，所以就如“目不见睫”那样，认识和评价自我往往会成为人性的一个盲点：由于太爱自己，人们总是本能地从自我的立场去体察一切，评判一切，以致大多喜欢过分地夸大自己的优长之处，而排斥那些对自己不利的东西，这样的结果也就必然增强了正确认识自我的难度。由于太爱自己，在识知他人的时候，人们往往较为客观，可以丝毫不留情面，而对于自己，一般就不那么苛刻和严厉了，即便自己明明有这样那样的问题，也会因为自尊心的作祟，而将过滤缺点的网眼在有意无意间顷刻放大，从而使自己的缺点和问题一下成为了漏网之鱼。这样，人们所认识的自我，也就并非是完全真实的自我了。

尽管人们有时候也借助于镜子来观察自我，但这种“物镜”只能看到自我的正面，对于认识自我往往有太大的局限性。尽管人们有时候也借助于“心镜”来反省自我，但“心镜”上又往往难免蒙有来自内在自然和外在自然飘逸来的种种尘埃，所以观照自我的时候也就如雾里看花一般，很难有非常清晰和准确的认知。这就难怪郑谷在一首诗里要这样写道：“举世何人肯自知，须逢精鉴定妍媸。若教嫫母临明镜，也道不劳红粉施。”

人生如秤，对自己的评价如果秤重了，就容易自大，如果秤轻了，又容易自卑，真要秤准还确实不是一件容易的事情。所以，我们在秤的时候一定要驱除杂念，一定要理智客观。唯有如此，方能实事求是、恰如其分地感知自我，剖析自我，方能真正知道自己究竟有多少能耐，有几许价值，而不至于或是头脑发热，自以为老子天下第一，以致造成不必要的尴尬和悲剧；也不至于或是手脚冰凉，自认为是大傻瓜一个，以致总是萎靡不振，不思进取。哲人有言：“诚实地向自己展开自己，这是人生一道优美的风景。”让自己的人生成为一道优美的风景，这可以说是每一个人共同的心愿。既然如此，我们就一定得时时尽心，处处努力，始终不忘诚实地向自己展开自己。只有这样，我们才有可能将一个真实的自我呈现在世人的面前，赢得他人的信任和敬重，也得到他人的厚爱和帮助。

要善于做自己的朋友

与一些青少年同学交谈时，得知他们常常为缺少朋友而忧愁，为不知道如何得到朋友而烦恼，我便告诉他们，要想结交朋友，首先要善于做自己的朋友。听我这么一说，他们都瞪大了眼睛，讶异地问道："自己怎么做自己的朋友呢?"为了解除他们的疑惑，我便向他们介绍了斯多噶学派创始人芝诺与他人的一次谈话。有一回，有人向芝诺发问："谁是你的朋友?"芝诺就作了这样的回答："另一个自我。"

人生在世，不能没有朋友，要不然就会形单影只，孤苦伶仃；不过在所有的朋友之中，又千万不能缺了最重要的一个，那就是自己。要是缺了这个朋友，一个人即使朋友再多，那也不过是表面热闹而已，实际上他的内心还是非常空虚，非常孤独的。那么，一个人怎样才能和自己做朋友呢？我们觉得，关键就在于他的心灵之中必须有芝诺所说的"另一个自我"。这"另一个自我"，乃是一个人的更高的自我，因而也是一个人最忠实最可靠的朋友。在所有的朋友之中，只有这"另一个自我"，时时刻刻都在关注着自己，督察着自己，反省着自己，提醒着自己，激励着自己，使自己无论在怎样的逆境之中，都不唉声叹气，无论在怎样的顺境之下，都不得意忘形。这也就是说，只有这"另一个自我"，始终以理性的态度在关爱着那个奋斗前行的自我，促使那奋斗前行的自我能够永远清醒而执著地迈向既定的远大目标。

一个人是否做自己的朋友，有一个简易而可靠的测试标准，那就是看他能否独处，看他独处时是否感到内心的充实。如果他害怕独处，一心逃避自己，那他肯定不是自己的朋友；如果他坦然独处，乐于省察自己，那他当然就是自己的朋友了。有的人不爱自己，独处时往往一味自怨，觉得自己从头到脚一无是处，仿佛自己就是自己的仇人。有的人虽爱自己却缺乏理性，独处时常常一味自恋，觉得自己浑身上下尽是优点，俨然自己就是自己的情人。在这两种人的心中，更高的自我都是缺席的，因此他们永远不可能做自己的朋友。我们一定要一反以上这两种人的做法，争做一个善于独处的人。在独处时，我们既不能自怨，亦不能自恋，而要以客观公正的态度对自身的是是非非作出正确的评判，并由此而不断地振作自己，修正自己，塑造自己，从而使自己不断地跃上一个又一个更新更高的台阶。

一个人倘若真正做了自己的朋友，那么他的心灵就会更为圣洁，他的行为就会更加端正，他的进步就会更加巨大。这样，在周围的人群之中，他就会有更强的吸引力，更大的凝聚力，就必然会赢得更多更好的朋友。这也就是说，一个人要想广结朋友，首先要善于做自己的朋友。如果一个人当真善于做自己的朋友了，那他就必然会如古罗马哲人塞涅卡所说的那样：这样的人一定是全人类的朋友。

万斛涌泉人皆有

每当在学习上遇有困难，学习成绩难以有明显长进的时候，有一些青少年同学往往就会发出这样的慨叹：唉，我的脑袋怎么就那么不灵，而那些学问家、科学家的脑袋怎么就那么灵呢？

学问家、科学家的脑袋是否要灵一点？回答是：也灵，也不灵。此话怎讲？为说明问题，且请先看一看几位学问家、科学家的轶事。

当有人去向著名数学家吴文俊祝贺六十大寿时，他仿佛听到了一件新闻似的，诧异地说："噢，是吗？我倒忘了。"可是，当有人问他用来搞机器证明的机器是什么时候安装好时，他却不假思索地当即作出了无丝毫差失的准确回答。

真是无独有偶，因衣装寒伧、不修边幅而曾被人误以为小偷的山东大学历史系一级教授童书业，也是一个连自己的生日都记不清的人。然而，历史人物的生卒年月，他却了了分明，千年前的一场小小战争的双方伤亡，他也对答如流，精准无误。

至于大名鼎鼎的爱因斯坦，那就更是个不仅连自己的生日都弄不清楚，甚至连自己的住址也搞不明白的人。有一次，他就不得不打电话向办公室的秘书求助，说是自己正要回家，却忘记住在哪里了。生活中的爱因斯坦是这种模样，可是在科学研究中，他却有着过人的清醒和机敏。一次，他儿子爱德华问他："爸爸，说真的，你为什么那么出名呢？"爱因斯坦听了哈哈大笑，然后郑重其事地回答道："你看，甲虫在球面上爬行的时候，察觉不出它走的路是弯曲的。我呢，正相反，有幸察觉到了这一点。"

你瞧，说这些学问家、科学家的脑袋灵吧，可他们连最简单的自己的生日都记不清楚，甚至连自己的住址也不知道在哪里；说他们的脑袋不灵吧，可对与他们的专业有关的知识，他们却是那样的博闻强识，那样的聪颖过人。因此，我们是不是可以这样说，当他们在他们研究的领域内纵横驰骋的时候，他们的脑袋不仅是灵的，而且是非同寻常的灵；而当他们越出他们的研究范围时，他们的脑袋就是不灵的，而且是超乎想象的不灵。

一方面是灵的，另一方面却又是不灵的，这乍看似乎很不可思议，而实际上这两者乃是非常辩证的统一。正是因为对研究范围以外的事情毫不关心，不加过问，这些学问家、科学家才得以集中全部精力去研究他们所要研究的课题，并从而取得卓著的成果，显出过人的才智。反之，如果对生日和酒宴之类的琐事异常关注，兴趣盎然，那这些学问家、科学家在研究他们所要研究的课题时恐怕就会心不在焉，王顾左右而言他了。而如果真是那样的话，那他们卓著的成果，过人的才智，也就势必都荡然无存，不再为人所称道。所以，正是他们在日常生活中所表现出来的不灵，促成了他们在专业领域中的非常之灵；而他们在专业领域中的非常之灵，又恰好越发反衬出他们在日常生活中的相当不灵。

俗话说：寸有所长，尺有所短。学问家、科学家的脑袋是灵的，但他们也并非事事、处处都很灵；一般人的脑袋或许没有学问家和科学家那么灵，但也并非事事、处处都很不灵。问题的关键就在于，你究竟如何使用自己的脑袋，究竟能否把自己的聪明才智用到所应该使用的地方去。如果使用不当，发挥不妥，便将庸庸碌碌，虚度一生；倘若使用得当，妥善发挥，就必将才华焕发，硕果累累。

我们的脑袋到底是灵呢，还是不灵呢？所有的一切其实都在我们自己的掌握之中，关键就看我们能不能向那些学问家、科学家学习，能不能摈弃一切杂念，忘掉一切琐事，把自己的整个身心都投入到学习和工作中去。情况既然是这样，那么每当遇到种种困难，每当成绩一时上不去，我们就完全没有必要悲观失望，泄气慨叹，相反倒是应该认真分析和研究自己问题之所在，并满怀信心地效法那些学问家、科学家，将自己的精力和智慧像激光集中于一点那样，全部投放到当前的学习中去。如果真能这样，那么我们的脑袋就一定会灵起来，就一定会像那些学问家、科学家那样异乎寻常地灵起来。总之一句话，万斛涌泉人皆有，看你究竟怎开掘。

己长己短都得看明白

认识自己，至为重要的一点是要认识自己的长处。纵观古往今来的许多成功者，我们即可发现，他们未必比别人更为聪明，更为强悍，但他们都有一个共同特点，那就是他们都十分了解自己的长处，并悉心去培育和拓展这样的长处，以使之产生难以估计的巨大能量。发现并培育了这样的长处，他们就有了滋润信心的沃土，就有了击退困难的利器，就有了克敌制胜的法宝，因此最后的成功也就必然属于他们了。这就正如美国著名行为学家杰克·豪尔所说的那样："人与人之间的竞争，不是聪明与不聪明的比赛，而是不同专长的比较，或者说各自在专长方面显示的能力如何，成大事者是因为在专长上充分施展自己的智能优势，而未成大事者是没有专长的，总是盲目的受动者。如果一个人能在自己的专长上发挥86％的能力指数，那么他就已经可以是第一个成大事的成大事者了。"

即就汉代的刘邦来说，运筹帷幄之中，决胜千里之外，他不如张良；治理国家，抚爱百姓，给军队及时提供给饷，不绝粮道，他不如萧何；组织调度百万之众，战必胜，攻必取，他也比不上韩信。然而却正是他，集合了张良、萧何、韩信和众将士之力，击败了强大的项羽，建立了汉家天下。原因何在呢？就是因为刘邦有着恢宏大度、善于用人的过人能耐。韩信后来被刘邦捉住软禁后，他们之间的一段对话，就很能说明此中的道理。刘邦问韩信："你看我能指挥多少军队？"韩答："最多不过10万。"刘又问："你能指挥多少呢？"韩答："多多益善。"刘再问："既然如此，那为什么你反而被我擒住了？"韩答："陛下虽不善于统兵，但却善于统将，这就是我被你捉住的原因。"这就可见，善用己长，对一个人来说，那是何等的重要！

要认识自己，不仅要认识自己的长处，还得要认识自己的短处。金无足赤，人无完人，即便是一个非常优秀的人，也总是既有其长处，亦有其短处的。可在现实生活中，却常有一些人，或者只知其长处，不知其短处，或者虽知其短处，但却总是过分的自谅，把脸上的黑斑也视作为美人痣，一个劲儿在得意地孤芳自赏。所有这一些人，最后当然都没有好果子吃。这是因为他们周围的人都不会轻易地钦佩他的才华，而只会睁大眼睛注意他的短处，并利用他的短处使他的其他资质全都黯然失色。这样一来，即便他有天大的本领，也只能徒唤奈何了。就说项羽吧，他力能扛鼎，少有大志，他的叔父项梁要他读书，不成；再学剑术，又不成。叔父对他大声怒斥，项羽却说："书足以记名姓而已，剑，一人敌，不足学，学万人敌。"意谓自己将来要指挥千军万马，驰骋疆场，名垂青史，不学书、剑又有何妨？项羽不知自身之短处，尚有可谅，而不知其短处之害，甚至视短处为长处，那可就是大错特错了。这也正是他后来虽有雄心，而无雄才，终至"无颜见江东父老"而自刎于乌江的极为重要的一个原因。所以，对于自身的短处，我们绝不能掉以轻心，更不可屈从于它而受它暴君般的统治，而一定要充分认识它的危害，并花大力气与之作坚决的斗争，直至最后将它彻底地聚而歼之。

发现自己天赋所在的人是幸运的

朱德庸，台湾著名漫画家，曾荣登漫画作家富豪榜首富宝座。可他小时候，在众人的眼里一直是个“差生”，在十几年的学生生活中，他始终身背着“蠢笨”这一沉重的十字架。读中学的时候，朱德庸完全没有办法接受刻板的“填鸭式”教育方式，他像个皮球一样，始终被许多学校踢来踢去，就连最差的学校也不愿意招收他。开始时，朱德庸也像老师们一样认为自己太笨了，直到十几岁以后，他才渐渐明白，自己虽然对文字的反应十分迟钝，可对图形却有着一种异常的敏感，因此尽管一直生活在别人鄙夷不屑的目光之中，但他还是顽强地在屈辱中不懈地奋斗着，在画画中寻找着自己的快乐。幸运的是，他的父母非但从不给他施加压力，而且还一直任他在画画方面自由发展。他爸爸会经常裁好白纸，整整齐齐地订好了，给他做画本。正是这样的支持和鼓励，使朱德庸坚定不移地走着自己的道路，并最终在在画画的领域里取得了非凡的成功。

回顾自己的成长道路，朱德庸深有感慨，道出了这样两段非常精彩的话语：“我相信，人和动物是一样的，每个人都有自己的天赋，比如老虎有锋利的牙齿，兔子有高超的奔跑、弹跳力，所以它们能在大自然中生存下来。人也是一样，不过是很多人在成长过程中把自己的天赋忘了……人们都希望成为老虎，而这其中有很多只能是兔子，久而久之，就成了四不像。我们为什么放着很优秀的兔子不当，而一定要当很烂的老虎呢?”“社会就是很奇怪，本来兔子有兔子的本能，狮子有狮子的本能，但是社会强迫所有的人都去做狮子，结果出来一批烂狮子。我还好，天赋或者说本能，没有被掐死。”朱德庸的成长经历，可以说是对卡莱尔“发现自己天赋所在的人是幸运的，他不再需要其他的福佑。他有了自己命定的职业，也就有了一生的归宿；他找到自己的目标，并将执着地追寻这一目标，奋力向前”这一名言的最好印证。

放眼古今中外的杰出人物，他们成功的关键几乎都在于他们牢牢把握了自身的长处，并加倍强化了这种长处，从而使自己的聪明才智发挥到了他人所难以企及的高度。达尔文学习数学和医学时呆头呆脑，可只要一触摸到动植物，他就灵光焕发，才华横溢；法拉第在文学上是白痴，智商近乎弱智，可他对理科却有特殊的感觉，痴迷于电学研究，发现了电磁原理，建立了电磁学说；陈景润不善言辞，当不好数学老师，但他敏于思索，乃是攻克数学难题的高手，并因此而摘下了哥德巴赫猜想这颗数学皇冠上的明珠；毛泽东上学时，数学、物理、英语、静物写生等课程都得过零分或接近零分，连一般同学都大为不如，可他的文史两科成绩极佳，他就不求全优，而在自己极佳的方面尽展其才，结果他成为了举世敬仰的新中国的缔造者。所以，所有在学习上遇有障碍的同学，一定要有眼须识自身宝，努力发现并全力发挥自己所特有的长处，以使自己能尽早脱出当前的困境，并最终收获许多本该属于自己的令人艳羡的珍宝。

长处是人生的一片沃土

在非洲大草原上，有一头年幼的名叫迪奥的狮子，它从小就立下雄心大志，要成为大草原上最优秀最完美的狮子。后来，这头年幼的狮子发现，虽然兽类都认为狮子是草原之王，但自己却有个明显的弱点，那就是在长跑项目中的耐力比羚羊弱。就因为这个弱点，羚羊常常从它的嘴边溜掉。为此，它决心改变这个缺点。通过长期对羚羊的观察，它认为羚羊的耐力与吃草有关，于是它便学着羚羊吃起草来。谁知道，迪奥却因此而变得体力空乏，奄奄一息。母狮子发现了这一情况后，便教育迪奥说："狮子之所以成为草原之王，不是没有缺点，而是因为它有突出的优点，它是靠非凡的观察力、优异的爆发力、锋利的牙齿和准确的扑跳动作，而不是靠完美才称霸于草原的，没有缺点的狮子是不存在的。"迪奥听了母亲的话，开始认识到自己的错误，它不再把心思放在改变自己的缺点上，而是尽力去发挥自己的优点。三年后，迪奥终于成了那片草原上最优秀的狮子。

在很多时候，有些青少年同学也会在不知不觉间犯下狮子迪奥小时候所犯的错误。他们总是希望自己能改掉自身所有的毛病，使自己变得异常完美，于是就千方百计在改掉自身的缺点上下工夫。而结果呢，在竭力改变缺点的过程中，竟完全忽视乃至忘却了怎么去发挥自己最有用的长处，以致使自己变成了一个非常平庸的人。

这些青少年同学之所以会犯下这样的错误，与长期以来所谓的"木桶理论"在学校里有着较大的市场有很大的关系。这种理论认为，一只木桶装水的多少，并不取决于桶壁上最高的那块木块，而恰恰是取决于桶壁上最短的那块。在这种理论的影响之下，一些青少年同学便一天到晚总是在忙着检点自己的不足，对自己存在的问题翻来覆去地进行总结，把所有的力量都放到了弥补缺陷上去，而对自己身上所拥有的长处，却往往视而不见，根本不加重视。这样做的结果，常常是缺陷始终难以弥补，而长处却一直得不到应有发挥，甚至根本就没有被很好地认识和发现。应该说，这样只是围绕着自己的短处去做文章，而置自己的长处于不顾的做法，完全是一种舍本逐末的愚蠢之举。因为世上万物，都是各以其所长而立足于世的，人生的诀窍亦同样在于很好地认识并充分发挥自己与众不同的长处。金无足赤，人无完人，任何一个人的“桶板”都不可能一崭齐，只要不是道德品质的“桶板”过于短矮，有些“桶板”稍稍短一些于大局其实并无多大妨碍，是尽可以不必过分在意的。

虎啸深山，鱼翔浅底，驼走大漠，雁排长空，世间万物皆有一片属于自己的天地，生命的玄机就在于找准自己的位置，将自己所特有的长处发挥到他人所难以企及的极致。长处是人生的一片沃土，成功的种子就埋在它的下面，只要我们异常地珍爱这片沃土，并不吝汗水地在这里辛勤耕耘，那么成功的种子就一定会如我们所愿地在它的上面生根、发芽、抽枝、长叶、绽放艳丽的花朵，结出丰硕的果实，我们的生命也就一定会因此而闪现出无比耀眼的光彩。

发现己长并非容易事

虽说自己最了解自己，但在实际生活中，却总还是有一些青少年同学因发现不了自己的长处而焦急，而苦恼。其实，这种情况的出现也不足为怪，因为一个人的长处，往往并不是那么轻易就能找到的，即便是一些才智过人的人，也未必能立马就准确地发现它。

科学共产主义学说的创始人马克思，他的才华应该说是举世公认了吧，可对究竟什么是自己的长处这个问题，他一开始并没有找到正确的答案。马克思上中学时，想象力就非常丰富，作文就写得颇为出色，所以考取波恩大学后他虽攻读的是法律，但课余时间还是怀着强烈的创作欲望写了许多诗，虽然感情是真挚的，但艺术上却根本得不到他人的认可。碰了壁的马克思这才不得不重新审视自己，意识到自己或许永远不能成为一个真正的诗人。于是，他毅然决然地把存留在自己身边的诗稿全都付之一炬，并从此集中精力在哲学和政治经济学的领域里辛勤耕耘，直到最终创立科学共产主义的伟大学说。

前苏联作家高尔基的才华应该说也是无可置疑的，然而他对自己长处的认识，却更是经历了一番艰难曲折的过程。刚开始他爱好戏剧，后又想去当马戏演员，接着他又学习写诗，可全都此路不通，碰壁而归。后来他遇到了一位流放的革命家，那位革命家叫他把自己流浪生活的遭遇写下来，高尔基便硬着头皮写了下来，没想到竟然“无心插柳柳成行”，一举获得了成功，并最终成为了苏联文坛的泰斗。

以马克思的才情，凭高尔基的智慧，都尚且不能一下子就看清自己的长处，那么并没有超人之智的普通青少年，眼下不能很好发现自己的长处何在，这又有什么可以奇怪，又有什么可以着急和苦恼的呢？当然，我们说不必为发现不了自己的长处而着急和苦恼，并不意味着可以因此而不把发现自己的长处当回事情，更不是说可以放弃为发现自己长处而作出应有的努力，因为一个人要想在将来立足于社会，要想在日后有大的作为，那是非很好认清并发展自己的专长不可的。“跛足而不迷路，能赶过虽健步如飞但误入歧途的人。”如果一个人不能够发现自己的所长，不知道择优定向的话，那他就无异于那个“虽健步如飞但误入歧途的人”，不管他多么勤奋，多么刻苦，多么使劲飞跑，他也绝不可能在激烈的竞争中有丝毫的胜算。这就好比《水浒》中的张顺，如果他只是在陆上跟“黑旋风”李逵交手，那他永远也不可能占到半点便宜，只有把李逵引入水中，充分发挥自己“浪里白条”的特有长处，他才能转劣为优，获取战而胜之的主动权。

那么，究竟该如何才能认识自己的长处，正确地择优定向呢？最常用的办法有二：一是在脑力无所侧重的情况下取得的考试成绩，往往可以作为检验特长的一个参考依据，如某科的考试成绩明显优于其他各科，那这一科就可能正是你的优长之所在。二是在恒定的时间内用各种感觉器官去记忆难度相同、数量相等的两组材料，如果发现运用某种感觉器官所取得的效果特别显著的话，那么这一方面就可能透露了你优长的信息。尽管发现己长并非容易事，但只要我们执著一念，不断为寻找自己的长处付出“众里寻它千百度”的艰苦努力，那就总有一天会在那“灯火阑珊处”，发现自己的长处正在向我们点头示意。

生才贵适用，慎勿多苛求

一个人，要怎样才能全面地认识自己？其中至关重要的一点是：对自己能力和智力的边界要有自知之明。

在这一方面，爱因斯坦可以说为我们树立了很好的榜样。1952 年 11 月 9 日，爱因斯坦的老朋友以色列首任总统魏茨曼逝世。在此前一天，就有以色列驻美国大使向爱因斯坦转达了以色列总理本·古里安的信，正式提请爱因斯坦为以色列共和国总统候选人。当日晚，一位记者给爱因斯坦的住所打来电话，询问爱因斯坦："听说要请您出任以色列共和国总统，教授先生，您会接受吗?""不会。我当不了总统。""总统没有多少具体事务，他的位置是象征性的。教授先生，您是最伟大的犹太人，不，不，您是全世界最伟大的人。由您来担任以色列总统，象征犹太民族的伟大，再好不过了。""不，我干不了。"爱因斯坦刚放下电话，电话铃又响了。这次是驻华盛顿的以色列大使打来的。大使说："教授先生，我是奉以色列共和国总理本·古里安的指示，想请问一下，如果提名您当总统候选人，您愿意接受吗?""大使先生，关于自然，我了解一点，关于人，我几乎一点也不了解。我这样的人，怎么能担任总统呢？请您向报界解释一下，给我解解围。"大使进一步劝说："教授先生，已故总统魏茨曼也是教授呢。您能胜任的。""魏茨曼和我不是一样的。他能胜任，我不能。""教授先生，每一个以色列公民，全世界每一个犹太人，都在期待您呢!"爱因斯坦的确被同胞们的好意感动了，但他想得更多的是如何委婉地拒绝大使和以色列政府，又不使他们失望，不让他们窘迫。不久，爱因斯坦在报上发表声明，正式谢绝出任以色列总统。因为在爱因斯坦看来，"当总统可不是一件容易的事"，同时，他还觉得对他来讲，搞学术比搞政治更为适合他自己："方程对我更重要些，因为政治是为当前，而方程却是一种永恒的东西。"

大千世界，芸芸众生，其实并没有无所不知、无所不能的全才和通才，即便是再伟大的天才人物，也不可能干什么都不在话下。所以，不管是谁，也不管是在什么情况下，都应该清醒地看到自己的强项和弱项，长处和短处，优势和劣势，这才有可能找准适当的坐标，赢得成功的契机。"骏马能历险，力田不如牛。坚车能载重，渡河不如舟。舍长以就短，知者能为谋。生才贵适用，慎勿多苛求。"这首古诗就正好告诉了我们这个道理。好说己长便是短，自知己短便是长。爱因斯坦的伟大和可贵，就不仅在于他在物理学领域取得了他人所无法比肩的巨大成就，同时更在于他能深明"尺有所短，寸有所长"之理，坚辞虽为许多人所称羡不已却并非自己所在行的总统一职，而依旧安于本分地继续在他所熟知的物理学领域内辛勤耕耘。古希腊著名的唯物主义哲学家德谟克利特曾说："智慧的人是根据自己的能力确定自己志向的人。"可以毫不夸大地说，爱因斯坦就正是德谟克利特所说的这种难能可贵的"智慧的人"。

鸵鸟身重翅小，不妄想飞向蓝天，海豚没有双脚，不徒劳爬上陆地，大凡自知者都能扬长避短，充分施展自己的才华，所以能成就一番事业。飞蛾迷失自我直向火源扑撞，结果被火焰所吞噬，螳螂缺乏自知以臂挡车，最终被碾个粉身碎骨，大凡不自知者往往不自量力，盲目蛮干，以致落得事与愿违、贻人笑柄的下场。所以，我们必须时时都量知而思，处处都量力而行，做到顺利时绝不妄自尊大，艰困时亦不妄自菲薄，以便将自己的潜能发挥到最理想的境界，让自己短暂的一生闪现出最耀眼的光芒。

扬长补短，锦上添花

长久以来，“扬长避短”一直被大家认为是正确对待自己的长处和短处的极佳态度。然而细究起来，“扬长避短”的科学性其实只具有相对的意义，远不如“扬长补短”更为科学，更值得提倡。“避”，毕竟是躲避之意，多少带有消极被动的成分，而“补”呢，则蕴含添加材料和弥补不足的意思，这就显得较为积极主动。无论干什么事情，如果总是“避”来“避”去，终究不是上策，很可能会让短处更短，不仅无助于问题的妥善解决，更难谈得上永续的快速发展。所以，我们在强调“扬长”的同时，也要提倡“补短”，做到在“补短”的基础上“扬长”，在“扬长”的引领下“补短”，以达到“扬长”不忘“补短”，“补短”更要“扬长”的有机统一。

其实，有关“扬长补短”的好处，我们的古人早就心知肚明，而且还出色地将它付诸了实践。西施、王昭君、貂蝉和杨玉环，被并称为中国四大美人，个个天生丽质，天下无人能比，可她们并不因此就自满自足，而是常常暗自思忖是否还有什么短处。终于，西施发现自己的耳轮偏小，王昭君则略感双脚肥大，貂蝉不满舞后汗味过重，而杨玉环则发觉走路时带有声响。于是，四大美人又都冥思苦想补短之良策，并果真一一拿出了令人击节称赏的补短之绝招：西施让匠人造了一对金环戴在耳上，借重物使耳轮下坠；王昭君请裁缝制出拖地的大摆裙，从此双脚藏而不露；貂蝉自采花蜜，调制成香气扑鼻的花露水；杨玉环乃令铜匠造出响铃，佩在自己的裙子上。四大美人与四项发明的这个传说也许并无确凿证据可考，但它所要说明的道理却是不言而喻，它雄辩地告诉我们：即便是像四大美女这样近乎完美的美人，也必须“扬长补短”，才能够锦上添花，美上加美，真正达到至善至美的境地。

“扬长补短”之所以能产生这么良好的作用，是因为既重视发扬自己的长处，亦注意弥补自己的短处，不仅心态上是积极向上的，而且也符合事物发展的规律。发扬长处，意在保持自己的优势，弥补短处，旨在缩小与他人之间的差距。既扬长，又补短，双管齐下，这就必能无限靠近预定的自我实现目标，使自己的人生更为亮丽出彩。

人类之所以能够成为万物的主宰，从一定意义上说，就是我们的祖先一代又一代不断地弥补短处的结果。人眼没有鹰眼看得远，为了弥补这一短处，我们就发明显微镜以透视微观世界，发明望远镜以观察遥远的星空；人类没有许多动物跑得快，为了弥补这一短处，我们就发明各种交通工具，使我们的速度远远超过了许多动物；人类的一些感觉没有许多动物灵敏，为了弥补这一短处，我们就发明电脑等先进工具，以使我们思维和感觉的能力为许多动物所望尘莫及……这就可见，正是因为扬长补短，人类才不断进步，社会才飞速发展。

扬长补短好处多，可扬长补短并不易，它往往需要我们时时都绞尽脑汁，处处都殚精竭虑。可这一切绝对难不倒我们，因为我们深深知道：唯有这样，才能使我们的长处发挥到极致，才能使我们的短处减低到最少，才能使我们最终迎来那渴望已久的最大成功。

化短为长有诀窍

一个人要立足于世，要有所作为，这里面有种种学问，而发现并发挥自己的长处，乃是其中十分重要的一个环节。那么，该如何来培育自己的长处呢？这主要有以下三个诀窍。

一是自信发愤，化短为长。美国 NBA 联赛中原本有个夏洛特黄蜂队，队中有位身高仅 1.60 米的队员博格斯，你别看他身材矮小，可在巨人如林的赛场上，他却是大名鼎鼎的一位超级明星呢！博格斯虽然个子矮小，却从小就喜欢打篮球，而且还说“长大后要去打 NBA”，致使伙伴们闻言无不捧腹大笑。可博格斯偏偏不信这个邪，他说：“别人说我矮，反而成了我的动力，我偏要证明矮个子也能做大事情。”结果他果然凭着他超乎寻常的刻苦努力，以他辛勤的汗水将自己的短处化为了长处，充分发挥个子矮重心低的优势，像“地滚虎”一样大显身手，那些从下方来的球百分之九十都被他没收了，成了一名使对手望而生畏的断球能手，从而使人们不得不惊叹：“夏洛特的成功在于博格斯的矮！”

二是别出心裁，以短制长。有个 10 岁的男孩，在一次车祸中失去了左臂，但他仍没改变想学柔道的初衷，依然去拜一位日本柔道大师做师傅。可练了三个月，师傅还只是教了他一招儿，男孩不解，师傅解释说：“不错，你的确只会一招儿，但你只需要会这一招儿就够了。”几个月后，师傅带他去参加比赛，果然凭着那一招儿连过四轮，迭克强手，夺冠而归。回家路上，小男孩不由问师傅道：“我怎么凭这一招儿就赢得了冠军？”师傅答道：“原因有二，一是你几乎完全掌握了柔道中最难的一招儿，二是就我所知，对付这一招儿的办法就是对手抓住你的左臂。”这也就是说，由于能别出心裁，以短制长，小男孩最大的劣势正成了他最大的优势。所以，尽管命运常常会与人作对，但是它不会把通往成功的道路全部堵死，有时会给我们留出最敞亮的一道门，只要我们善于动脑，别出心裁，就完全可以以短制长，夺取胜利。

三是借助己力，培育所长。海伦·凯勒又聋又盲又哑，听不见声音，看不到世界，也不会说话，可她接受和正视了这样的短处，并在与这些短处反复较量的过程中，将自身其他器官的长处充分调动和发挥了出来，锻炼出了极为敏感的触觉、听觉和超乎寻常的记忆力，最终终于成为举世闻名的作家和教育家。由此可见，只要能借助己力，培育所长，短处很多的人照样也能取得成功。这就正如海伦·凯勒自己所说的那样：“如果一个人从他的庇荫所被驱逐出来，他就会去造一所尘世的风雨都不能摧残的屋宇。”

尺有所短，寸有所长，天下之人除白痴以外，总是有长处可挖，有优点可育的。所以不管你因为什么原因而有着某些明显的短处，你也不必怨天尤人，不必自惭形秽，而要竭尽自己的努力，想方设法去化短为长，以让你短暂的生命闪耀出亮丽的光彩。

“特短”也能化为特长

有些同学学习时接受能力比较差，功课老是学不好，有人便以为这些同学的脑袋实在太笨了，将来肯定不会有出息。事情果真是这样吗？看一看下面这则故事，我们便能找到一个应有的答案。

在美国的新泽西，有一位小男孩愚钝无比，无论老师怎么尽心地教他，他都无法学会从 1 数到 10。无奈之下，老师不得不把孩子的父亲请到了学校。当父亲得知孩子竟然这等差劲时，立刻火冒三丈地把孩子叫了出来，当着老师的面大声呵斥道：“你这么大了，连从 1 数到 10 都不会，将来长大了能有什么用?”不料孩子的眼珠子飞快一转，笑嘻嘻地说：“我可以做一个拳王争霸赛上只需要数到 9 的裁判。”这个小男孩名叫布鲁斯·富兰克林。后来，经过一番非同寻常的刻苦努力，他果真成了全美职业拳击运动史上最伟大的裁判。

故事里的这位小男孩是“愚钝无比”的，可又是极为难能可贵的。可贵就可贵在他承认自己无法学会从 1 数到 10 的“特短”，可他并没有因为这一“特短”而自暴自弃，自轻自贱，而是决心借此充分挖掘自己与众不同的特质与潜能，从而将这一“特短”的可用空间无限拓展，以创造出让人意想不到的惊人业绩。结果，他的努力没有白费，他的美梦终于成真。

这小男孩的故事雄辩地告诉我们，尺有所短，寸有所长。其实每个人身上都有着与生俱来的特质与潜能，即便是一些所谓“愚钝无比”的人也不例外。因此，我们万不可因为分数至上观念的束缚而一叶障目，根本无视乃至完全抹煞了一些特殊学生身上所拥有的可贵特质与非凡潜能，而是应该以独具的慧眼去发现它，接纳它，并想方设法把它充分诱发出来，使之成为亮人眼目的闪光点。知步不捷而行早，知翼不健而先飞，只要因势利导，苦下工夫，“特短”就一定可以转化为特长。

也许有人会说，那个小男孩的故事不免太特殊了吧，是不是有它的普遍适用意义呢？对此，我们的回答是肯定的，因为那小男孩的事决非是一个特例。

李小龙的武功十分了得，有“功夫之王”之美称，驰名中外，世人皆知，可他从小就有500度的高度近视，两条腿也不一样长——右腿比左腿短5厘米，这样的条件按理说根本就不是练武的料，然而他却硬是以独特的思维方式和非凡的创新精神，练就了一身超一流的独门武功。由于是近视眼，他就从咏春拳练起，因为这种拳最适合贴身打斗，近视眼并无多大妨碍。两腿长短不一，他就用较长的左腿练远踢、高踢，犹如狂风扫落叶一般，踢起来凌厉无比；较短的腿他就专练短促的阻击性、隐蔽性踢法，近身发力如发炮，简直势不可挡。就这样，李小龙没有因自身的严重缺陷而自卑，而是想方设法化短为长，短处长用，终于在极端不利的情况下成就了自己的一番宏伟事业。

现代著名京剧表演艺术家周信芳，原是一位以唱工为主的须生演员，可在他的表演艺术渐趋成熟、日臻完美时，没料想嗓子突然哑了，特长一下变成了“特短”。这样的“倒仓”对周信芳来说无疑是致命的一击，可是他没有认命，没有气馁，而是正视嗓子哑了的现实，冷静分析自己的嗓音条件，决定在唱腔上讲究气势，学发“黄钟大吕之音”。后来通过大力练气，终于做到了发声气足宏亮，咬字喷口有力，形成了苍劲强烈、韵味醇厚的特色，创造了独树一帜的麟派艺术。

由上可见，“特短”有的是娘肚子里带来的，有的是因为情况的突变而形成的，而不管是属于哪一种，只要采取不回避、不退让的态度，偏偏迎“短”而上，在“短”上大做文章，做足文章，那就定能化“特短”为特长，让自己在强手林立的社会中出类拔萃，大放异采，使那些禀赋条件极好的人也不得不刮目相看，自愧不如。

善于选准“突破口”

强敌当前，一个高明的将军决不会分散兵力，四面出击，采用那牛抵角的战术；他一定会审时度势，选准一个最适当的突破口，然后集中兵力，发动最强有力的攻击，以最小的代价夺取最大的胜利。同样，面对那浩如烟海的丰富知识，我们要想探有所得，学有所成，也非得选准一个“突破口”不可。

选择作战的突破口，当考虑天时地利，当考虑敌态我势，选择求取学问的突破口，又当依据什么呢？居里夫人曾经说过：“我应该相信自己对于某种事业的特殊才干，并且不惜任何代价来完成这个事业。”这种对于某种事业的特殊才干，就是我们在选择探求学问的突破口时最重要的依据。这也就是说，我们在探求学问的时候，一定要善于分析自己禀赋、素质的主要特点，研究自己才能、智力的发展趋向，然后依据自身的这些主要特点和发展趋向，去精准地确定自己的主攻方向，去努力寻找能最大限度发挥自己特殊才干的“突破口”。

古往今来，许多业绩煌煌的成功人士，可以说都是因为善于寻找最能发挥自己特殊才干的突破口而卓有建树的。

伽利略在听老师解说拉丁文的介词或意大利文的动词的重要性时，常常心不在焉，神游天外，根本就提不起兴趣来。当他按父亲的旨意学医时，也只是奉命行事，马虎应付，所以成绩也相当的糟糕，以致得不到医生文凭，成了人所共知的学医失败者。可是，当他学习他所迷恋、所擅长的数学和物理时，他就如鱼得水，意兴盎然，才华毕露，成为一头在数学、物理学和天文学领域中纵横驰骋、无与匹敌的千里良驹。

达尔文小时候学习成绩也并不好，不管是学习医学、数学，还是学习神学，他都只能算是“慢班生”，可他对打猎、旅行和搜集标本等，却有着特殊的爱好，以致校长认为他是个不务正业的二流子，常常恶狠狠地辱骂他。然而，达尔文并没有被骂退和骂倒，他坚定而自信，那“不务正业”的特殊才干驱使他在生物学的领域内进行了十分艰辛却又卓有成效的探求，最后他终于成了进化论的奠基人。

寸有所长，尺有所短，任何天才人物也不可能是全能之才，每个凡夫俗子也都会有一技之长，成才的关键就在于要善于认识自我，发现自我，真正弄清自己对于某种事业的特殊才干，然后扬其所长，避其所短，找到一个准确的探求学问的突破口。伽里略和达尔文找到了这样的突破口，才得以如锥置囊中，脱颖而出，成为科学文化领域中耀眼的明星。要是他们任人摆布，随波逐流，始终找不到一个能发挥自己聪明才智的突破口，那么不管他们有怎样过人的资质，也将永远被尘封地下，而绝不可能闪烁出璀璨夺目的光华。

古人有云：“百星之明，不如一月之光；十牖之开，不如一方之明。”在求取学问的过程中，如果我们泛而不专，贪多求广，那就会如登宝山，却被沿途的野花、碎石所迷恋，而采不到那山巅的灵芝，那就会如探大海，却为那海边的贝壳、卵石所沉醉，而得不到那海底的骊珠。只有目标专一，善于找准突破口，方能或是明月朗照，或是红日当顶，总有一条明晃晃的大道始终展现在面前，引领我们直抵那金碧辉煌的成功殿堂。

选准“突破口”，终将能突破

打仗要取胜，需要寻找突破口，求知要成功，也同样需要寻找突破口。可不管是寻找也好，突破也好，其实都不是一件容易的事。

人们虽常说“自己最了解自己”，但有些时候，人的自我认识、自我发现也可能会发生差错。正因为这样，突破口的选择，有时也就往往会随之而出现问题。在这一方面，歌德的经历就给我们提供了有益的教训。这位大文豪早年喜欢绘画，满想在这方面一展所长，有所作为。可是，在很长一段时间内，他却一直平平无奇，毫无建树。直到四十岁游历意大利，看到了一些造型艺术的杰作之后，他才发觉自己的突破口找错了，要是再坚持下去，即便使尽浑身解数也难以做出什么成就，方始下决心转而猛攻文学。尔后经过长期的艰苦努力，他终于在文学创作方面取得了巨大的成功。由此可见，由于人的自我认识、自我发现的失误，突破口的选择有时候是不可能一次就完成的，必须及时地加以检点，加以矫正，才能使它更符合客观实际。如若不然，那就很有可能偏将那金城汤池误作为理想的突破口，即使终其一生的努力，也还是突而不能得破。

那么，如果突破口的选择没有丝毫的差错，是否就能势如劈竹，马到成功呢？有些人早熟早慧，而又生逢其时，巧遇伯乐，一旦选准了突破口，经过一番奋力拼搏，确能即奏奇效，捷报纷传。可有些人就不然，他们往往要经过艰苦的浴血奋战，甚至要饱尝挫折和失败的种种痛苦，才能摘到那令人艳羡的红玫瑰。著名英国作家肖伯纳从小就有志于文学创作。就实际情况来看，应该说他选择这样的突破口并没有错，可他最后突破的取得，却经历了令人难以置信的艰辛历程。年轻的肖伯纳用上了所有的力气，用上了全部的时间，勤奋地从事着写作，可结果却是，他写得快，出版社退得也快，发表小说的美梦常常变成小说发霉的苦果。他的裤子上满是窟窿，鞋底上也磨出了大洞，有时候甚至狼狈到连寄稿邮票都买不起的地步，而成功的到来却依然遥遥无期。然而，他没有灰心，没有泄气，他还是费尽心血地写了改，改了写，每天定量必写二十页。就这样，经过许多年心血的浇灌，他的奋斗之树上才结出了为众人所认可的高质量的甜果。由此我们应该深深懂得，即使是选准了一个突破口，也不要侈想着能够一蹴而就，一举成功，而要准备经受长期突而不破的严峻考验。

“莫愁前路无知己，天下谁人不识君。”不要忧虑自己没出息，不要担心自己被埋没，只要我们善于认识自我，发现自我，很好找到一个能充分发挥自己特殊才干的突破口，并顽强不屈地坚持下去，那么我们的聪明才智就一定会像火山一样迸发出来，我们眼前的学业就一定会得到突飞猛进的提高，我们未来的事业就一定会获取令人瞩目的非凡成就。

在顺境中正确认识自己

“目不见睫”，是说人的眼睛可以看见百步以外的东西，却看不见自己的睫毛，人们常以此来比喻自知之明之难。

一个人要正确地认识和评价自己，确实是件非常不容易的事情，而要在“春风得意马蹄疾”的大好顺境之中正确认识和评价自己，那就更是难上加难了。这是因为，一个人如果太顺了，太得意了，头脑就易发胀，身子就易发浮，心灵就会发飘，就很可能会骨头没有四两重，当真觉得自己有一种飘飘欲仙的感觉了。

在大好的顺境中正确认识和评价自己，这确实是一件至为不易的事情，但还是有人在那一片鲜花和掌声面前，始终保持着清醒的头脑和平静的心态，不让自己飘到半空的云朵里去。譬如著名演员章子怡，就在这方面做了不少努力，并取得了较好的成效。

章子怡在以火箭式的速度迅速蹿红以后，在赢得巨大人气的同时，也感受到了非常大的压力。西方人把她看成是一个人见人爱、东西方通吃的瓷娃娃，中国同胞则把她看成是东方人在好莱坞的一张名片。对于这种荣誉和赞美，除了最初一段时间有些失衡之外，章子怡基本上还是一直保持着一种冷静的心态。且听她说：“在美国拍戏的时候，每天导演都是赞美之词，如果你没有一颗平常心，很容易不知道自己是谁。人成功了很容易就会忘乎所以，尤其是女孩子，因为你一直是在一种被赞赏、被宠爱的状态下，你就会晕。好像在别人的印象中，我是一个特精明的人，我会安排好自己的一切。实际上不是这样的，我没那么聪明，很多时候我也不知道自己接下来会干吗。我最大的优点就是有自知之明，我不会不知天高地厚、忘乎所以。我不会以为上了《时代》封面就怎样，《纽约时报》整版报道了就怎样，如果你想清楚这个，你就不会晚上睡不着觉，这个可能是我个性里与生俱来的东西。”当有人将她跟另一位著名演员陈冲相比时，她也很淡淡地表示：“我可能还没有她那么大的冲击力吧。陈冲其实很了不起，特别有魄力。我有时候觉得自己挺平庸的，没法比。”取得了同龄人无法企及的成绩的章子怡，竟然说自己平庸，这令听者感到疑惑，章子怡便解释说：“我觉得自己只是运气特别好，能在这样一个年龄感受到很多人感受不到的东西，这是特别的财富，对我一生都有益。如果我作为旁观者，看到有一个章子怡这样的女孩子，我也只能用几个字形容她：“她就是运气好。我觉得没有运气的话，这个人什么也不是。”很显然，这个从胡同里走出来的小姑娘，言谈之间显示出了与她年龄极不相称的过人的明智。

一般来说，一个人如果时时都很顺，处处都得手，那就很容易会看自己一枝花，看人家豆腐渣，觉得自己满眼尽是优点、长处和成绩，认为人家浑身都是缺点、短处和问题。这样的人就必然会发浮、发飘，必然会忘记了自己究竟有几斤几两，由自我膨胀发展到最后的自我爆炸。章子怡的可贵之处，就在于她虽然处于大好的顺境之中，却依然能够对自我做出恰当的认识和评价，既不高估自己，也不贬抑他人，始终以不狂不傲的心态继续她持恒不懈的刻苦努力。而正是凭借了这一点，章子怡这才得到了上苍的特别垂青，在影视的广阔天地里走得那么远，飞得那么高。

由此可见，尽管正确认识和评价自我非常不易，但不管怎么难，只要用心去做，尽力去做，始终以极为清醒和完全理智的头脑时刻自省自察，自督自查，自控自制，自驾自驭，自勉自励，自奋自发，还是完全可以摆脱自满自足、自狂自傲的牢笼，渐臻于那“自知者英，自胜者雄”的令人神往的境界的。

自信篇

伟业皆由自信始

在与青少年同学的交谈中，发现有不少同学总认为伟大的事业都是由天才人物创造的，而自己不过是个资质平平的人，因此将来断然不会有什么大的成就。

情况果真是这样么？回答只能是否定的。不信么？且请看毛泽东的成才经历：

长久以来，在许多人的眼中，毛泽东乃是上苍所赐的一个天才，甚至是一尊天神。可实际上呢，毛泽东既非天才，亦非天神，而只是一个普通的农家子弟，他在上学读书时的成绩也并不像某些人所想象的那么卓异超群，无可匹敌。他的文、史两科虽然成绩极好，但在他不喜欢学和没下工夫学的科目上，成绩却相当的糟糕。如数学、物理、英语和静物写生等课程，他都得过零分或接近零分，连一般同学都大为不如。可是，毛泽东并没有被那一纸分数遮挡住视线和束缚住手脚，在并不出类拔萃的学业成绩面前，他依然始终充满了“孩儿立志出乡关，学不成名誓不还”的自信，始终怀抱着“为人，为国人，为世界人而学”的雄心，决心使自己成为一个有真才实学的救国“奇杰”。而正是这种自信和雄心的激励，使他虚心地向古人学，向今人学，刻苦地向书本学，向实践学，并由此而羽翼渐丰，成就了他一生的辉煌，使他成了一位伟大的哲学家、思想家，成了一位语言大师、演说大师、大诗人、大书法家，更成了一位伟大的政治家、军事家，成了新中国的缔造者，并最终成了一位空前了不起的中国伟人和世界伟人。美国学者迈克尔·哈特在《历史上最有影响的100人》一书中，就将毛泽东排在了前20位，竟排在美国国父乔治·华盛顿之前，并且“大大超前于拿破仑、亚历山大大帝”。这就足见其影响已经远远超越国界，成为历代全世界最伟大的人物之一。

学业成绩并不特别卓异，也没有上过一天大学，没有进过一天军校，没有喝过一滴洋墨水的毛泽东，何以能创造这样惊天地泣鬼神的奇迹？我们认为，关键的关键，就在于他的身上始终洋溢着一股子常人所难以企及的自信。毛泽东的经历，可以说是最雄辩地印证了德国奥格斯特·史格勒所说的这样一句名言："在真实的生命里，每桩事业都由信心开始，并由信心跨出第一步。"

自信就好比是一粒生命的种子，深藏在我们每一个人的心里，只要我们辛勤地为它清除杂草，浇水施肥，它就随时都可能发芽抽枝，并开出绚烂夺目的花朵。自信又好比是一缕阳光，只要我们努力地为它驱除乌云，拨开迷雾，它就时刻能照亮我们人生的坐标，辉煌我们人生的旅程。有了自信，眼睛里就会放射出坚定，脚步里就会透露出劲健，风雨中就会显现出不屈，艰困中就会绽放出笑容。自信是力量之本，自信是成功之源，自信可以使我们在绝望中看到希望，在黑暗中走向光明，在平庸中铸就辉煌。伟业皆由自信始，只要拥有了自信，即便是一个学业成绩并不十分起眼的人，也同样能够创造出令人刮目相看的奇迹来。

天空因白云而蔚蓝，生命因自信而精彩。奋斗就是希望，命运全在搏击。只要我们在奋斗的过程中始终充满自信，那么我们就一定能像美国科学家罗伯特所说的那样："很难说什么是办不到的事情，因为昨天的梦想可以是今天的希望，并且还可以成明天的现实。"

自信是成功的第一秘诀

有些青少年同学说，他们知道自信的重要，也希望能拥有自信，可自信是需要以实力作为后盾的，而他们的底子较薄，成绩较差，又如何能充满自信呢？这样的想法虽然也多少有一点道理，但从根本上来讲，这种想法还是陷入了一个认识的误区。

我国现有的教育评价体系，都是以一纸考试成绩来判断一个人的聪明程度、才华大小乃至发展潜能的，这就使一些考试成绩不太理想的同学总觉得自己低人一头，矮人一截，因而也就总是自信不起来。而实际上呢，考试成绩其实并不能真正反映一个人的聪明才智和发展潜能，因此我们也就完全不必因为成绩稍差一点就自惭形秽，就失去了本应属于自己的自信。下面的这个实例，就是一个非常有力的证明：

2002 年诺贝尔物理学奖获得者之一、日本科学家小柴昌俊，在大学读书时就是一个地道的“差生”。在他获得诺贝尔奖后的记者招待会上，小柴昌俊向人们展示了他的大学成绩单。16 个科目中，拿优的只有 2 项，而且还是那种只要去上课就能拿到“优”的实验科目。小柴昌俊是个勉强毕业的学生，然而后来他不仅在美国罗切斯特大学取得了哲学博士学位，担任了日本东京大学初级粒子国际中心的名誉教授，而且还在戴维斯研究的基础上证实并扩大了对中微子的探测成果，捕获到超新星大爆发时释放的中微子，并由此与美国的莱蒙德·戴维斯和里卡尔多·贾科尼共同获得了 2002 年的诺贝尔物理学奖。此中的原因到底何在呢？在获奖后的记者招待会上，小柴昌俊对这一问题作出了这样的回答：“那时，大家一般都有半数以上的科目是优，我恐怕是班上最差的，但我一直相信成绩单并不能保证你的人生。虽然我的成绩不好，但我有自己的强项，学习最重要的是主动性。”

小柴昌俊自称是以倒数第一的成绩大学毕业的，然而他后来却成了天体物理学研究领域里的真正第一。这就充分说明，考试成绩只是在一定程度上显示了在学习过程中掌握知识的大致状况，但无法真正反映一个人潜在的创新能力。所以，即便有些青少年同学眼下的学业成绩并不如意，但也完全可以像小柴昌俊那样充满自信地去努力改变现状，去不断开创未来。人生的低谷并没有什么可怕，受挫的时候往往是吸取教训、积累能量和增长智慧的最佳时节，关键就看我们此时此刻究竟以什么样的心态去对待。所以，不管是什么人，也不管他学习成绩到底怎么不好，只要他永远满怀自信，充分运用智慧，就一定能扭转人生的劣势，觅得获取华丽转身的大好良机。

事实上，学习成绩虽然并不太好，而最终却在事业上大获成功的，在这个世界上确实是大有人在。譬如鲁迅，当年在东京学医时，7 门功课中，最好的成绩是丙（相当于我们现在百分制下的 60 多分），还有的是丁，平均分只有 65.5 分，在全班 142 人中，他的成绩只列于第 68 名。可这样的成绩，却并没有损害鲁迅的自信，并没有影响鲁迅的努力奋斗，后来他终于成为我国伟大的文学家和新文化运动的旗手。再如周恩来，19 岁从天津南开中学毕业后，由于理科成绩不好，经历了高考的失败，后转道东京，参加了日本的两次高考，也同样铩羽而归。可这样的遭遇，也并没有使他就此自卑和消沉，相反他倒是通过顽强不屈的奋斗，成长为 20 世纪驰誉世界的一位政治家和外交家。至于在我国最享盛名的毛泽东，我们在《伟业皆由自信始》一文中已经说到，他上学时虽然文、史两科的成绩极佳，但在他不喜欢学和没下工夫学的科目上却成绩甚糟，如数学、物理、英语和静物写生等课程，他都得过零分或接近零分，连一般同学都大为不如。可即便如此，他依然充满了自信，决心成为一个有真才实学的救国“奇杰”。而正是这种自信和雄心的激励，成就了他一生的辉煌，使他不仅成为了新中国的缔造者，而且还成为了赫赫有名的世界伟人。

倘若仅以学习成绩而论，应该说鲁迅、周恩来和毛泽东都没有什么值得特别称道的地方，可结果呢，他们却都做出了永垂青史的伟大业绩，这究竟是什么原因呢？我们认为，最关键的一点，就在于不管在什么情况下，他们的身上始终洋溢着一股子常人所难以企及的自信。鲁迅、周恩来、毛泽东以及其他许多成功者的经历，可以说都异常雄辩地印证了美国作家爱默生所说的这样一句名言："自信是成功的第一秘诀。"正是因为有了这样的自信，他们就常常能将许多不利的条件转化为有利的因素，将种种的艰难困苦转化为无价的精神财富，从而展现出一种无往不胜的超人的才智，创造出无数令他人"高山仰止，景行行止"的非凡业绩来。

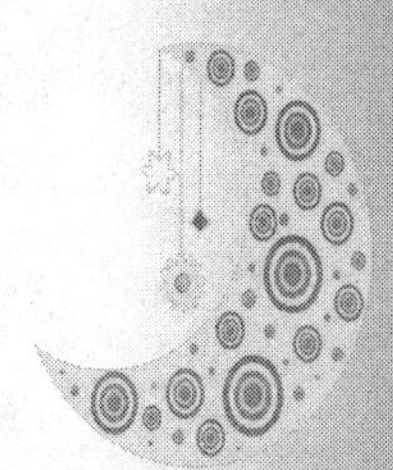

生命因自信而精彩

在现实生活中，许多青少年同学都渴望进步，渴望提高，渴望成功，可又往往总是进步不大，提高不多，离成功有着较为遥远的距离，因此内心里就不免充满着焦虑。正由于这样，与他们相遇时，他们就常常会提出这样的问题：要进步，要提高，要成功，究竟有没有什么诀窍呢？这时候，我给他们作出的回答是：如果说成功果真有什么秘诀的话，那么自信就是成功的第一秘诀。

只要我们认真去读一读所有成功人士的传记，只要我们留意去看一看所有成功人士的经历，我们就会发现，世上所有的成功者，无一不充满了高度的自信。一部人类成功的历史，可以说就是一部人类自信心不断增长的历史。对于每一个人，尤其是对于起点较低的青少年同学来说，树立起坚强的自信心，绝对是攀上成功大厦的最重要的阶梯。这是因为，自信是眼睛里放射出的坚定，是脚步里透露出的劲健，是风雨中显现出的不屈，是艰困中绽放出的笑容。只要与自信为伍，理想就不再是梦；只要与自信为伴，求知的道路就不再孤寂；只要与自信为友，自卑的杂草就不会再主宰心灵；只要与自信为盟，生命之树就定能结出成功的硕果。

看一看下面的这则故事，相信大家一定会更具体更切实地感受到自信所产生的巨大作用：

古时候，有一位老先生要让他的一名学生去京城参加科举考试，就满怀热情地对这个学生说，你是我最好的学生，你一定能金榜题名，荣归故里。可是这个平日里表现不错的学生这一次却并不自信，因为在他看来，参加这个考试的毕竟都是一些精英人物，自己究竟能不能考上，并不是你老师说了就算数的。老师看出了这个学生缺乏信心的样子，就想了一个办法来帮助他找回以往的乐观自信。启程的那一天，这位老师把学生带到了一座古庙旁边，然后对学生说："我说的话你可能不太相信，你也不相信自己真能金榜题名，那好，就让上天来告诉你最后的结果吧。我这里有一枚铜板，现在我将它随意地向上抛掷出去，如果它掉下来时正面朝上，那就是如我所说，你能金榜题名，荣归故里；如果是反面朝上，那就是相反的结果。"学生虽不自信，但心底里毕竟也有很强烈的"高中"的念头，所以也就很乐意地接受了老师的提议。于是，他不仅很虔诚地朝古庙磕了几个响头，而且还向京城方向顶礼膜拜了好一阵。"叩上天"的仪式正式开始了，只见老师将那枚铜板使劲地抛向了天空，过了好一会儿，那铜板才掉到了地上，学生赶紧凑上前睁眼细看，见是正面朝上，不由心想：呵呵，果真是老天有眼，预示我这次进京一定能金榜题名！而这一兴奋和激动，就将他所有的自信全都激发了出来。与老师分手去到京城以后，这名学生就一直保持着这种昂扬兴奋的精神状态，特别是考试作答时，这种必胜的心态更是起到了非常积极的作用，使他的水平得到了超常的发挥。最终结果出来了，这个学生果然高中了状元，如同他老师所说的那样荣归故里，光耀门楣。然而当他回家的时候，那位老师却已经不知了去向，只在其住处发现了一枚铜板，并且他还认得，这枚铜板就是在古庙前用来"叩上天"的那枚。他不由自主地拿起它来细作端详，而这一看，他竟发现了这枚铜板的秘密：原来这枚铜板是由两个铜板粘合而成的，根本就没有正反面之分，不管那一面都是正面。这时候，这名学生才真正明白了老师的一番良苦用心，老师正是用这种方式来改变他的心态，使他由自卑变为自信，并因此而一举夺得状元的。

自信之所以能促人走上成功之路，是因为自信是一个人对自己正确评价后所产生出来的一种坚定的自我信任感，它可以帮助我们发现自己的长处，将自己的潜能充分挖掘出来，使我们产生一种积极进取的成就动机，催生我们挑战困难的勇气，增强我们获取胜利的力量，促使我们义无反顾地去将那看似无法攀登的高峰踩在自己的脚下。要而言之，自信就好比是一粒生命的种子，深藏在我们的心里，只要我们精心地对它滋养培育，它就随时都可能发芽抽枝，并开出绚烂夺目的花朵。自信又好比是一缕阳光，只要我们努力地为它驱除乌云，拨开迷雾，它就时刻能照亮我们人生的坐标，辉煌我们人生的旅程。

世界是由自信创造出来的

面对一些棘手的事情，有些同学总是想：这事儿太难了，根本就不可能做到。情况果真是这样么？答案是否定的。

2001 年 5 月 20 日，创建于 1927 年，以培养世界上最杰出的推销员著称的布鲁金斯学会把一只刻有“最伟大推销员”的金靴子赠给了一位名叫乔治·赫伯特的推销员，因为他成功地将一把斧子推销给了小布什总统。那么，乔治·赫伯特究竟是怎么做到这一点的呢？他在接受记者采访时作了这样的回答：我认为，将一把斧子推销给小布什总统是完全可能的，因为小布什总统在德克萨斯州有一座农场，那里长着许多树。于是，我给他写了一封信说：您的农场里长着许多矢菊树，有些已经死掉，木质已变得松软。您一定需要一把不甚锋利的老斧头。我这里正好有一把这样的斧子，它是我祖父留给我的，很适合砍伐枯树。倘若您有兴趣的话，请按这封信的地址给予回复。最后，他给我汇来了 15 美元。布鲁斯学会在授予乔治·赫伯特金靴子的仪式上说，金靴子已设置了 26 年。26 年间，布鲁斯学会培养了数以万计的推销员，造就了数以百计的百万富翁，这只金靴子之所以没有授予他们，是因为我们一直想寻找这么一个人——这个人从不因有人说某一目标不能实现而放弃，从不因某件事情难以办到而失去自信。

给总统推销一把斧子，这在常人看来，简直就像是九天揽月般的难事儿，可乔治·赫伯特却硬是切切实实地把它做到了。为什么？最根本的原因就在于他有着“我认为，将一把斧子推销给小布什总统是完全可能的”这一坚强自信，就在于他就是布鲁斯学会一直想寻找的这么一个人——“这个人从不因有人说某一目标不能实现而放弃，从不因某件事情难以办到而失去自信”。所以，获得金靴子奖，乔治·赫伯特是当之无愧的，因为他用出色的行动证实了布鲁斯学会网站上贴着的这样一句格言：“不是因为有些事难以做到，我们才失去自信；而是因为我们失去了自信，有些事情才显得难以做到。”

西方有句名言：“这个世界是由自信创造出来的。”此话言简意赅，剀切精当，充分说明了自信对于我们的极端重要性。自信蕴涵着智慧、勇敢和意志，它是奋进的永恒动力，它是创新的不竭源泉，它能让人在有限的时间内创造奇迹，活出精彩。别以为自己柔弱就失去自信，别以为自己渺小就不敢自信，因为自信的力量无可估量，它足以使柔弱和渺小的你变得坚强和伟大。这就正如萧伯纳所言：“有自信心的人，可以化渺小为伟大，化平庸为神奇。”嫩弱的小草何以能冲破板结厚实的土地，展现勃勃的生机？细小的水珠何以能穿透坚硬厚大的巨石，展现顽强的力量？岂不都是自信的伟力所发挥的作用么？所以，即便自己眼下当真还较为柔弱和渺小，你也完全可以在自信力的推拥之下，变幻成一道令世人啧啧称奇的美丽风景，而不必再在别人的风景里面带愧色地仰视。请一定记住，拥有了自信，你就有了“会当凌绝顶，一览众山小”的气魄，你就有了“天生我材必有用，千金散尽还复来”的豪情，你就有了“自信人生二百年，会当击水三千里”的壮志，你就能像崖间的苍松那样傲视风雪，展现你坚韧雄健的生命。

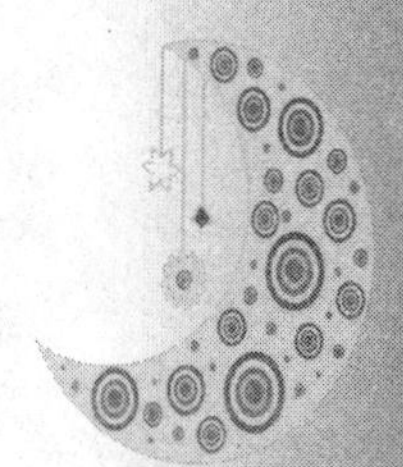

天才的全部秘密是不要小看自己

有些青少年同学，由于家境贫困，自幼缺少适宜的学习环境，没有养成良好的学习习惯，进了学校也就在学习成绩等方面要比其他同学差那么一点，久而久之，他们也就渐渐产生了自卑心理，总觉得自己生来就矮人一头，低人一截，天生就是没有出息的命。

可实际情况却完全不像这些同学所想象的那样。如若不信，那就让我们来看一看下面的这一事实所作出的回答吧：

三十年前，周明家里很穷，没有显赫的父母，没有漂亮的衣服，没有值得夸耀的一切。虽然他在校园里老躲着那些有钱人家的孩子，但还是经常被欺负，有时还会无端地挨一顿打。他心里郁闷极了，但不甘屈服的他心里总有一个强烈的声音在不停地发问："我什么时候才能体会成功的滋味?"学工的日子到来了，任务是到一家食品厂手工清洗罐头瓶子。瓶子脏兮兮的，很难洗，但周明还是很兴奋，因为老师宣布开展劳动竞赛，看谁刷的瓶子多，他想："自己还从未得过第一，今天我得好好努力，一定要得到它。"结果，那一天他刷了108个瓶子，果真得到了他生命中的第一个"第一"。嘿，这件事还真成了他人生的一个转折点，自卑的他从此挺起了胸膛，迈开大步向成功飞跑而去。三十年过去了，他终于成为微软亚洲研究院的主任研究员，成为计算机自然语言处理领域里最有才华的科学家之一。他拥有很多重要的科研成果，最匪夷所思的是他在根本不懂日语的情况下，竟然发明了中日翻译软件。然而，说到最值得珍惜的财富，他却认为还是小时候学工劳动中刷的那108个瓶子。他说："我原来一直是没有自信的，但是这件事给了我自信，就是从那天起，我知道无论什么事情只要我肯干，就一定可以干好。我发现了天才的全部秘密其实只有6

个字：'不要小看自己。'那一瞬值得我一辈子记忆，我知道我的生活完全不同了。"

周明的经历很有典型意义，它清楚不过地告诉我们，一个人究竟是否有出息，绝不是天生注定的，也绝不会为家境贫困和基础较差所左右，只要我们像周明那样懂得了天才的全部秘密就是"不要小看自己"，并由此而努力去寻找一个突破口，把它作为良好的起点，向成功发起一次又一次的不懈冲击，那么成功就总有一天会向我们露出她那动人的微笑。世上的每一个人，其实都是既有所短，亦有所长的，即便是一些资质平平的人，也绝不会浑沌一片，一无是处。只要不自暴自弃，不自怨自艾，而是千方百计去发掘自己的长处，殚精竭虑去寻找适合自己的突破口，那就迟早会瞥见一丝让人眼睛一亮的成功的曙光，闯出一片真正属于自己的崭新天地。

周明的经历，对一些曾经自卑或是现在仍处于自卑中的青少年同学来说，其教育意义那就更为巨大。曾经自卑或是仍处在自卑之中，这固然绝不是什么好事，但也并不就像有些人想象的那么可怕，"原来一直是没有自信的"周明，不就并没有被自卑所压倒么？而他之所以能有那样的彻底改变，关键就在于他虽然"郁闷极了"，但仍"不甘屈服"，"心里总有一个强烈的声音在不停地发问：'我什么时候才能体会成功的滋味？'"相信那些曾经自卑或是仍处在自卑中的青少年同学，只要以周明为榜样，始终"不甘屈服"地去寻觅体会成功滋味的契机，那就总有一天能够完全摆脱自卑的羁绊，成长为一个自信自强的成功者。

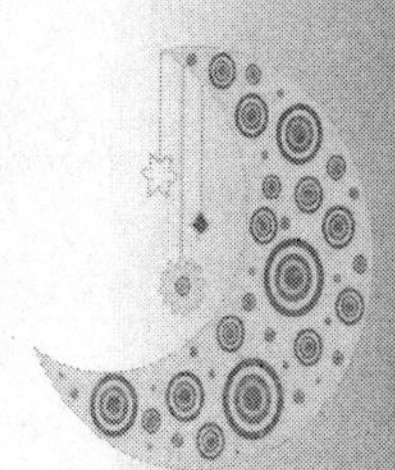

人人都能成为生活的强者

十个指头有长有短，在一个班级中，几十个同学自然就更不可能一般齐，必然是身体有强有弱，成绩有好有差，水平有高有低。正因为这样，一些身体弱、成绩差和水平低的同学就往往会自怨自艾，自惭形秽，觉得再怎么努力也很难抬得起头来。这种情况的出现虽说是事出有因，可以理解，可这些同学的想法却是十分错误和非常有害的。看一看下面的故事，我们便会明白此中的道理。

在一个孤岛上，生活着一群靠啄食蒺藜果为生的鸟，根据喙的长短，它们可分为长喙鸟和短喙鸟两种。蒺藜果浑身长满了坚硬的刺，只有长喙鸟才能啄得开，而短喙鸟则因无法啄开蒺藜的果子而大批饿死。有一只短喙鸟在吃完母亲啄开的最后一颗蒺藜果后，不得不伤心地飞离那生它养它的孤岛，去寻找新的生机。就在它饿得头晕目眩的时候，它啄食了在浅海里游动的一条小鱼，虽然恶心得想吐，但它还是硬着头皮将那条小鱼吃了下去。慢慢地，它觉得小鱼的味道其实比那蒺藜的味道还要好。一时间，其他短喙鸟纷纷效仿，于是短喙鸟得以生存了下来。浅海里的鱼吃完了，它们就去深海里捕猎。后来，它们不但吃鱼，只要是能捕获到的动物都成了它们的食物。在捕猎中，它们练就了短而有力的喙，还有一对大而强健的翅膀，和一双尖利的爪子。数年后，短喙鸟成了海上的强者；而长喙鸟呢，却随着那种蒺藜果的消失而永远消失了。

若按先天条件而论，长喙鸟显然是强者，短喙鸟无疑是弱者。可结果呢，作为强者的长喙鸟却因不能顺应环境的变化而永远地消亡了；作为弱者的短喙鸟则因为有着强健不屈的心灵，勇于开拓的精神，百折不挠的意志，而成为了挺立于天地之间的强者。这就可见，所谓“强者恒强，弱者恒弱”，其实并非一种常态，强与弱绝不是一成不变的，而是可以在一定的条件下互相转化的。如果安于现状，不思进取，不求变革，那么原本所谓的强者也必将蜕变为弱者；如果不甘于做一个弱者，竭尽努力去改自己弱小的地位，那么即便原先真是个弱者，也完全能变为一个真正的强者。

那么，作为一个曾经的弱者，又该如何才能实现由弱变强的转化呢？我们每一个人都生活在不断变化着的外部环境中，而外界的每一变动，都在逼迫着我们重新去认识去体会变化中和变化后的格局，以及自己在这种变局中将处于的新的位置，为此我们必须善于敏锐地捕捉外界变化为我们提供的信息价值，并放出慧眼精准地从中识别正与反、利与弊的两面性问题，从而迅速及时地作出必要的自我调整和自我变革。生活总是要求我们在很短的时间内，在很少的已知条件下，以及在很多的变数和很不确定的结果中，去完成整个的认识过程，并得出正确的行动方向，应该说此中的困难确实是非常之大的。然而正是因为有了这样的困难，才会迫使我们去变革自己，去适应环境。所以，困难一方面是我们前进的障碍物，另一方面却又是我们变革的助推器。只要当真把这个结劈开了，我们也就能像阿里巴巴掌握了“芝麻开门”的魔法那样，会惊喜地发现我们希望得到的一切原来都隐藏在它的背后。所以，不管外界怎么变化，不管困难有多巨大，我们都不能墨守成规，安于现状，更不能听天由命，束手就擒，而应该始终心有不甘地去修正自己，变革自己，并竭尽所能地去作趋利避害和化害为利的大胆尝试，以不断克服自己的弱点，努力顺应环境的变化。有修正就有新的面貌，有变革就有新的办法，有尝试就有新的转机，而将所有这些都叠加在一起，我们也就有了新的希望，新的长进，新的出路，也就能由一个时时受掣肘的弱者，渐渐地变为一个处处能驾驭生活的强者了。

总而言之，强弱决非天定，凡事皆在人为，只要不信命，敢作为，人人都能成为生活的强者。所以，即便你目前确实处于一个较弱的地位，也应该昂然地抬起头来，向所有的强者发起有力的挑战！

坚信“一定行”，终将得成功

著名发明家爱迪生曾经说过：“自信是成功的第一秘诀。”这充分说明对于每一个渴望成功的人来说，自信是多么的至关重要。

俄国学者所做的一项研究表明：一个正常人如果发挥了自身潜藏能力的一半，那么他将能轻易地掌握40多种外语，拿到12个博士学位，还可以将叠起来几人厚的世界百科全书背得滚瓜烂熟。这又告诉我们，我们每一个人都具备拥有自信的足够资本。

可在实际生活中，为什么有一些人又总是缺乏自信呢？细究起来，恐怕主要有以下这几方面的原因：一是目光短浅，胸无大志，只图舒舒服服、安安逸逸过日子，不想大展宏图，一显身手，因此也就根本不去管自己究竟拥有多少潜能和资本；二是对成才的知识缺少应有的了解，对自信的重要作用缺少应有的认识，对自家宝藏也就根本不可能有意识地去发现和开掘，所以尽管手有金饭碗，却不得不沿街去乞讨；三是不能坦然地面对挫折，不能正确地对待失败，往往在经历了一次次挫折和失败之后，那“不行了，看来我是真的不行了”的错误想法就在头脑里潜滋暗长，以致渐渐失却了奋战的信心和勇气。

病因搞清了，疗救的方法自然也就不难找到，通常可以从以下几方面入手：

一是要满怀雄心壮志，要根据自己的能力水平和志趣爱好，在心中描画出一幅自己意欲达成的蓝图，并不断地使之强化，使它不致随着岁月的流逝而消褪模糊。有了这样的蓝图，我们大脑的潜意识部分就会随时接受它的指令，欣然依言行事，澎湃的热情就会由此迸发，坚强的自信就会由此滋生。这样，艰难险阻也就不在话下，畏惧退缩也就化为乌有，我们也就能周身上下充满了奇妙的力量，满怀信心去为实现那美好蓝图而不懈地奋勇向前。

二是要进一步认识自信的巨大作用，要善于发现和发掘自家宝藏，并始终把精力放在自己最擅长的地方。每一个人都是既有所长，亦有所短的，若老想着自己的短处，就会觉得总是矮人三分，倘善于发现自己的长处，就可以把胸膛挺得笔直。发现了自己的长处之后，还要学会把精力放在自己最擅长的地方，以使自己的潜能得到最充分的发掘，把自己的长处发挥到理想的极致。滔滔长江何以能一泻千里？就因为它把所有的运动都集中到了一个方向。倘若我们把努力的重心也都放到了自己最大的长处上，那我们也将同样势不可挡。

三是要坦然面对挫折和失败，不要一遇挫折就产生“不可能”的想法，一遭失败就采取“见难退”的做法。人生有许多误区，人性有许多弱点，“不可能”就是人们极易步入的一个误区，“见难退”就是人们极易暴露的一个弱点。据说成功学的引路人卡耐基买了一本最好、最完全、最漂亮的字典后，从中找到了“不可能”（impossible）这个词，用小剪刀把它剪掉了。为什么呢？因为在他看来，对一个要成长，而且要成长得超过别人的人来说，没有任何事情是不可能的。走出了“不可能”的心理的误区，摈弃了“见难退”的错误做法，我们就会顿然觉得，原来在我们的面前，天空是那样的湛蓝，阳光是那样的明媚。

想着“不行了”，就会永难振作，坚信“一定行”，就将终得成功。“无人赏，自家拍掌，唱得千山响”，卸下“我不行”的沉重包袱，唱起“我能行”的嘹亮战歌，全新的局面就将在我们的手中开创，巨大的成功就将迎面向我们走来。

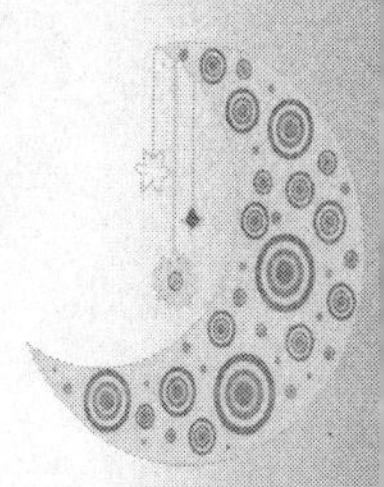

时时为自己加油鼓劲

普天之下的芸芸众生，相貌千差万别，个性迥然不同，但有一点却是完全相同的，那就是每个人都渴望听到喝彩。这一人类的共同特点，用20世纪最著名的心理学家弗洛伊德的话来说，就是“成就伟大的欲望”；用美国最有影响力的哲学家约翰·杜威的话来说，就是人类天性中最深层的动力，是“做个重要人物的欲望”；用心理学家威廉·詹姆斯的话来说，就是“人类天性的本质就是渴求为人所重视”。请注意，在詹姆斯所说的那句话语中，他使用的是“渴求”这个词，而不是“愿望”、“欲望”或是“希望”。这就可见，众人对“为人所重视”的企盼是何等的急迫，何等的强烈！这种渴求为人所重视和希望成为重要人物的愿望，通常就叫做“自重感”。寻求自重感的欲望，乃是人和动物最明显的区别之一。如果我们的老祖先没有这种自重感的强烈冲动，那么也就不会有我们今天的人类文明。

现代科学研究的成果也充分证明了上述观点的正确。心理学家威廉·詹姆斯通过调查研究发现，一个没有受到激励的人，仅能发挥其能力的20%～30%，而在他受到激励时，其能力可以发挥至80%～90%，甚至可以发挥到理想的极致。所以，一个人获取成功的过程，实际上也可以说就是一个不断受到激励的过程。

激励分为外部激励和自我激励两种。外部激励就是他人的认可和赞扬，内部激励即是自己给自己加油鼓劲。能否受到外部激励不是由我们个人可以决定的，它往往可遇而不可求，任何人都不能对它寄予过多的奢望，因此我们真正能够依靠的，主要就只能是自我激励。

邓亚萍何以能成为妇孺皆知的乒坛名将？这里面固然有诸多因素，但其中至为重要的一个原因就在于她善于自我激励。邓亚萍每赢一球，总要把紧攥的拳头一扬，嘴里叽哩哇啦地喊叫着。她喊叫什么呢？宋世雄的一次现场解说，道出了其中的奥秘。宋世雄说："每打一个好球，邓亚萍就情不自禁地为自己喝彩：'好球！''漂亮！'"你看，尽管邓亚萍智勇双全，球技精湛，常常处于一种咄咄逼人的优势之中，可她还是时时不忘为自己加油鼓劲，使自己始终在气势上压倒对方。而正是这样的自我激励，使她赢来了一次又一次的胜利，使她登上了世界乒坛"女皇"的宝座。

自我激励，决不是妄自尊大，而是对自我的必要肯定。这样的自我肯定就好比是替镶板刷漆，不仅可使其光彩照人，而且可使其经年累月。我们和所有的世人一样，同顶湛蓝天空，共沐明媚阳光，齐得滋润雨露，都是这世上不可或缺的一道亮丽风景，因此我们理应自信地挺直身板，与最佳景观比肩，跟成功人士媲美。只要我们心中时刻叨念着"我能行"、"我真棒"，那么我们就没有办不成的事！

人的一切行为都是因受到激励而产生的，所以我们不仅要学会欣赏天地间的每一道晨光，每一丝细雨，每一缕彩云，以感受自然的美好，而且要学会欣赏自己的每一种渴求，每一次努力，每一点进步，以感受生命的意义。倘能如此，我们就必定能永远充满神奇的力量，接连获得一个又一个令人意想不到的巨大成功。

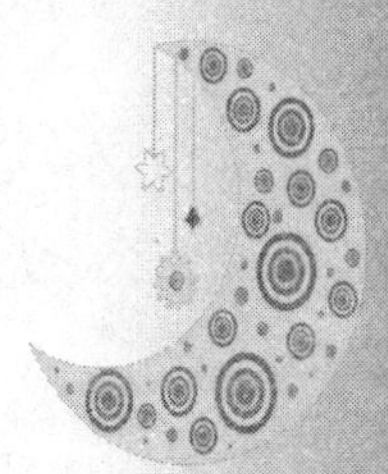

设法打开自家宝藏

一天，有个虔诚的佛教徒遇到了一件异常棘手的事，这时他首先想到的是去寺庙里求观音菩萨。走进庙里，他跪在观音像前叩拜，发现自己身边有一个人也跪在那里，仔细一看，那人长得和观音一模一样。他忍不住问："你怎么这么像观音啊?"那人答道："我就是观音。"教徒听后，很是奇怪："既然你是观音，那你为何还要拜呢?"观音笑道："因为我也遇到了一件非常困难的事。然而我知道，求人不如信己。"教徒闻听此言，一下子如醍醐灌顶，猛然悟出了解决难题的正确通道。

这则故事不只生动有趣，而且还告诉了我们这样一个极为深刻的道理：求人不如信己，不管遇有什么困难，我们绝不能只是奢望得到菩萨的保佑，而一定要有坚强的自信，努力设法打开自家宝藏。

自信，此乃人生最宝贵的、须臾都不能离开的宝贵财富。有了它，我们就有了精神的支撑点，就能处变不惊，临危不惧；有了它，我们就有了前行的指路灯，就能穿云破雾，永不迷航；有了它，我们就有了生命的催化剂，就能激发潜能，浑身是劲；有了它，我们就有了成功的推进器，就能心雄志壮，无往不胜；有了它，我们就能像马克思所说的那样，"人所具有的我都具有"；有了它，我们就能像阿基米德宣言的那样，"给我一个支点，我就能撬起地球"；有了它，我们青春的火焰就能格外明亮地熊熊燃烧；有了它，我们生命的乐章就能奏出时代的最强音。自信的力量简直难以形容，它可以使每个人的心都与天齐高；自信的力量几乎不可想象，它可以使每个人的梦想全都如愿以偿。这就正如梁启超所说的那样："凡任天下大事者，不可无自信心，每处一事，既看得透彻，自信得过，则以一往无前之勇气赴之，以百折不挠之耐力持之。虽千山万岳，一时崩溃而不以为意。虽怒涛惊澜，蓦然号于脚下，而不改其容。”

虽说在这个世界上并没有全能之才，全局之才，但不论是谁，其实都有他过人的特点和闪光的亮点，在他的身上都蕴藏着刻有他印记的他所特有的丰富宝藏，只要能及时地发现这一宝藏，并不断地将它开挖出来，那他就必定能干出让人称羡不已的业绩来。纵观许多成功者的经历，我们就更能明白，相信自己，努力设法打开自家宝藏，这确实是一个人获取成功的至为重要的环节。邓亚萍每打一个好球，就会情不自禁地为自己喝彩：“好球!”“漂亮!”乔丹每逢比赛，都会不停地激励自己：“I believe I can do!”（我相信我能行!）正是这种自信，为他们熔铸了一个强大无比的自我，从而在乒坛和篮坛耸起了两座高入云霄的丰碑。那好，就让我们学一学邓亚萍，学一学乔丹，在求知学习的过程中彻底地抛弃“求菩萨”的念头，坚定地扛起“信自己”的战旗。倘若真能如此，那么全新的局面就必将在我们的手中开创，巨大的成功就必将向我们迎面走来。

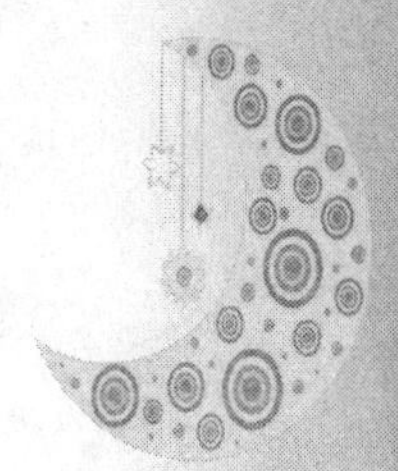

战胜自己，化蛹为蝶

常听有些青少年同学这样说：自己虽然也很想改掉自己的一些坏习惯，可是改来改去，却总是改不掉，该怎么办才好呢？听了他们的述说，我就给他们讲述了下面的这个故事：

美国石油大亨保罗·盖蒂，原本嗜烟成性，只要烟瘾一来，他就抵挡不住。有一次，他在一个小城的旅馆过夜，凌晨两点钟，突然醒了过来，想抽根烟，不料烟盒是空的。此时旅馆的餐厅和酒吧早已关门，唯一能得到香烟的办法是到一公里之外的火车站去买。外面下着雨，盖蒂穿上衣服，并拿上雨衣，准备出门。可在走到门口时，他突然问自己："我这是在干什么？"他站在门口寻思，我是一个有身份有地位的人，一个相当成功的商人，一个能克服许多困难、战胜众多对手的人，现在竟然在凌晨冒雨出去，仅仅为了得到一根烟而已，这要是让别人知道了，该是多么可笑呀，我怎么能让一根烟主宰了自己呢？这一反思，使他的心灵受到了很大的震动。于是，他便重新上床睡觉。奇怪的是，这一次，虽有烟瘾，没烟抽的盖蒂竟然很快入睡了。更为重要的是，在经历了这件事情后，他突然觉得戒烟也并不是一件难事，很快就戒掉了烟。盖蒂把戒烟成功称为他人生中最重大的一次胜利，理由是他第一次战胜了自己。以后在商场上，不管遇到多大的困难，他都从不屈服。一个能战胜自己的人，还有什么不可战胜呢？盖蒂的生意终于越来越好，没多久便成了世界上顶尖的富翁，而且身体也特别棒，80 多岁时，还能通宵加班。

保罗·盖蒂的经历清楚不过地告诉我们，一个人最强大的敌人并非是那些强劲的对手，而是他自己，只要能战胜自己，那么世界上就没有什么困难可以阻挡他前进的脚步。有位作家曾说："自己把自己说服了，是一种理智的胜利；自己被自己感动了，是一种心灵的升华；自己把自己征服了，是一种人生的成熟。大凡说服了，感动了，征服了自己的人，就有力量征服一切挫折、痛苦和不幸。”这话说得实在太好了，可谓是当真说到了点子上。

战胜自己十分重要，可它又并非像盖蒂戒烟那么容易。这是因为，要战胜自己，就必定要战胜一个又一个旧习惯，而每一个旧习惯都有着与之相对应的旧神经回路，它们是绝不会轻易自行消失的，只能靠新习惯打造的更强大的新神经回路去战胜它，取代它。然而，新的神经回路一开始都较为脆弱，在与旧的神经回路的较量中，它们有时候并没有绝对取胜的把握，即便是暂时占领了阵地，也常常会有得而复失的可能。这也就是说，我们在战胜自己的过程中，很可能会出现挫折和反复。这种情况的出现，对我们乃是一个严峻的考验，若是我们因此而就抑郁，就焦虑，就悲观，就失望，就蔫头耷脑地提不起精神，那么原本的所有努力就将会前功尽弃，那么先前的种种设想就将会成为一纸空文。所以在这时候，我们就特别需要具有韧性的战斗精神，要坚信一次两次的挫折和失败绝不表明自己的无能，要坚信只要愈挫愈奋，以后必定还有成功的机会。这样，我们就能始终处于良性运行的轨道之上，就能最终战胜自己，化蛹为蝶，使自己的理想追求完全变为眼前的现实。

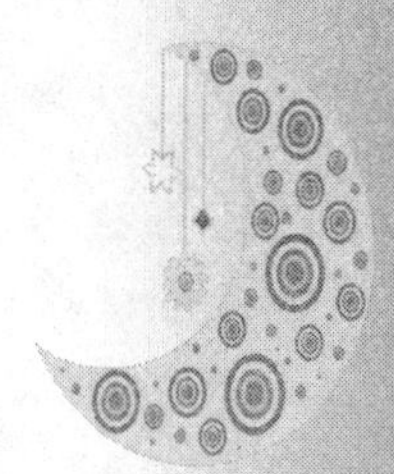

我们理应有战胜忧虑的豪情

有位初三学生，尽管成绩在班内一直处于前五名，但面对即将来临的中考，她却时不时会隐隐流露出一丝说不清道不明的担忧，忧虑到那时考不出好成绩，考不上好学校，担心因此而无颜面对老师，无颜面对父母和乡亲。

这位学生所忧虑的东西，其实都不是事实，而只是她内心的想象而已。而且，她还并不是一般性地担心未来是否要发生意想不到的困难，而是将那想象中的困难的严重性做了过分的夸大。面对那些困难，她手中总是拿着个放大镜，因此前面明明是趴着一只小虫，可在她的眼中却成了一只猛虎，前面明明是躺着一个土丘，可她却以为是横亘着一座大山，以致心里老是直打鼓，这样她的忧虑自然也就在无形中不断地加剧了。不错，对于一个初中生来说，中考确实是一件大事，时刻记挂于心也是理所当然，可以理解的，但时刻记挂可绝不等于无端的忧虑，更不等于莫名的恐惧。这位学生学习成绩在班内一直名列前茅，状态也始终比较稳定，她在中考中有一个稳定的发挥应该说是顺理成章、完全不成问题的，这是一；离中考还有半年，中考的结果压根儿还是一个未知数，为什么硬是不从好的方面去着眼，而偏要“天下本无事，庸人自忧之”，平白无辜地为自己预测一个令人不快的结局呢？这是二。所以，可以毫不夸张地说，这位学生现在的种种担忧，乃是地地道道的作茧自缚、自寻烦恼。俗话说“魔由心生”，忧虑和恐惧往往并不是事态发展的必然结果，而是我们莫名其妙地签具了一张巨额借据后背上的沉重包袱。一旦陷入了这样的境地，我们的思想就会像一部没有载货的汽车，在布满砾石的山路上乱冲乱撞，不仅有可能撞毁一切，甚至还会连自己也变成碎片。

忧虑是一个无孔不入的家伙，一旦它当真闯进了我们的脑海里，我们又该怎么办呢？办法也是有的，那就是首先得好好认清忧虑的严重危害，然后赶快煞车，再也别胡乱踩踏忧虑之车的油门。家住在爱达荷州的癌症病患者欧嘉·佳薇，就是通过这种办法来战胜忧虑，并战胜癌症的。在得知自己将不久于人世，很痛苦地死于癌症的消息后，她曾忧心忡忡、哭哭啼啼地给医生打电话诉说自己内心的绝望，医生便对她说："你要是一直这样哭下去的话，毫无疑问，你一定会死的……要面对现实，不要忧虑，然后再想点办法。"就在那一刹那，欧嘉·佳薇猛然惊醒，发了一个誓："我不会再忧虑了，我不会再哭泣了……我一定要赢，我一定要活下去！"从此，决计不再忧虑的欧嘉·佳薇就具有了一种前所未有的意志力和内在力量，并由此创造了一个治愈癌症的奇迹。欧嘉·佳薇的这一经历，就正好验证了莎士比亚的这样一段名言："聪明的人永远不会坐着为自己的损失而悲伤，却会很高兴地去找出办法来弥补创伤。"

所以，我们一定要坚信，我们理应有对付忧虑的办法，理应有战胜忧虑的豪情，只要我们不再为本不存在的债务事先支付利息，我们就必然能永远生活在无比的幸福之中。

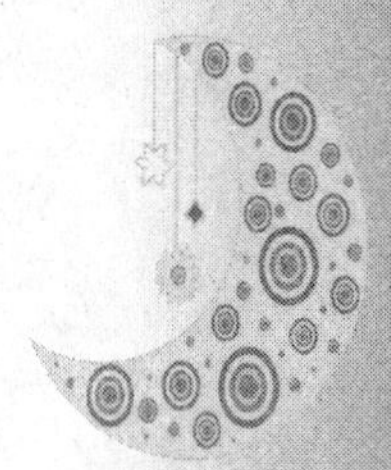

永远都要坐在最前排

在学校里，我们常常可以见到这样的一种情况：在参加一些可以自由选择座位的讲座或会议时，不少青少年同学往往都喜欢先去占着后排的座位坐，只有当后排的座位都被坐满了，晚到的同学才会被迫无奈地坐到前排的位置上去。

乍一看，这似乎是件很不起眼的小事儿，可如果往深处细细一琢磨，我们便会发现在这一小事的背后其实蕴藏着一个大问题。

一次，斯蒂芬教授在课堂内问学生：有谁知道世界第一高峰？面对这小儿科的问题，学生们自然都能对答如流。谁知这位教授紧接着追问："世界第二峰呢?"这下，同学们都傻眼了，许久都没有人能够回答。教授再问："第一个进入太空的人是谁?"这时，竟没有学生再敢回答了，这倒不是因为同学们不知道加加林其人，而是因为他们都不知道第二个进入太空的人是谁。冷场了一会之后，教授便趁机向同学们揭示了这样一个道理："若是屈居第二，那就与默默无闻毫无区别。"随后，教授又向大家陈述了他的一个实验结论：他曾经要求学生毫无顺序地进入一个宽敞的大礼堂，并独自找座位坐下。这么着几次反复之后，教授发现有的学生总是爱坐在前排，有的学生是盲目随意，四处都坐，有的学生则特别热衷于坐后面的位置。教授很细心地分别记下了这三类学生的姓名及座号。此后经过10年的跟踪调查，教授发现，在爱坐前排的学生中，成功的比率远远高出于其他两类学生。由此，他得出了这样一个结论：爱坐前排的学生有积极向上的心态，这一点对他们后来的成功起了十分重要的作用。于是，他便语重心长地告诫他面前的学生说："在漫长的人生路途中，你们必须发扬力争上游的精神，永远都要坐在最前排!"

教授的忠告一点都不错，“永远都要坐在最前排”确实是意欲成功者的必备理念。英国的玛格丽特·撒切尔夫人之所以能成为英国第一位女首相，并雄踞政坛长达11年之久，被世界政坛誉为“铁娘子”，就是因为她从小就接受了父亲向她灌输的“孩子，永远都要坐在最前排”的思想，并不断地将这一思想切实付诸实践的结果。

“永远都要坐在最前排”，何以会产生这么神奇的作用呢？这是因为“永远都要坐在最前排”绝不只是一种简单的行动，而是反映了一种积极向上、不甘落后的心态，表现了一种敢为天下先、勇于争第一的精神。同时，“永远都要坐在最前排”，这也可以说是在现代竞争社会成为强者的一条必由途径。因为只有“永远都要坐在最前排”，才能增强人的挑战意识，催发人的前进动力，才能使人具备顽强的斗志和良好的心理素质，使人周身上下都迸发出异乎寻常的力量，从而以坚毅不屈的努力迈过坎坷，步出困境，迎来那无比美好的明天。总之一句话，只有“永远都要坐在最前排”，才能蟾宫折桂，登临绝顶，才能实现最好的自己，演绎最完美的人生。

南迁的雁群之中，最勇敢的大雁总是飞在队伍的第一个；逐流的鱼群之中，最健壮的游鱼总是潜跃在鱼群的最前面；在人生的旅途之中，我们也只有积极勇敢地走在人群的最前端，永远坐在生活的最前排，才能将生命的色彩渲染到美的极致。

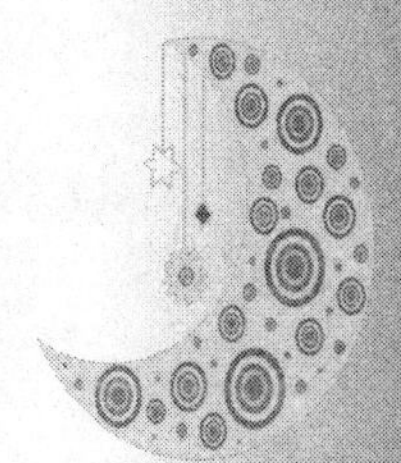

你不比别人卑微

在学校里，有一些同学因为这样那样的原因，总觉得自己低人一头，矮人一截，说话吞吞吐吐，做事畏畏缩缩，好像真是个二等公民似的。而实际情况其实并非这样，所有的这一切都是由他们自己的思想造成的。看一看前联合国秘书长科菲·安南的一段经历，我们就会清楚地明白其中的道理。

有一天，安南的父亲在办公室看账本，看到一个地方有疑点，就喊一个伙计进来。这伙计知道老板最讨厌别人抽烟，于是把正燃着的烟斗塞进了裤子口袋。很快，伙计的裤子开始冒烟了。父亲什么也没说，冷冷地看着伙计，既没有让伙计把烟斗拿出来，也没有让伙计把火拍熄，直到伙计狼狈地离开。安南在一旁见了这种情况，很是气愤，便对父亲大喊："你怎么能这样对待别人！"从他记事起，父亲给他的印象虽然很严肃，但心地却非常善良，他实在搞不明白父亲这一次怎么会这样对待人家。等儿子埋怨完后，父亲心平气和地说："我并没有让他把烟斗放进口袋，桌子上有烟灰缸，他也可以到门外把烟头扔出去，他甚至可以继续抽。但他自己选择了放进裤子口袋里。"见儿子还不明白，他又说："每个人都应有自己的尊严，别因为别人的脸色而自卑。记住，永远不要低三下四，你不比别人卑微，哪怕一点。"这一席话使安南大获教益，他始终将它铭刻在心。通过长期的努力，后来他当上了联合国秘书长，可这个位置并不好坐，尤其是来自小国的秘书长，很多人都可以对他指手画脚。面对这种情况，究竟该怎么办呢？安南的策略是，不管谁提意见，他都认真聆听，但是他只按照正确的、符合大多数国家利益的思路做事。结果，在他的领导下，联合国每天都发生着变化，连那些看不起他的人，也对他的人品赞不绝口。

安南知道，不低三下四，才能让他在做事的时候没有心理负担，让他能够坚持自己的想法。

“记住，永远不要低三下四，你不比别人卑微，哪怕一点。”这话说得实在是太好了。那个伙计正因为不懂得这么去做，所以他的裤子被烟斗里的火烧着了，陷入了狼狈而逃的尴尬境地。安南虽然来自一个小国，而且又是个黑人，但由于他始终坚信自己不比别人卑微，所以他不仅稳稳地坐住了联合国秘书长的宝座，而且还赢得了国际舆论的广泛赞誉。但愿每一个觉得自己低人一头、矮人一截的青少年同学，都能从以上的鲜明对比之中，受到启发，得到教益，从而给自己鼓劲，为自己加油：“你不比别人卑微，哪怕一点。”倘若坚持这样去做，那么只要假以时日，你的士气就会一天天高昂，你的水平就会一天天上升，你的底气就会一天天增强，你就会渐渐地觉得即便是身处于高手林立的同学之中，也绝对毫无愧色。

史蒂芬·威廉·霍金几乎全身瘫痪，仅有一个手指能动，要是他自卑的话，那够他自杀一百次了，可他却硬是凭着坚强的自信，成了当代最伟大的科学家。与霍金相比，每一个在读的青少年同学都有着无可比拟的优势，只要大家勇于打开心灵的窗户，卸却自卑的包袱，那岂不也同样能在人生的大戏中扮演很重要的角色么？

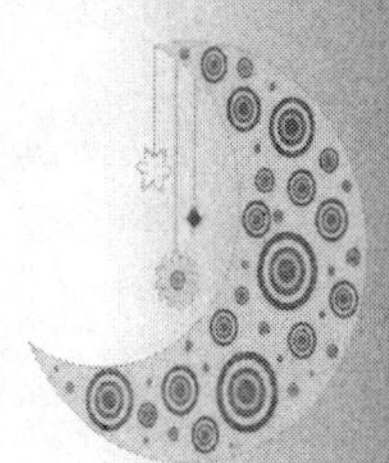

彻底斩杀自卑的毒蛇

自卑的心理就有如一条毒蛇，永远在腐蚀和啃啮着我们的心灵。所以，我们一定要想方设法战而胜之，彻底将它斩杀。

要战胜自卑，首先要培养积极的自我意识，正确地认识自己和评价自己，要相信自己的能力，要竭尽全力去发掘自己的潜能。上个世纪初，曾有人提出，一个正常健康的人只运用了其潜能的10%，稍后，又有人认为不是10%，而是6%，再后来，更有人说一个人发挥出来的潜力只占他全部能力的4%。这就可见，地球上取之不尽、用之不竭的最丰富的资源就在我们的头脑里，正有待我们去勘探和开发。只有明白了这样的道理，我们的头脑才能始终保持清醒，我们的周身才能始终充满生气，我们对自己的认识和评价才能客观而公允，我们身上所蕴藏的能力和资源才能得到更全面的发掘和更充分的利用。如果当真能做到这一点的话，那么自卑之心不就在我们的头脑中没有了藏身之地么？

要战胜自卑，还要学会科学地作比较。有些青少年同学总喜欢拿自己跟他人作比较，这本来也是较为正常的事，完全不必大惊小怪，横加指责。不过，你究竟比什么，采用什么样的方法比，在相比时建立怎样的参照点，这就很值得认真研究。要战胜自卑，绝不能老是以自己的短处去跟人家的长处相比，因为如果那样去比，只会越比越抬不起头，越比越没有精气神；而是要善于科学地跟人作比较，以期通过比较，既明了自己的欠缺和不足，更发现自己身上独特的“闪光点”，并千方百计让这样的“闪光点”发出更耀眼的光芒，从而在集体中找到属于自己的应有“位置”。只有这样去比，才能比出信心，比出勇气，才能为自己的进步和成功增添更多的筹码和动力。

要战胜自卑，还必须很好地运用补偿心理。强烈的自卑感固然会给人们带来许多祸害，但同时它也往往能促使人们设法去克服自己生理或心理上的缺陷，而发展自己其他方面的特长和优势，以实现赶上或超过他人的目的。这种补偿心理，在心理学上也叫做“代偿作用”，即通过补偿的方式扬长避短，把自轻的思想转为自强不息的推动力量，把自贱的行为变为超越自我的“涡轮增压”。譬如林肯，他就通过拼命的自修来克服早期的知识贫乏和孤陋寡闻，用知识的营养对自身的欠缺进行全面的补偿，从而使自己不断地得到进步和成长，并最终成为有杰出贡献的美国总统。这就可见，自卑也并不可怕，只要我们很好地运用补偿心理这一法宝，它就可以反过来成为发展自己的跳板，为我们铺平通往成功的道路。

著名昆虫学家法布尔曾说：“决不可自暴自弃……开步走吧，只要走，自然就会发生力量!”是的，只要我们不是畏首畏尾，坐而论道，而是说干就干，立即奋起行动，那我们就一定能陡生无比的勇气，顿增无穷的力量，就一定能彻底斩杀隐藏在我们身上的自卑心理的毒蛇。

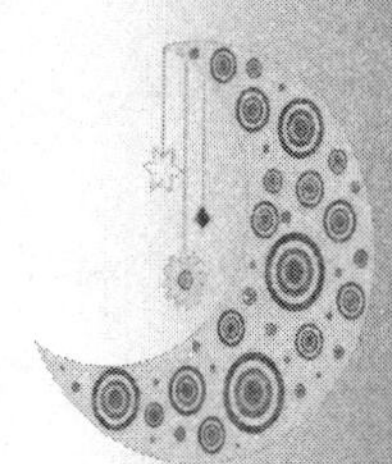

莫因家贫而自卑，人生道路自己走

以富为荣，以贫为耻，家庭富裕的孩子因其家境好而趾高气扬，踌躇满志，家庭贫困的孩子因其家境苦而自惭形秽，矮人一截，这在当今的校园里已是一种司空见惯的现象，由此而导致的一幕幕悲剧也时有发生。

早些年把“穷”视为香饽饽，以为那是无上光荣的事，这无疑是一种误导。现在把“穷”看作臭狗屎，总是避之犹恐不及，这显然是走向了另一个极端。贫穷果真就那么可怕么？不，其实贫穷本身并不可怕，真正可怕的是贫穷的思想。如果老念着贫穷的出身，老想着贫穷的生活，那你就真会如恶魔缠身一般，做什么事儿都失魂落魄似的，失去了奋起的精神，失去了前进的动力。而如果我们能够坦然地面对家庭贫穷的现实，情况就完全不一样了：家庭贫穷固然不是件好事，但那是由于社会、历史和祖辈、父辈等多方面的原因造成的，而绝不是因为我们自己的过错，绝不需要我们去承担什么责任。因此面对那些家庭富裕的同学，我们完全可以毫无愧色地跟他们比肩而立，因为跟他们相比，我们不缺胳膊不少腿，不缺能力和智慧，如果真要说他们有一点优势的话，充其量也不过是他们比我们多了一对有钱的父母而已，而这对于上学读书是以培养品德、求取知识、增长智慧和提高能力为目的的学生来说，又算得上什么呢？

乍看起来，贫穷对于人们似乎是明显不利的，可事实上，古往今来的许多成功者，却偏偏是出身于贫穷而又不被贫穷所压倒，并最终从贫穷中崛起的人。这又是为什么呢？俄国著名音乐教授李奥波阿尔对此有极为精辟的解释：“在贫困者的心中，有一种说不出、极其神秘、最最美丽的、可以增强人们力量、思考力、同情和慈爱心的元素。”这一些在与贫穷殊死搏击中崭露头角的成功者，就如同一棵每一寸树干都饱受暴风骤雨吹打的高大的松树那样，他们所蕴藏的坚毅和力量是任何人都难以估量的。对青少年学生来说，贫穷显然并不光荣，但也绝非耻辱，因此我们也就完全没有必要为它而背上沉重的包袱；相反，我们倒是应该从一些成功者的身上吸取宝贵的教益，把贫困作为一个砥励自己意志、激发自己斗志的磨石，以促使自己在困境中奋发努力，不断去获取成功的良机。只要我们嚼得菜根，耐得清贫，不让贫困的思想侵蚀我们的肌体，只要我们端正思想，学业至上，不让享乐的念头吞噬我们的心灵，我们就必定能在跟同学们比思想、比学习、比身体的过程中，昂首挺胸，阔步向前，成为一个让人不得不刮目相看的强者。

莫因家贫而自卑，人生道路自己走。只要我们能挣脱贫穷思想的桎梏，并走出由它带来的阴影，那么迎接我们的，就必将是明媚灿烂的阳光，必将是豁然开朗的全新天地！

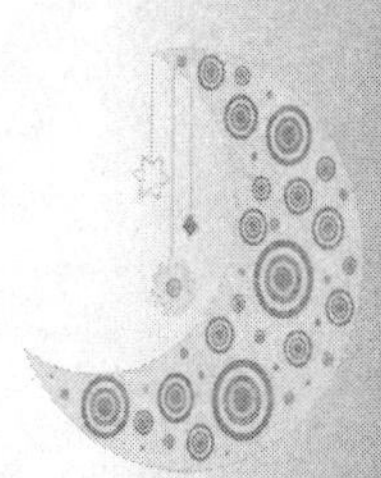

个矮也能创伟业，貌丑亦可放异彩

爱美之心，人皆有之，一个人如果长得高大魁伟，相貌堂堂，这自然是最理想不过的事情，但体貌乃是爹妈所给，自个儿是说什么也无法心想事成的。所以，若是个子矮小、容貌丑陋的事儿当真摊到了自己的头上，埋怨固然无济于事，哀叹也同样徒劳，唯一可取的态度就只能是：以应有的勇气正视自己体貌上的缺陷，并以知识才干和心灵之美来弥补体貌上的不足。

其实，个矮也并没有什么可怕，个矮者照样能够成就大业。

贝多芬的身高只有 1.63 米，济慈和康德就更矮了，身高只有 1.52 米，可他们分别成了鼎鼎大名的音乐家、诗人和哲学大师。拿破仑和邓小平，不也都是出了名的矮个子？可他们一个开创了拿破仑时代，一个开创了中国改革开放的新纪元，其业绩更是无人能匹。而尤为有趣的是，菲律宾有位名叫罗慕洛的矮个子，竟还以“矮”为荣，写下了一篇《愿生生世世为矮人》的妙文。他在文中提到：他与罗斯福同在圣母大学发表演说后，罗斯福事后竟笑吟吟地怪他“抢了美国总统的风头”；在联合国大会上，面对苏联代表团团长维辛斯基“你不过是个小国家的小人罢了”的讥嘲，他更是沉着冷静，字字千钧地作出了这样有力的回击：“此时此地，把真理之石向狂妄的巨人眉心掷去——使他们的行为有些检点，是矮子的责任!”致使狂傲的维辛斯基只得无奈地恶狠狠地瞪着眼睛，无言以对。这就可见，个矮也同样是可以大显身手，大有作为的。此中的原因，亦诚如罗慕洛所说：“矮小的人处处总被人轻视；后来，他有了表现，别人就觉得出乎意料，不由得佩服起来，在他们心目中，他的成就就格外出色。”

貌丑也同样不必沮丧，貌丑者也照样可以大放异彩。

文坛怪杰大仲马，白皮肤蓝眼睛厚嘴唇，鼻孔又扁又宽，头发卷曲杂乱，看上去就像胖猪一般怪模怪样，可他没有因貌丑而自暴自弃，而是全身心投入到了写作之中，一生写下了1200部小说，为许多貌美的作家所望尘莫及。俄国文豪列夫·托尔斯泰也是一个容貌丑陋的人，他的眼睛很小，而且凹陷进去，前额窄窄的，嘴唇厚厚的，鼻子像大蒜头一样难看，耳朵又大得令人吃惊，活像个大猩猩，可这并没有影响他对文学事业的执着追求，他为世人留下了《战争与和平》、《安娜·卡列尼娜》和《复活》等影响深远的杰作。以发明炸药和设立“诺贝尔奖”而留名后世的诺贝尔，相貌也极丑陋，他哥哥就曾说过：“因为艾尔弗雷德·诺贝尔是个天生的丑孩子，所以，或许在他呱呱落地时就由慈悲的医生结束了他的生命更好些。”可诺贝尔本人却并没有因此而自卑，他在年轻时就萌生了一种自我弥补的心理，决心竭尽己能，把自己的一生奉献给人类，而通过艰苦的努力，最后他果然美梦成真。

人之美丽，在容貌，在体魄，但更在精神，更在品质。只要精神美了，品质美了，那就个矮也能创伟业，貌丑亦可放异彩。所以，所有的个矮和貌丑者，完全不必因自己的个矮和貌丑而抑郁寡欢，而应该通过顽强不屈的奋斗，力争做一个个矮心不矮、貌丑心不丑的强者。

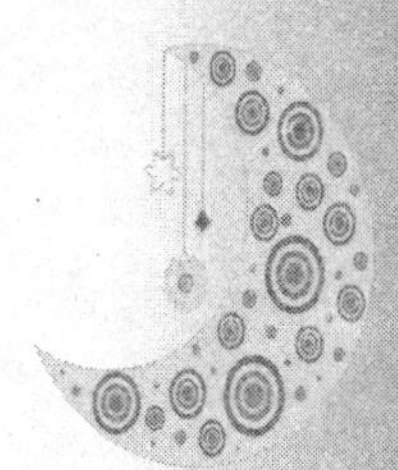

小角色也可以有大作为

在学校里，有一些同学往往显得非常自卑，问他们什么原因，他们总是说，他们在班级里什么也不是，什么都不冒尖，不管干什么都没有他们的份，可算是个标标准准的小角色，不自卑又能怎么样呢？

小角色一定就无所作为，一定得自轻自贱么？客观事实告诉我们，有时候情况也并不尽然如此。只要善抓机遇，只要倾心努力，小角色也照样能成为名角儿。

隆冬季节，伦敦街头有一个小男孩正在等待机遇的降临。他从小就酷爱舞台，曾经梦想有一天能饰演一个主角。为此，他不停地观看着露天播放的电影，模仿演员们的一举一动，甚至能够熟记几部经典影片的关键对白。但是苍天弄人，他从小家境贫寒，少年时父母离异，母亲又早早地与世长辞，这一切似乎都在故意阻止他梦想的延续，但他的梦想却始终没有因此而破灭。他曾很长时间徘徊于伦敦大剧院的街道前，并毛遂自荐地将自己推销给一个大导演，然而人家根本就不予理睬。那天傍晚时分，他尾随一个送盒饭的人进入了舞台后面。说来也巧，那天刚好有个配音演员的嗓子出了问题，导演急需找一位能给老鼠配音的演员来救场，可就是遍找不着。小男孩得知这一情况后，顿时计上心来，他当着导演的面学了声老鼠的叫唤，一下子就被导演看上了，决定由他参加当晚的演出。他的角色是最不起眼的一个，只要穿上老鼠模样的服装，装模作样地卧在旁边，配合着主角的表演学几声老鼠叫就行了。但他并不这么想，他认为这毕竟是自己平生的第一场演出，所以非认真对待不可。其他演员都去休息了，他却找个没人的角落在不停地研究着，试演着。表演开始后，老鼠声响起来了，小男孩趴在地上，嘴里不停地学着各种各样的鼠叫，渐渐地，他的声音征服了所有在场的人，几乎每一个人的目光都转移到了他的身上。等到最后，他同时模仿两只老鼠打架的声音，简直像是天籁之音，一下子就赢得了舞台下雷鸣般的掌声，许多人还纷纷将鲜花抛给这只可爱的小老鼠。这个名不见经传的小男孩的故事很快传遍了千家万户，有关他的新闻还登上了第二天报纸的头条。那晚虽然他没有一句台词，但他却用另外一种方式征服了所有在场的人，他抢了整场戏的风头，简直成了整出戏的主角和最大的亮点。后来，他说的一句话更是让所有的人都历久难忘：如果你用演主角的态度去演一只老鼠，老鼠也会成为主角。这个年轻人，就是现在英国当红的明星奥兰多·布鲁姆，他因在《魔戒》中的出色表演而一举成名。

扮演连一句台词也没有的一只小老鼠，这角色可以说是小到不能再小了，要是一般的人，也许会对它完全不屑一顾，根本就不愿去担任这样的角色，可奥兰多·布鲁姆却不这样，他十分地珍惜它，异常地重视它，并以全身心的投入认认真真去演好这样的角色，结果他终于取得了令人意想不到的巨大成功，使一个最不起眼的小角色超越了戏中的大主角，成为了整出戏的最大亮点。这就告诉我们，从本质上来说，其实角色并无大小之分，只要你全力以赴，使出了浑身解数，那么即便是再小的角色，你也可以把它演得光彩四射，精妙绝伦，让人们拍手叫绝，称道不已。

在我们的学习生活中，同样也不可能每一个人都做主角，在许多情况下，命运赐予我们的也许同样只是一个小小的角色而已。这时候，我们千万不可怨天尤人，不可自轻自贱，因为无论如何，这样的角色总比那一句台词也没有的小老鼠要强上许多倍吧，因此我们也就决没有理由鄙弃它，拒绝它；相反，我们倒是应该欣然地接受它，认真地对待它，并竭尽自己所能地去扮演好这样的角色。奥兰多·布鲁姆能通过小老鼠那样毫不起眼的小角色做出那样的绝妙文章，我们难道就不能凭借比小老鼠优越得多的角色谱写出更为动听的华彩乐章么？再小的角色也能成为名角儿，任何人面前都有一片无限广阔的湛蓝天空。

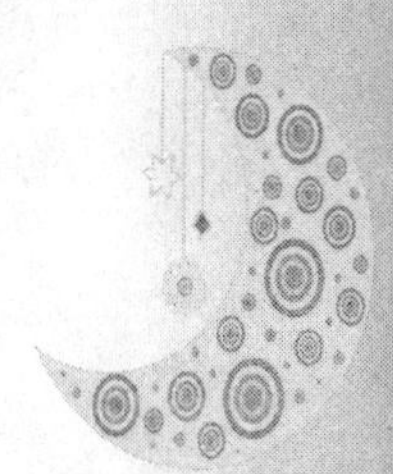

拥有自己的真实高度

有一天，法国著名作家大仲马得知自己的儿子小仲马寄出的稿子连连碰壁，便以关爱的口吻对小仲马说："如果你能在寄稿时，随稿给编辑先生们附上一封短信，或者只是一句话，说'我是大仲马的儿子'，或许情况就会好多了。"可小仲马却并不领情，很倔强地说："不，我不想坐在你的肩头上摘苹果，那样摘来的苹果没味道。"年轻的小仲马不但拒绝以父亲的盛名做自己事业的敲门砖，而且还不露声色地给自己取了十几个其他姓氏的笔名，以避免那些编辑先生们把他和大名鼎鼎的父亲联系起来。面对那些冷酷无情的一张张退稿笺，小仲马始终没有一丁点儿的沮丧，仍然在屡败屡战地坚持创作自己的作品。他的长篇小说《茶花女》寄出后，终于以其绝妙的构思和精彩的文笔，震撼了一位资深的编辑。这位编辑曾和大仲马有着多年的书信来往，他看到寄稿人的地址同大仲马的地址丝毫不差，怀疑是大仲马另取的笔名，然而作品的风格却和大仲马迥然不同，这又使他一时很难加以断定。于是，他带着兴奋和疑问，迫不及待地乘车造访大仲马家。结果，令他大吃一惊的是，《茶花女》这部伟大的作品，作者竟是大仲马的儿子小仲马。"您为何不在稿子上署您的真实姓名呢?"这位编辑疑惑地问小仲马。小仲马说："我只想拥有真实的高度。"这位编辑听后，对小仲马的做法赞叹不已。《茶花女》出版后，法国文坛的评论家一致认为，这部作品的价值远远超过了大仲马的代表作《基督山恩仇记》。这也就是说，小仲马完全是靠自己的力量攀登到了文坛的高峰。

在这个世界上，几乎每一个人都有自己所追求的理想，可这样的理想绝不是仅仅凭借外力的帮助就能实现的，而是要经过自己切切实实的艰苦努力，才能如愿以偿。可有些人呢，却总是相信命运，总是寄希望于能得到贵人的鼎力相助，以实现“好风凭借力，送我上青云”的美梦。殊不知一个人的命运，完全得靠自己来主宰，任何人都帮不了你，就算能帮，也只是帮得了一时，而帮不了一世。只有靠自己奋力拼搏得来的东西，才真正属于自己，才永远摔跌不失。“苍蝇附骥，捷则捷矣，难辞处后之羞；茑萝依松，高则高矣，未免仰攀之耻。”《菜根谭》中的这几句话说得真好，在这个世界上，大凡只想依附他人的人，到头来都将不是蒙羞，就是受辱，绝不会有更好的结果。而不依赖父母和亲友的庇荫，自立自强走自己的路的人，最终都将赢得真正的成功，迎来巨大的荣耀。自立自强走自己的路，尽管也许会荆棘遍地，也许会阴霾满天，然而所有这些都没有什么可怕，因为困难和挫折乃是人生旅途中的插曲，正是有了它们，我们的人生才会更显充实饱满，才能达到更为理想的高度。

德国伦理学家泡尔生在其《伦理学原理》中指出：“无抵抗则无动力，无障碍则无幸福。”毛泽东读后，认为此乃“至真之理，至彻之言”，并进一步发挥道：“河出潼关，因有太华抵抗，而水力益增其奔猛；风回三峡，因为巫山之隔，而风力益增其怒号。”这就告诉我们，只有在那反反复复的跌打滚爬的锤炼之中，我们才能真正练就闯荡天下的过硬本领，真正拥有属于自己的真实高度。如若只是想在他人的卵翼下轻易地获得成功，那就必将会成为一个“捧不起来的刘阿斗”，而为千万人所不齿。成长需要不辞艰辛的付出，高度需要天长日久的累积，只有在一次次的风雨洗礼之后，我们方能用汗水、泪水乃至血水换来我们所应得的收获，才能一步步愈来愈逼近我们所期盼的目标——成长为一个高大的令人仰视的大写的人。

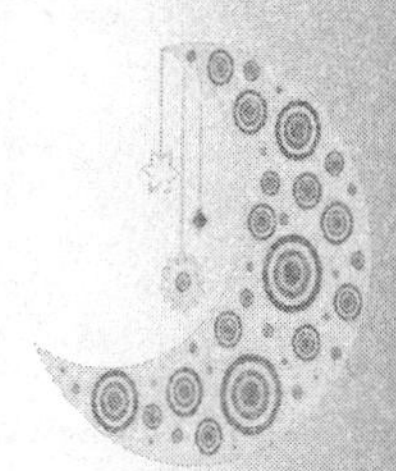

不做大树底下的花草

在学校里，大多数青少年同学都朴实纯洁，积极向上，但也有一些同学因为自己是官家子弟，是富豪之后，就颇有些得意之色，甚至有点儿趾高气扬。

出身于官宦门第或是富豪人家，这是上天的安排，由不得自己的选择。但究竟该如何对待自己的出身，却完全是由自己来决定的，与他人往往并无多大的关联。正因为此，在这个问题上就必须有一个正确的认识，有一个合宜的态度，否则的话，结果就会有很大的不同。

丘吉尔是位伟大的政治家、演说家和作家，曾于 1940～1945 年及 1951～1955 年期间两度任英国首相，被认为是 20 世纪最重要的政治领袖之一，并曾获得诺贝尔文学奖，直到今天丘吉尔还被英国人看作是最伟大的首相之一，在 2002 年由 BBC 主办的“最伟大的 100 名英国人”票选活动中，丘吉尔就高居榜首。可是，丘吉尔的晚年生活却很是不幸，大女儿戴安娜两次婚嫁，丈夫都是酒色之徒，她受到了严重的折磨，精神极度痛苦。儿子鲁道夫受到了父亲格外的栽培和提携，可他一点也不给父亲争气，终日沉湎于酒色，丑闻不断，气得父亲多次发病。二女儿莎拉婚嫁多次宣告失败，情场失意造成精神崩溃，整天借酒消愁。只有小女儿玛丽下嫁平民，生活还算不错。在丘吉尔 1965 年以 91 岁高龄去世前一年多，戴安娜终于精神失常，吞服大量安眠药自杀。在他去世后的三年内，鲁道夫在 57 岁终因酒精中毒死在家中。妹妹莎拉也步了他的后尘。当时，英国和欧洲的一些报刊在谈到这些悲剧时说：“在大树底下，花草的生命力都很弱。丘吉尔这棵大树实在太大了，他的子女在大树呵护下都经不起人间风雨的吹打，都不可避免地夭折了。”

大树底下的花草生命力都很弱，所以有一些人就不甘愿受大树的呵护，他们要走出大树的浓荫，自己去闯荡天下。有位青年 13 岁时被父亲送到美国加州读书，父亲希望他与同在美国读书的哥哥有个照应，但他到美国后不但与兄长很少来往，还故意不用父亲在银行为他存的生活费，而是靠自己打工赚钱。他在麦当劳卖过汉堡，在高尔夫球场做过球童，由于当球童要背高尔夫球棒，以致弄伤了肩膀，直至现在，伤患还会时常发作。尽管他在美国生活拮据，却还把自己赚来的辛苦钱用来资助经济更困难的同学。毕业后，他没有直接回到父亲创办的公司，而是固执地前往加拿大一家投资顾问公司工作，成为该公司最年轻的执行董事。他还一声不响地把当年父亲为他在银行账户里存的所有钱连同利息还给了父亲。1990 年他在父亲的苦劝下，勉强答应留在香港为父亲打理家庭产业。1994 年，一直不安于在父亲庇护下生活的他拒绝了父亲的极力挽留，做出了一个大胆的决定，凭借出售卫星电视积累下的 4 亿美元，成立了一家高科技公司。自此，他正式与家庭事业分道扬镳，他誓言自己要在事业上超过自己的父亲。这位青年就是美国《财富》杂志“全球青年富豪榜”名列第十的香港电讯盈科拓展集团主席李泽楷，而他的父亲则是华人首富李嘉诚。李泽楷在接受采访时就曾说：“不靠别人，永远做独立的自己！没有这个信条，就没有今天的电讯盈科。”

戴安娜、鲁道夫等出身于权贵之家，李泽楷出身于富豪之门，就他们的出身而言，显然有其相似之处，可他们对待自己出身的态度却迥然不同，从而也就导致了结果的天壤之别。从这一鲜明有力的对比之中，我们即可明白这样的一个道理：一株花草，如果老是生长在大树底下，虽然有大树为它遮风，为它挡雨，使它感到分外的温暖和舒适，但它也因此而缺少了阳光的照耀，缺少了雨露的滋润，缺少了抗风斗雨的能力，它那脆弱的生命也就不可避免地要过早地夭折；相反，如果一株花草不愿生长于大树之下，而宁可植根于瘠土薄壤之中，那它就不仅不可能有大树为它遮风，为它挡雨，而且还将会不时遭受骄阳严霜的摧逼，遭受虫吻兽蹄的侵袭，处于极度的艰难困苦之中，然而，又正是这样的艰难困苦，催生了它抗击风雨的能力，铸就了它不畏磨难的品性，使它最终能长成参天的大树，开出艳丽的花朵。

“大树底下好乘凉”，这是事物的一个方面；“大树底下花草的生命力都很弱”，这是事物的另一个方面，而且是更重要的一个方面。所以，不管身后的树有多粗，有多高，我们都绝不能像戴安娜、鲁道夫那样沉湎于“大树”庇护的安乐之中，而应该像李泽楷那样从“大树”覆盖的浓荫中走出来，自己去立足，去生长，去发展，去开辟出一片真正属于自己的美好天地。

推开那扇“虚掩着的门”

有些同学学业成绩老是上不去，在分析原因时往往会十分无奈地说，他们已经全身心扑到学习上去了，看来再怎么努力也无济于事了。可他们当真已竭尽了百分之百的努力，再也没有提升的空间了么？回答只能是否定的。不信，且请先看下面这一则故事：

1968 年，在墨西哥奥运会的百米赛道上，美国选手吉姆·海因斯撞线后，指示灯立刻显示出 9.95 秒的字样，全场轰动，海因斯也摊开双手自言自语地说了一句话，可由于当时他身边没有话筒，谁也不知道他到底说了什么话。1984 年洛杉矶奥运会前夕，一个叫戴维·帕尔的记者在回放墨西哥奥运会的资料片时，再次看到了海因斯百米赛时的镜头，决定去采访海因斯，问他到底说了句什么话。听了记者所提的问题后，海因斯想了想，说：“我说，上帝啊，那扇门原来是虚掩着！”谜底揭开后，他又继续说：“自欧文斯 1936 年创下 10.3 秒的百米世界纪录后，医学界的权威们断言，人类的肌肉纤维所承载的运动极限不会超过每秒 10 米。大家都相信这一说法，但我想，即使无法突破 10 秒，我也应该跑出 10.01 秒的成绩。于是，我每天都以自己最快的速度跑 50 公里。当我在墨西哥奥运会上看到自己 9.95 秒的成绩后，我惊呆了，原来 10 秒的这个门不是紧锁着的，它是虚掩的。”

海因斯的这一说法一点都不错。人类学、心理学和生理学的最新研究证实，人脑内储存着大量的潜能，人们通常只发挥了百分之十的潜能，甚至还不到百分之十，绝大部分的脑细胞都处于待业状态，这就正如一位心理学专家所说的那样：“一般人只发展了百分之十的潜在能力。跟我们应该做到的相比，我们等于只醒了一半；对于我们身心两方面的能力，我们只使用了很小的一部分。一个人等于只活在他极限空间的一小部分。他具有各种各样的能力，却习惯性地不懂得怎么去利用。”所以，在学习知识的过程中，我们绝不可以有这样的念头：“我已经尽力了，我已经达到极限了。”因为如果有了这样的念头，就会限制潜能的发挥，阻碍前进的脚步。真正可行的办法应该是，不断用新的眼光审视自己，不断为自己确立新的目标，施加新的压力，使自己始终处于负重行进的状态中，以此来催发潜能，增长智慧，拓展自我，获取成功。这就正如德国著名作家歌德所说的那样：“以一个人的现有表现期许之，他不会有所长进；以潜能与应有的成就期许之，他就会不负所望。”

每一个人的身上其实都蕴藏着巨大的潜能，然而在通常的情况下，或是由于习惯，或是由于惰性，这种潜能一般都没有能很好开发出来，因为它是一种必须被唤而后起、被推而后醒的隐伏的东西，如果不是迫不得已，人们往往很难发现自己竟然是那么的聪明睿智和能力无限。上苍绝没有亏待任何一个人，上苍给了所有的人几乎同等的条件，只要我们始终相信自己，相信自己所蕴藏的无穷潜能，那么成功的种子就会发芽，希望的火花就会点燃，那扇虚掩着的门就会为我们訇然洞开，我们的学业成绩就一定会得到飞速的提升。

成功并不像想象的那么难

提起“成功”，虽说很多人会两眼放光，充满向往和期待，不过，也有一些青少年同学却显得相当淡漠，并无什么特别的反应。这些青少年同学为什么会对“成功”抱着这样一种淡漠的态度呢？主要的原因就在于：在他们的眼中，“成功”乃是天资聪颖和才能卓异之人的事，那是难之又难，高不可攀的；而他们自己呢，不过是个资质一般的平庸之辈，与“成功”可以说根本就挨不上边，再怎么去想也是瞎子点灯白费蜡。

“成功”是不是只是少数天资聪颖和才能卓异之人的事？回答显然是否定的。什么是“成功”？成功就是达成预期的目标，取得令人满意的结果。可这预期的目标和最后的结果，却完全是因人而异的，它永远也不可能被框定在一个统一的数量标准之内。这也就是说，在这个世界上，绝没有一把衡量“成功”的恒定不变的标尺。这是因为，上苍赋予每个人的才智、资本和机遇，本来就存在着诸多的差异，所以每一个人所预期的目标和所取得的结果，也就必然有着很大的差别。比尔·盖茨凭着他敏锐的眼光和超群的智慧，在较短的时间内便一跃而成为世界首富，这无疑是一种成功。可如果一家工厂的一名普通工人经过非同寻常的艰辛努力，终于也成为了这家工厂的厂长，这不也同样是一种成功么？这就可见，“成功”其实并不是少数聪明人的专利，即便你的资质和才能并不如那些所谓的智者和强者，但只要你能确定一个预期的目标，并为实现这一目标而不懈奋斗，那么你也同样可以获得应有的“成功”。

“成功”是不是如一些青少年同学所想象的那样难之又难，高不可攀呢？回答也同样是否定的。下面的这个事例就有相当的说服力：

渥沦·哈特葛伦在年轻时曾是一名挖沙工人，长年累月的劳作使他萌发了必须要成就人生事业的欲望——成为研究南非树蛙的专家。倘若按哈特葛伦所受的教育而论，他本不具备这方面的才能，但从1969年开始，他就把大部分的时间和精力用在了这一专项的研究上。他每天都收集150个标本，并先后做了大约300万字的笔记，结果他终于找到了南非树蛙的生活规律，同时还从这些蛙类身上提取了世界上极为罕见的一种能预防皮肤伤病的药物，从而一举成名，获得了哈佛大学的博士学位，并成为美国《时代》周刊的封面人物。后来，他曾经问一位年轻人是否了解南非树蛙，年轻人坦白地说自己并不知道。博士便诚恳地对他说："如果你想知道，你可以每天花5分钟的时间阅读相关资料，这样，5年内你就会成为最懂南非树蛙的人，成为这一领域中最具权威的人。"年轻人当时对此未置可否，但他后来却常常想起博士的这番话，觉得它当真道出了人生的哲理，于是便也开始像博士一样，把时间和精力都投入到了自己的专项上。有付出必有回报，最终他也成就了一番大事业。他的名字叫伍迪·艾伦。

由此可见，成功其实不像想象的那么难，成大事者与未成大事者之间的距离，也远不像大多数人想象的那样有一道不可逾越的巨大鸿沟，而只是能否每天投入5分钟的努力这一小小的差别而已。每天投入5分钟的努力，看起来微不足道，但只要始终认准一个方向坚持下去，便终将会收到聚沙成塔、集腋成裘的佳妙效果。而每天投入5分钟，对于每一个人来说，岂不都是举手之劳的小事情么？所以，我们千万别小看了这举手之劳的小小举动，一定要紧抓不放，在这上面大做文章，做足文章，以期凭靠着它去换取"十年磨一剑，一朝试锋芒"的理想结果，从而使自己成长为为众人所艳羡的优秀人物。

"立志欲坚不欲锐，成功在久不在速"，只要坚信自己绝非是不可雕琢的朽木，只要甘愿付出锲而不舍的恒久努力，那么不管是天资聪颖者抑或是愚笨者，也不管是能力卓异者抑或是平庸者，就都将会苦尽甘至，迎来"春风得意马蹄疾，一日看尽长安花"的那一天。

成功的支点究竟在哪里

几乎人人都渴望成功，可究竟怎样才能获取成功呢？这个问题确实很值得我们认真思考，弄个明白。

十多年前，一位青年从一所普通大学的办公自动化专业毕业，来到北京中关村一家名声很响的电脑程序设计公司求职，说是他一定不会让公司失望。主考官说："你学的不是程序设计，你只会电脑的基本操作，基础太差，凭什么说你不会让公司失望呢？再说，就算你有心钻研，公司也没有电脑给新员工操作。"年轻人想了想说："我清楚我自己的兴趣。如果公司电脑紧张，我可以自己买一台电脑。"就因为这句话，主考官——公司总裁把两个试用名额中的一个给了他 。可他家里一贫如洗，债务累累，哪来钱买电脑呢？于是他找遍了所有在北京的熟人，向四十多人借了钱，终于把一台价值一万三四千的电脑搬进了办公室。总裁得知情况后，默默地帮他算了一下，这相当于他 400 元试用工资的三十多倍，也就是说，他至少要两年多不吃不喝，才能还清买电脑所借的债。可就因为这样，当他的竞争同伴只有等同事空出电脑来才能坐到电脑前做事的时候，他却可以一天到晚都趴在电脑前用功钻研。不过，由于他一切都要从头开始，所以三个月试用期满，他的工作业绩还是明显不如驾轻就熟的同伴。可让人意想不到的是，原本准备二者取一的总裁在留下同伴的同时，并没有将他辞退，反倒鼓励他说："我是搞电脑的，但连我都无法想象一台电脑将来可以给我们带来多大的能量。我相信，你和你带来的电脑一样会给我们公司带来意想不到的能量和惊喜。"果不其然，十年不到，总裁退休，他就坐上了总裁的宝座。而他接手才一年，又让公司的效益翻了一番。在年末庆功大会上，他特别就当年总裁"慈悲为怀，手下留情"的事情表示感谢。

但总裁却当着几百号员工的面连连摆手："我可不是菩萨。我当年不过是从你买的那台电脑里看到了你的能量。大伙儿可以想想，一个家里欠了一屁股债的人要再去借一万多块钱买一台本来应该由单位提供的电脑谋一份工作，可见他的决心有多大，愿望有多强烈！这样的人的内心能量，就像电脑一样，一定可以通过不断升级，无限扩大。"所有与会者听了，无不为之动容。

许多人总是说，给我一个支点，我就可以撬动地球。可这个支点究竟在哪里呢？上述的故事告诉我们，其实这个支点并不神秘，它远在天边，近在眼前，就在我们每个人自己的内心里。这就诚如古希腊著名哲学家伊壁鸠鲁所说："我们拥有决定事变的主要力量。因此，命运是有可能由自己来掌握的，愿你们人人都成为自己的命运的建筑师。"如果不管做什么事情，都能充满自信，执著坚定，都能如痴如迷般地倾心投入，狮子搏兔般地全力以赴，那就必然能精诚所至，金石为开，自己给自己找到一个最可靠最有力的成功支点。别看这个支点小，却能以小搏大，托起大成就，只要将这个支点筑得根牢固实，那就一定能一次次托起生命之重，一次次铸就人生的辉煌。到那时，就算我们是小草，也能染绿天涯；就算我们是水滴，也能汇成浩瀚的大海；就算我们是沙砾，也能聚作矗天之塔；就算我们是萤火，也能燃成熊熊烈焰……总之一句话，我们也就能跻身那杰出人士的行列，像他们一样尽情地享受成功与精彩给我们带来的欢乐和幸福。

只有“一定要”，方能获成功

在跟一些青少年同学交谈时，有些同学往往会提出这样一个问题：跟其他同学一样，我也有一个自己努力的目标，可为什么有些同学就能如愿以偿，达成目标，而我却总是无法如愿，目标难以达成呢？是不是因为那些能如愿以偿的同学具有超高的天份，而我不具备那种天赋条件呢？这一问题的提出有其普遍性和代表性，很值得我们认真地加以研究。

目标的能否达成，起决定作用的是不是人的天份的高低呢？不，情况并不是这样。目标的能否达成，说到底是由一个人对目标的期望强度决定的。所谓“期望强度”，这是心理学上的一个概念，它的意思是一个人在实现自己期望达成的预定目标的过程中，面对各种付出与挑战所能承受的心理限度，或者说是期望的牢固程度。这也就是说，对目标的期望强度越高，那么目标达成的可能性也就越大；反之，如果对目标的期望强度越低，那么成功的可能性也就越小。说到这里，我不由得想起以下这么一个挺有意思的故事来：

有个年轻人去问大哲学家苏格拉底成功的秘诀是什么，苏格拉底就带着这个年轻人来到一条小河边，让年轻人陪他一起向河里走。当河水没到他们的脖子的时候，苏格拉底趁年轻人没注意，一下子就把他的头摁到了水里，年轻人本能地拼命挣扎，但苏格拉底非常强壮，一直把年轻人的头摁着不让它露出水面。直到年轻人快奄奄一息时，苏格拉底才把他的头从水里拉了出来。出水之后，年轻人赶紧吸了几口气，苏格拉底便趁机问他：“在水里的时候，你最需要的是什么？”年轻人回答说：“空气。”苏格拉底说：“这就是成功的秘诀。当你渴望成功的欲望就像你需要空气的愿望那样强烈的时候，你就会成功。”

在这个小故事中，极具睿智的苏格拉底明白无误地告诉了我们这样一个道理：要成功，必须有强烈的成功欲望，就像我们有强烈的求生欲望一样。这是因为，如果一个人没有强烈的成功欲望，他的期望强度必然十分脆弱，也就定将因无法面对残酷的现实或自身的缺点的挑战而半途而废；只有在强烈欲望的驱策之下，一个人才能具有足够牢固的期望强度，才能由此而排除万难，坚持到底，直到最后的成功。正因为这样，所以成功学界流行着这样一个著名的观点：成功来源于你是“想要”，还是“一定要”——如果仅仅是“想要”，可能我们什么都得不到；如果是“一定要”，那我们就一定有办法可以得到。无数客观事实就都充分证明了这一点：成功者之所以能成功，就是因为他们总想着“一定要”成功；一般的人之所以不能成功，就是因为他们仅仅想要成功，而不是一定要成功。洛克菲勒曾说：“要想有所成就，首先必须要有强烈的成功欲望并愿意为之锲而不舍地奋斗。”此话就正道出了成功的秘诀。

成功有时就在一念间

每当提起“成功”这两个字，有些青少年同学就会或神色黯然，或漠然置之。为什么会出现这样的情况呢？据我们观察，其中一个十分重要的原因就在于：这些同学太低估了自己的潜能，因此对成功也就缺少了应有的自信和勇气。

其实，在这个世界上，每一个人都是独特的自我，都有着自己所特有的优点和长处，都与成功有着一定的关联和缘份。下面的这个故事，就很能说明这一点。

在美国的一个小酒吧里，顾客们正在津津有味地欣赏优雅悦耳的琴声，以度过美好的业余时光。弹钢琴的是一位黑人青年，他以娴熟的指法弹奏出一首又一首动听的曲子，每天晚上都吸引着无数听众。一天晚上，有人忽然建议他给大家换个口味，为大家唱首歌。周围的人听了，都纷纷表示赞同。可是黑人青年却露出了一副窘态，跟大家解释道：“诸位，非常对不起！我从一开始学习的就是弹奏乐器，从来没有学习过唱歌，唱起来一定很难听。”酒吧老板为了不让顾客扫兴，便走到他身边鼓励道：“小伙子，你从来没有唱过，怎么知道自己唱不好呢？说不定你还是个歌唱天才呢！”黑人青年误以为大家是在故意为难他，想看他当众出丑，便一口咬定不会唱歌，只会弹琴。面对这种尴尬的场面，酒吧老板不由得生气地警告黑人青年说：“小伙子，你要么唱歌，要么离开这儿走人！”这个名叫纳京高的黑人青年，此时已别无选择，只得硬着头皮，满脸通红地唱了一曲《蒙娜丽莎》。谁知他这一唱，一个意想不到的场景出现了：流畅自然的歌声回荡在酒吧里，在场的人无不为他那丝绒般温暖厚实的嗓音所迷住，全都报以热烈的掌声和喝彩声。就是这一次演唱，成了纳京高人生的一大转折，使他从此告别了弹奏乐器，开始进军流行歌坛，并取得了很大的成功。1949 年，纳京高演唱的歌曲《蒙娜丽莎》对波普爵士乐产生了巨大的影响，他也由此一举成名，成为跨界流行的爵士歌手，进入了著名爵士乐歌星的行列，并被誉为美国著名的爵士歌王。

纳京高的这个案例很有代表性，也极具说服力，它充分证明：在很多时候，往往并不是因为事情很难，我们才不敢做，而是因为我们不敢做，事情才显得特别难。纳京高原本以为，他所擅长的就只是弹奏乐器，此外就别无所能，如果不是那被迫无奈的开口一唱，那么他的唱歌天赋也许就将永远被尘封在他的躯体里，他也就将终身只能在酒吧里做一名普普通通的演奏者。这就可见，每一个人的身上其实都有可能隐藏着连自己都未曾发现的巨大潜能，那看似遥不可及的成功之门常常是虚掩着的，关键就看我们能不能去发现自己隐藏的潜能，有没有足够的勇气去叩开那扇虚掩着的大门。只要我们能勇敢地去发见自己的潜能，并大胆地去推开那扇虚掩的成功的大门，那么我们的面前就必将豁然开朗，呈现出一片辉煌无比的全新天地。如果我们真能这么去做，那么成功的获取，根本就用不着什么技巧或谋略，甚至也无需什么钢铁般的意志和“三更灯火五更鸡”之类的极端辛劳。这也就是说，不管是做什么，究竟能否成功，关键就在一念间，只要我们真能信心满满，充分将自己的潜能全都挖掘出来，那么成功就远没有想象的那么难。

切切实实地做好今天这篇文章

在学校里，常常会遇到这样一些同学，他们或喜欢沉缅于对过去的追忆，或乐意于对未来的臆想，而唯独对摆在面前的现在，缺少应有的实实在在的关注。这样，他们就往往不是在留恋和悔恨中度日，就是在各种悬想和忧虑中打发时光，而面对当下的大好光阴，他们却鲜有切实的付出，因此也就很难有看得见摸得着的具体收获。

该怎样才能从根本上改变这种状况呢？至关重要的一点，就是要紧紧关住通往昨日和明天的大门，切切实实地把握好今天的时光。

英国的著名医生威廉·奥斯勒在求学时读到了卡莱尔的两句话："我们的主要工作不在于凝视遥不可及的未来，而是掌握确实分明的现在。"正是这两句话，使奥斯勒度过了无忧无虑的一生。四十二年后，他在耶鲁大学举行的一场演讲中揭开了他这一成功的秘密。他说，他的成功是由于他住在"今日船舱"的缘故。这是什么意思呢？原来奥斯勒赴耶鲁演讲的几个月前，在搭船横渡大西洋时，他看见船长站在船板上，只消伸手按一个键钮，就听得一阵机械铿锵作响，船上的每一个部分就彼此隔绝开来，变成防水船舱。"你们每一个人，"奥斯勒说，"都比轮船的构造还要神奇千百倍，航程也更遥远。我想劝你们学习控制，让自己住在一个滴水不漏的船舱，确保航行安全。无论是在人生的哪个阶段，你都站到船桥上，留心每一个环节都正常运作，然后按下键钮，把昨日紧紧关在铁门外，再按另一个，把将来也紧紧挡在门外。然后你就安全了，安全地面对今日。昨日已死，来日渺渺，我们没有明日，我们所有的将来就是今日，全部的救赎只在今日。所以记得把门关紧，从现在开始养成住在今日船舱的习惯。"他在演讲中还继续说，你我都站在两大入口的交会点：后面是已永远沉寂的过去，前面是随时要衔接目前的未来。我们绝不能走进任何一个入口，如果我们想冒险地去尝试的话，那就只会落得身心俱毁的结果，我们唯一能做的，就是切切实实地做好今天这篇文章。

有一则一位哲学家与一尊“双面神”对话的故事，也同样能说明这个道理。一次，一位哲学家途经一座城池的废墟，发见了一个已被废弃的石雕，那是一尊“双面神”神像。哲学家就奇怪地问：“你为什么会有两副面孔呢?”双面神回答说：“有了两副面孔，我才能一面察看过去，牢牢吸取曾经的教训，一面又可以瞻望未来，去憧憬美好的明天。”可哲学家说：“过去的只能是现在的逝去，再也无法留住，而未来又是现在的延续，是你现在无法得到的。你不把现在放在眼里，即使你能对过去了如指掌，对未来洞察先知，又有什么具体的实在意义呢?”双面神听了哲学家的话，不由得失声痛哭道：“先生啊，听了你的话，我才明白，我今天落得如此下场的根源。很久以前，我驻守这座城的时候，自诩能够一面察看过去，一面又能瞻望未来，却唯独没有好好把握住现在，结果，这座城池便被敌人攻陷了，美丽的辉煌都成为了过眼云烟，我也被人们唾骂而弃于废墟之中了……”

是的，过去的已经过去，永远不会再来，未来时隐时现，还很难确知是什么模样，最值得珍贵的就是眼前的一切，只有今天才是上苍赐给我们的最好礼物。所以，倘要想真正有所作为，最为明智的做法应该是：不要再去为昨天的果酱不好而懊悔，也不要去为明天是否能得到果酱而发愁，而要把今天的果酱厚厚地涂在我们正在吃的面包上，然后美滋滋地尽情去享用它。

走一步路是不需要勇气的

在跟青少年同学交谈时，常常会涉及到有关目标和梦想的问题，每当这时，往往就有同学会说，目标和梦想对他们来说固然很是诱人，但那些东西毕竟太过遥远了，他们还真有点缺少去实现的勇气。

听了他们的说法，我不由得想起这么一个真实的故事来：

1983 年，恐高症患者伯森·汉姆徒手攀壁，登上了 400 多米高的纽约帝国大厦，创造了吉尼斯纪录。汉姆 94 岁的曾祖母闻讯之后，特意从 100 公里外的葛拉斯堡罗徒步赶来，她要以这样的特殊方式，给曾孙的创纪录庆祝活动更增添一点喜气和光彩。没想到在不经意间，她的这一举动竟又创造了一个耄耋老人徒步百公里的世界纪录。《纽约时报》的一位记者在采访老人时，问她在徒步而来时，是否因为年龄等原因动摇过？老人却一脸轻松地说："小伙子，一口气跑 100 公里，那需要很大的勇气，但走一步路是不需要勇气的，只要你走一步，接着再走一步，然后一步接一步，100 公里也就走完了。"闻听者无不肃然起敬，点头称是。

年过九旬的老人徒步一百公里的壮举已令我们惊叹不已，然而她面对记者所说的那一番话语，却更值得我们反复回味。"一口气跑一百公里，那需要很大的勇气，但走一步路是不需要勇气的"，此话是那样的平易朴实，却又是那样的鞭辟入理，如果说它是对"千里之行，始于足下"这句中国古话最直白最精当的诠释，恐怕也决不为过。千里之行，遥不可及，仅凭双腿要想抵达，确实是需要很大的勇气的，如若不然，那是很容易使人望而却步的；然而，再怎么遥远的路程，只要我们永远着眼于足下，一步一步去走，也就谁都不会心存胆怯，缺少前进的勇气了。同样，任凭目标和梦想怎么高远，只要我们"走一步，接着再走一步"，"一步接一步"

不停地走下去，那么再远的目标也在眼前，再高的梦想也在脚下。这就正如人们常说的那样：“日日行，不怕万里路，常常做，不怕千万事。”

滴水穿石，既非因其力量的巨大，亦非因其勇气的惊人，而完全是因其坚韧不拔的意志，和锲而不舍的精神。所以，即便我们当真是凡人一个，并无非凡之智，亦无过人之勇，但只要我们始终怀着“走一步路是不需要勇气的”念想，永不停歇地一步一步向前迈进，那么我们也就总有达成目标和实现梦想的一天，总有创造欢乐和成就辉煌的机缘。无数事实都充分表明，勇气是不限人的，任凭你是谁，只要你能够勇于面对自己，坦然面对天地，不惧、不恐、不惊，能够勇于献出一切，乃至于自己的性命，你便是有勇气的人，而你的精神，就是勇气。正因为此，我们一定要始终牢记奥斯特洛夫斯基对我们的忠告：“勇敢产生在斗争中，勇气是在每天对困难的顽强抵抗中养成的。我们青年的箴言就是勇敢、顽强、坚定，就是排除一切障碍。”同时，我们一定要遵照改变世界的天才、美国苹果公司联合创办人史蒂夫·乔布斯所说的那样去切实行动：“不要让别人的意见淹没你的心声，最重要的是，勇敢听从自己的心与直觉，它们可能已经知道你想成为一个什么样的人。其他事物都是次要的。”

没有永远被定格的不足和缺陷

有一个少年，他认为自己最大的不足和缺陷就是胆小。为此，他感到很是自卑。父母带着他去看心理医生。医生耐心地听完他的介绍，有力地握住他的手，非常肯定地说："你只不过非常谨慎罢了，这显然是个优点嘛，怎么能叫缺点呢？谨慎的人总是很可靠，总是很少出乱子。"少年有些疑惑："那么，勇敢反倒成为弱点了？"医生摇摇头，说："不，谨慎是一种优点，勇敢是另一种优点。只不过人们通常更重视勇敢这种优点罢了，就好像白银与黄金相比，人们往往更注重黄金一样。"医生跟少年再谈了一会儿，最后又说："天底下没有绝对的弱点。所谓的弱点，在一定条件下也可能成为优点。如果你是位战士，胆小显然是弱点；如果你是司机，胆小肯定是优点。"

心理医生所说的那些话，看起来好像只是对那个自卑男孩的开导和安慰，而其实却都有着确凿的科学依据，对每一个青少年都有普遍的适用性。不足和缺陷跟长处和优点之间，在很多时候确实是相关相通，并在一定的条件下是可以相互转化的。所以，衡量不足和缺陷，也就并没有一个绝对的标准，完全可以视不同的情况作出不同的判断，并据此采取不同的应对方略。而且，只要不涉及大是大非的原则问题，有些不足和缺陷有时候也是可以容忍的，完全不必为此背上无法解脱的沉重包袱。要知道，正因为"金无足赤，人无完人"，任何人都难免有这样那样的不足和缺陷，所以才有了千人千面，世间万象。

即便有些东西在众人看来似乎是严重的不足和缺陷，只要它的持有者不那样去看待，而能给它寻找一个特异的发展方向，那它就很可能会放射出令人不得不刮目相看的奇异光彩。日本有一位女孩，自小就嗓音沙哑，同龄人都因她这“丑陋的声音”而不愿与她交朋友。但这个女孩却并没有因此而自怨自艾，自暴自弃，相反，她一直在积极乐观地寻找着每一个展示自己的机会。终于有一天，她争取到了参加一个社团演出的机会。那次，日本著名漫画家藤子不二雄恰好观看了这位女孩出演的话剧，女孩那特异的声音立刻吸引了他。此时他正在为筹拍中的卡通片《机器猫》里的主人公物色一名配音演员，而这位有着沙哑嗓音的女孩正好是他理想中的人选，于是他便一眼相中了她。这位女孩呢，果然也没有辜负藤子不二雄的厚望，她那魅力无限的独特声音伴着卡通片像长了翅膀一样，很快就飞遍了世界各地，她也因此而成了孩童们争相模仿的天才配音演员。

这位日本女孩以其“丑陋的声音”征服了世界，这固然让我们感到高兴，而更令我们感到欣喜的是，我们还由此而明白了这样一个道理：只要始终怀抱着不被“不足和缺陷”所压倒的美好希望，那就会产生足以改变一切的不可估量的伟大力量。无数事实也充分说明，每个人身上都没有永远被定格的“不足和缺陷”，只要不总是带着有色眼镜去看待它，只要不乖乖地被它禁锢了自己的手脚，只要永远不放弃另辟蹊径的强烈愿望，那么，就极有可能会迎来“山重水复疑无路，柳暗花明又一村”的意外惊喜。

仰慕权威之名，却不迷信权威

要说权威，在自然科学研究的领域里，恐怕没有谁能盖过牛顿了，他在物理学、数学、天文学等诸多方面都有非常卓越的贡献，为世人所共同称仰。可是，即便是牛顿这样杰出的权威人士，也难免有出错的时候，譬如他的所谓光的“微粒说”，就不仅是谬误的，而且还给科学研究设置了严重的障碍，使十八世纪整整一个世纪的光学研究没有取得任何重要进展。1901年，一位勇敢的物理学家托马斯·扬终于站了出来，向牛顿提出了大胆的挑战。他说道：“尽管我仰慕牛顿的大名，但我并不因此非得认为他是万无一失的。我……遗憾地看到他也会弄错，而他的权威也许有时甚至阻碍了科学的进步。”而正因为他不迷信权威，敢于自创新见，所以他终于在发展光的“波动说”方面开创了新的局面，使光学研究从原先的死胡同里走了出来。

揭开科学发展的历史，我们即可以发现，许多在科学研究领域里取得突出成就的科学家，都是那些不甘于匍匐在权威的脚下，而敢于向权威挑战的勇士。

那个提出星云假设的康德，在二十三岁发表第一次演讲时就曾这样说过：“我若是想发现真理，那么牛顿、莱布尼茨的权威应当一毫不顾。”这就可见，他之所以能在十八世纪欧洲僵化的自然观上打开第一个缺口，绝不是由于得到了什么上苍的特别垂青，而正是他凭借这种敢于向权威挑战的精神大胆创新的必然结果。

意大利科学家伽里略，同样是一个敢于向权威挑战的勇猛斗士，他就曾在稠人广众之中，用铁的事实彻底否定了亚里士多德提出的、千百年来一直被人们视为绝对真理的“重物体比轻物体坠落得快”的论断。他何以能做出这样的惊人之举呢？在那个实验之后他所说的一段含义深长的话，就正好回答了这样的问题："我并不是说我们不应当倾听亚里士多德的话，相反地，我称赞那些虚心阅读和仔细研究他的人。我所反对的只是那些屈服于亚里士多德的权威之下的倾向，因此盲目赞成他的每一个字。"伽利略这一段话辩证而深刻，它颇富哲理地阐明了对权威应取的正确态度：对权威及其学说，我们理应虚心地学习，但与此同时，我们又绝不能陷入过分的迷信和盲从。

古往今来，在向科学进军的路途上，正是因为不时涌现出了许多不迷信权威，并敢于向权威挑战的勇士，人们才不断地打开了求知之路，迈进了智慧之宫。而这样的勇士，既不是天上掉下来的，也不是地里长出来的，而是在得法的教育和培养下，从青少年中产生出来的。所以，广大青少年应该从小就确立"吾爱吾师，吾更爱真理"的思想，既虚心地向书本学习，向权威学习，又不迷信书本，不迷信权威。对于书本之说，对于权威之论，我们一定要"学而疑之，疑而问之，问而知之"，而绝不能时时仰人鼻息，处处拾人牙慧，以至于亦步亦趋，始终不敢越雷池一步。法国著名作家雨果说得好："即使你很成功地模仿了一个有天才的人，你也缺乏他的独创精神。"既然如此，在求知学习的过程中，广大青少年就一定要挣脱迷信权威的桎梏，走敢于质疑之路，走勇于创新路；在目前的中国，情况就尤其应该这样。

要有勇气同梦想握手

在得知比尔·盖茨将要来伏加斯中学演讲的消息后，学校的西蒙森老师为学生布置了一份作业——每人写一篇关于“我与比尔·盖茨”的文章。在文章中，学生们大多把比尔·盖茨视作偶像，对他表示了异乎寻常的崇敬心情。可是有一个名叫杰利斯的学生所写的文章，却让西蒙森颇感意外。杰利斯是班上最糟糕的学生之一，他在文章中这样写道：“我不希望比尔·盖茨先生到我们学校来，我与他有着一万英尺的距离……”西蒙森看后思索了片刻，很郑重地在他的文章后面写下了一段评语，把它交还给了杰利斯。杰利斯将写有老师批语的文章捧在手上，作了很认真的阅读，并陷入了深深的思索之中。

比尔·盖茨如期来到了学校，演讲完毕后，台下响起了雷鸣般的掌声。突然，一个学生走到了台上，他就是杰利斯。只听得他对比尔·盖茨说道：“比尔·盖茨先生，我能同您握手吗？这是我的梦想。”比尔·盖茨望着这个男孩，笑了笑，然后礼貌地伸出了手。于是，两个人的手紧紧地握在了一起。说来也真奇妙，自从这次握手以后，杰利斯就开始发生了明显的变化，由一个后进生逐渐变成了一名优秀的学生。

多年后的一天，西蒙森老师收到了一封信，信上写道：“老师，您还记得我吗？我是杰利斯，是您改变了我的一生。我曾经对生活很悲观，可是您的那段评语让我重新充满了希望！”此时的杰利斯已是美国的商界大亨。在此后的一次回校演讲时，他又次提到了西蒙森老师的评语：“一万英尺的距离只是你心中的距离。如果你有勇气上台同他握手，那一万英尺的距离就会变成零。”最后，他感慨万千地说：“梦想的彼岸其实并没有一万英尺的距离，那是我们想象中的距离。我们要有勇气同梦想握手，那样，我们才能最终拥有梦想的蓝天！”

杰利斯原来是班上最糟糕的学生，他也因此而产生了极度自卑的心理，误认为自己与比尔·盖茨有着一万英尺的距离。而当读了西蒙森老师的评语后，他终于有如醍醐灌顶，脑子里顷刻一片清明，并由此而以积极健康的心理，开始了一步步缩短与比尔·盖茨距离的行程。最后，他终于如愿以偿，抵达了“梦想的彼岸”，拥有了“梦想的蓝天”，成为了美国商界的大亨，站到了接近于可以跟比尔·盖茨平起平坐的同一个平台之上。

罗丹曾说过：“有两个人从窗内向外看，一个看到的是黑暗的天空，而另一个看到是满天的星辰。”学会做自己情绪的主人，拥有健康的心理，就是那能使我们看到星辰的比黄金还要稀缺的宝贵资源，只要拥有了它，我们就能自立、自强、自律，以坚强的意志和良好的自制力去面对各种困难、挫折与挑战，即便是在极端不利的情况下，也能产生强大的内驱力，使自己的聪明才智得到充分的发挥，始终坚持不懈地朝着自己预定的目标顽强奋进。同时，无论处于怎样复杂变幻的社会环境中，我们也能更新观念，走出误区，突破时空，超越自我，作出适宜自己角色的正确抉择，从而在激烈的搏击中，翱翔自如，走向成熟。这样，我们就定将无高不可攀，无远不可达，使我们与目标之间的距离逐渐变为零。

自处篇

你的宁静就在你自己的心中

在跟一些青少年同学交谈时，有些同学常常跟我说，他也非常想努力搞好学习，可就是总也静不下心来。我问他们什么原因，他们的回答是：现今的社会，物欲横流，社会喧嚣，许多人的一颗心终日都躁动不安，失去了对事物的淡然宁静，失去了对人生的静心思考，更失去了对美好和淳朴的执著与追求，我们就生活在这样的环境之中，又如何能静得下心来专心学习呢？

不错，外界的环境对一个人的心情确实会产生一定的影响，但真正的宁静并不取决于社会大环境的安谧，而是在于必须将自己的身心置放在一个不受喧嚣干扰的地方，始终持有一种宁静的心境。这样，也就无论周围的环境多么喧嚣，无论自己的处境多么艰难，都能保持情绪的安然平和，保持心灵的澄澈清明，就像古人所说的那样“吾门如市，吾心如水”。唯有如此，我们才能不断创设属于自己的宽广天地，营造属于自己的美好时光，让自己尽情地品味属于自己的宁静。

曾经有一位国王非常喜欢画，一天他诏告天下：谁能画出最能代表宁静意境的画，就给予重赏。得知这一消息后，全国的画师们都各施其能，纷纷把自己最得意的作品送进皇宫，请国王鉴赏。国王认真看阅了每一幅作品，有寂静的山村，静谧的黄昏，清幽的湖水……可是最后，国王却出人意料地选中了一件描画乌云翻滚，电闪雷鸣，狂风大作，雷雨笼罩群山景象的作品，并给那位画师以重赏。大臣和画师们对此都十分不解，他们觉得此画与国王提出的表现宁静意境的要求根本就没有什么关系。国王看出了大臣和画师们的疑惑，于是便让他们再仔细看看那幅画。大家认真细看之后，终于发现在那雨幕之中，在那嶙峋山石的崖下有一个小小缝隙，里面有一个鸟窝，一只小鸟正蹲在窝中，一副安详闲适的样子，好像外面翻天覆地般的闪电雷鸣，丝毫也没有影响到它。待众人一一仔细揣摩过画面之后，国王这才告诉大家："宁静祥和，并非要到没有噪音，没有人生活的地方才能找到。其实，宁静它是一种感觉，一种心态。当一个人身处逆境也能保持心中的澄澈，这才是宁静的真谛呀!"

这个故事颇含深意，国王的话语也值得我们细细回味，它深刻地告诉我们，一个人绝不可能在世外桃源般的环境中生活，在我们的周围随时都可能有急风骤雨，有惊涛骇浪，但这也用不到烦躁，用不到恐惧，因为只要我们始终欣赏宁静，渴望宁静，宁静自会不催自来，随时随地与我们同在。要知道，宁静并不在异乡他邦，并不在深山老林，根本无需我们踏破铁鞋去苦苦寻觅；宁静就在我们的身上，就在自己的心里，只要我们真想用它来安顿自己的身心，它自然会随愿而至。

美国著名哲学家拉尔夫·沃尔多·川恩曾经说过："你的宁静就在你自己的心中。"是的，宁静本来就在我们自己的心中，只是这种宁静被害怕贫穷、害怕低分、害怕落后、害怕无人赏识、害怕蒙冤受屈、害怕得不到机遇的光顾、害怕失去已有的东西和害怕他人的说三道四等种种不一的忧愁和恐惧，一时间鸠占雀巢，抢夺了宁静应有的位置，使我们一下子乱了方寸，忘却了自己的心本来是宁静的。问题的症结既已找到，实际上我们也就找到了应对的策略，那就是采用钟馗驱鬼的办法，将那些暂时抢占了宁静位置的忧愁和恐惧，毫不留情地统统扫地出门。倘若真能这样，我们就一定能"心随长风去，吹散万里云"，从容地从喧嚣红尘和重重困厄中走出来，在宁静中适时地发现事理的奥妙，找到冲破困境的出路，并由此而欣然享受生活赐予我们的甘醇如酒的醉人芬芳；倘若真能这样，我们就一定能"水流任急境常静，花落虽频意自闲"，即便在异常喧嚣的环境中也能潜心地"俯而读，仰而思"。时时有所收获，刻刻有所长进。

心存坦然宽容，意寄旷达宁静

在纷繁复杂的现实生活中，也许谁都免不了要被人误解，遭人指责。面对这种情况，该怎么办才好呢？心存坦然宽容，意寄旷达宁静——这乃是正确面对误解和指责的最好办法。

在这一方面，新加坡作家高林的做法就很值得我们效法。有一次，高林的上司误解了他，不但当众将他狠狠地批评了一通，而且还要他为本不属于他的过错的事情负完全的责任。这本是一桩让人极为窝火的倒霉事，冤枉事，要是一般的人遇上了，那肯定会大为恼火，大发雷霆，并一定会急于想办法去表白自己，洗刷自己。可高林却没有这样去做，他默默地注视着窗外，整理着自己纷乱的思绪，最后竟写出了这样一篇非常优美的短文——《树》：

你说，树最迷人的地方是什么？

许多人都注意到树会开花，开花时，天空的一角就会闪出五颜六色；树会结果，长长圆圆大大小小的果实可以食用，也可以玩赏；树会落叶，落一点凉意，落一些愁绪，落一个秋天；树会造型，一年十年百年的造型，千年万年的造型，各自透露着一生的意志，流动着美的气质。

然而，树还有一种迷人的地方，是静。

静，是树沉思的方式；静，是树与树交流的方式。一棵树，就有静的感觉；几棵树在一起，就有静的声音；许多树在一起，静就能把不属于静的声音区别出来，驱赶出去；一个森林或者几个森林在一起，静就能有震慑邪恶的力量，也是安慰心灵的药剂。

谁要是和树交上朋友，树就把沉默所得的智慧送给谁。

当然，送的时候没有仪式、没有掌声，只在默默中前行。静，是树处世的方式，因为是树，才能自始至终用它的方式：静。

你说：树最迷人的地方是什么?

在遭受极大委屈、极易雷霆震怒的时刻，高林能够如此坦然地以静制怒，以静制动，以冷静的态度化解吊人心火的倒霉事，以深刻的思辩找到解决问题的好方法，这应该说是达到了一种很高的思想境界。高林的这种境界也许不是一般人一下子能够达到的，但他的这种精神和做法却是值得我们学习的。因为只有这样去做了，我们的心境中才会洞开一扇智慧之门，才能不管遇上什么委屈的事，都觉得天宽海阔，超然物外。

砂糖是甜的，精盐是咸的，它们是味道的两极，互为正反。如果想要使食物尝起来是甜的，通常的做法就是给它加点糖，然而实际上，如果我们在加糖的同时再加上些盐，反而更能增强砂糖的甜度与味道，正可以产生一种更为可口的新鲜滋味——这就是造物主绝妙的安排。只要真正明白了这样的道理，那么即便遇上了不顺心的事儿，你也就一定能坦然面对，而绝不会认为自己是世界上最倒霉的人，绝不会成天满腹怨愤，抑郁不欢了。

成绩差并不真就那么可怕

在学校里，总有那么一些同学，考试成绩常常不太好，而且往往几个月甚至半年一年也不见什么起色，渐渐地，这些同学就成了老师、同学和家长眼中的所谓“差等生”。随后，便是老师的冷漠、同学的歧视以及家长的呵斥接踵而来，压得这些同学连气都喘不过来。于是，这些同学中也就有不少人产生了这样的一些念头：“我逢考必败，想来确实是脑袋笨”；“我的成绩这么差，看来天生就不是学习的料”；“我这么被人瞧不起，反正也不会有什么出息了，就破罐破摔算了”……就这样，他们逐渐陷入了消极的泥坑之中，成了一个灰色的群体，始终生活在“阳光”播撒不到的角落，行走在被教育遗忘的边缘，时时觉得异常抑郁难受，甚至感到十分惊恐害怕。

考试考不好，果真就是因为脑袋笨么？学习成绩差，果真就不是学习的料么？被人瞧不起，果真将来就没有出息么？回答都是否定的。其实，从本质上来看，许多成绩差的同学也都是一块金子，只是因为他人的冷漠、歧视和自身的自卑，这才让他们蒙上了一层厚厚的尘埃，使他们一时无法闪耀那迷人的光彩而已。

我们这么说，并不只是出于对成绩差的同学的安慰，而是有许多铁的事实可以为证。打开科学家、艺术家、文学家和政治家的传记，我们便会发现，他们之中有一些人在学校的学习成绩并不好，往往是些“劣等生”，有的甚至还被视为“笨蛋”。大名鼎鼎的科学大师牛顿和爱因斯坦、著名植物学家林奈、生物学家达尔文、蒸汽机发明家瓦特、细菌学家艾尔利希、哲学家黑格尔、著名数学家苏步青、诗人拜伦、雪莱、歌德和文学家郭沫若等，在学校里的学习成绩都不佳。法国政治家丘吉尔、英国将军威灵顿，大文学家巴尔扎克、大仲马、诗人海涅，著名戏剧家易卜生和大画家毕加索，在学校里都是“劣等生”。大发明家爱迪生、埃及政治家纳赛尔、著名文学家左拉和我国著名数学家华罗庚，更是曾被人视为“笨蛋”的学生。可就是这些在求学时期成绩不佳，被认为是朽木不可雕的人，在此后的人生道路上却各展其才，在他们各自所擅长的领域里呼风唤雨，大显神威，成为了人们所仰慕的杰出人物。倘若只是一个两个学习成绩差的人最后得以成才，那或许还只是偶然的个案，不能够很好地说明什么问题，可现在有如此众多名家巨匠的成长经历一一摆放在我们的面前，难道还不足以充分证明成绩差绝不等于脑袋笨，以及成绩差也照样能成大才的道理么？

考试考不好，学习成绩差，这只是说明一个人在某一方面或在某个阶段存在些问题，并不表明他各个方面都不行，更不能断言他从今往后永远都不行。所以，所有考试考不好、学习成绩差的同学，都尽可不必唉声叹气，灰头土脸，而完全可以昂首挺胸地阔步向前，以昂扬的精神，以不屈的奋斗，去开辟一条适合自身特点的发展道路，去闯出一片真正属于自己的宽广天地。

让浑浊的泥水沉淀下去

有些青少年同学，总是成天愁眉苦脸的，问他们什么原因，他们便会情不自禁地大叹其苦经：什么老师提问时没有能对答出来，什么作业差错太多受到老师的批评，什么成绩不好挨了家长的训斥，什么比赛失利丢人现眼……总之是烦恼多多，痛苦连连。

听了这些同学的述说，我不由得想，这些同学就仿佛是灌了一瓶浑浊的河水，并始终在不断地摇晃着，因此透过那瓶子，他们看不到天，看不到地，看到的就只是那一片浑浊的世界。而实际上呢，只要让那瓶子平静一段时间，那沉淀下来的泥沙仅不过占了整个瓶子的五分之一，其余的五分之四都变成了清清的河水，透过那瓶子，他们便可以看到湛蓝的天，看到油绿的地，看到许许多多令人赏心悦目的美好景色。

如果说泥沙是痛苦，清水是快乐的话，那么我们生活中的快乐其实是远远大于痛苦的。一些青少年同学之所以时时感到痛苦，并不是因为他们的痛苦当真多于快乐，而是因为他们在过多的压力和焦虑之中，无奈地在不停摇晃着那只生活的瓶子，致使自己的生活变得一片浑浊，致使自己几乎感觉不到快乐的存在。这也就是说，在很多情况下，他们是自个儿在有意无意间缩小了快乐，放大了痛苦。

有这样一则笑话。有一位农妇不小心打破了一个鸡蛋，这本是件很平常的小事儿，可这位农妇却越想越难受：一个鸡蛋经孵化后就可变成一只小鸡，小鸡长大后成了母鸡，母鸡又可下很多蛋，蛋又可孵化很多母鸡。最后农妇大叫一声：“天哪！我失去了一个养鸡场。”原本只是打碎一个鸡蛋的小问题，可农妇却不断地将它放大，结果事情就被她想象得越来越糟，她所感受的痛苦也就越来越大。这虽说只是一则笑话，却很好地折射出了一些人不正常和不恰当的心理。在现实生活中，每个人都难免会遇到一些令人烦恼的事情，有些人能豁达处之，可有一些人呢，却总喜欢习惯性地将这些烦恼无限放大，结果也就常常会陷入痛苦的泥淖而不能自拔。其实，究竟是痛苦还是快乐，往往并不在于我们所遇到的事情本身，而在于我们此时所持的心态：如果我们放大痛苦，缩小快乐，我们的生活就会充满黑暗，充满忧愁；如果我们缩小痛苦，放大快乐，我们的生活就会充满阳光，充满幸福。

所以，如果你觉得万分痛苦的时候，可千万不能过分的焦躁，千万不能异常的忧虑，而是应该好好地让自己烦躁的心平静下来，让浑浊的泥沙沉淀下去。也就是说，此时此刻，我们绝不能消极被动地做出放大痛苦的增压蠢举，而定要积极主动地采用放大快乐的减负良方。这样，你就会发现原来自己的痛苦就那么一丁点儿，而自己的快乐却有许多许多，这样你也就不会再成天眉头紧锁着大吐苦水，而只会眉开眼笑着畅谈快乐了。

再说，痛苦其实也并没有什么可怕，它与快乐原本就是一对孪生兄弟。如果说快乐是一棵茂密的大树，那么痛苦就是它的根须，如果说快乐是一股清澈的山泉，那么痛苦就是它的源头。痛苦就像一把犁，它一面犁破了我们的心，一面又掘开了我们生命的新起源，所以谁也不能撇开痛苦去寻找快乐，而只能用一颗平常的心去接受生活赐予我们的一切苦辣酸甜。

别让生有霉斑的念头在脑中筑巢

有位同学跟我说，他虽然也知道正确的思想和积极的心态对一个人的极端重要性，却不知道怎样才能具备正确的思想和积极的心态。我在作了一番认真的思考后，给他提出了如下的一些建议：

首先，不管遇到怎样的阻碍，不管处于怎样的困境，都要始终牢记这样一句话：你想赢，你就一定能够赢！有些人不只是脆弱的，而且还有点愚蠢，只要一遇到磨难，他们往往就以为自己已被囚禁于困苦的牢狱之中了。他们根本不懂得，其实他们是带着钥匙进入监狱的；他们只奢想有位救世主前来为他们劫狱，而完全没想到用自己带着的钥匙去打开牢狱的大门，自己走出监狱去。“从来就没有什么救世主，全靠自己救自己”，即便自己当真陷入了困苦的监狱中，那也得赶快找出自己身上所带的钥匙：先仔细看清楚自己现在是什么样子，然后认真想想是怎么会变成这个样子的，最后再动脑琢磨该如何去改变现在的样子。如果很好地运用这把钥匙，还愁打不开那监狱的大门么？

二是要懂得一点生活的辩证法，遇到了麻烦事儿不要只是从负面去思考，而要善于从正面去多想想。从前有个老婆婆，大姑爷卖伞，二姑爷卖帽，天晴时她愁大姑爷的伞卖不出去，下雨时她又愁二姑爷的帽卖不掉，因此成天哭个不停。后来有人对她说：“你为什么不反过来想呢？晴天，你二姑爷的帽店门庭若市，雨天，大街上的行人又都往你大姑爷的伞铺里跑，这样不就不苦了么？”老婆婆听从了劝告，从此天天笑得合不拢嘴，哭婆变成了笑婆。漫漫人生路，种种不快事，每当处于人生的低谷时，我们绝不要老去想着那不幸和痛苦，而要多去想想这样的不幸会给我们带来什么样的磨炼，什么样的教益。作了这样的换角思考，我们不就豁然开朗，一身轻松了么？

三是应像著名心理学家墨菲所说的那样，“在我们的思想中建立一个大前提，那就是我们潜意识的无限智慧会引领和指导我们，使我们在精神和心智的各个方面都朝好的方向走”。一次，美国有位大学教授跟墨菲诉说了自己所遇到的麻烦：“我一生中的每一样事情，都乱七八糟。我失去了健康、财富和朋友。每一件事情一碰到我，就会出毛病。”墨菲听后，就给他开了以上这个药方。因为在墨菲看来，思想和心态的作用，就像逻辑的三段论法，不论谁心中有什么问题，只要他意识所认定的大前提是正确的，那么他潜意识所得到的结论也必定是正确的，他的潜意识就会自动地在各个方面给他睿智的指导，治好他所有的创伤，使他恢复心灵的和平和宁静。那位教授得到指点之后，生活的各个方面果真都向好的方面改变了。

好念头就像枯树上生出的新芽，它能使枯死的生命复苏，坏思想就像是长在新鲜的苹果上的“霉斑”，足以吞噬健康的生命。所以，我们得每一天都检查一下自己的头脑，千万别让生有“霉斑”的念头在头脑里筑巢。

学会做自己情绪的主人

一个人要想健康地成长，有这样一个重要的环节必须牢牢抓住：学会做自己情绪的主人，拥有健康的心理。可在日常生活中，有些青少年同学却常常被一些消极乃至病态的心理缠绕着，始终难以挣脱，以致学习和工作都受到了很大的影响。

细究起来，这种情况的产生跟青少年同学阅历较浅，少经锤炼，情绪往往带有明显的波动性有密切的关系。青少年同学正处于情绪表现的“动荡”时期，自我认知及心理发育都还远未成熟，因此他们的情绪往往起伏较大，带有明显的两极化特征：顺利时志得意满，挫折时唉声叹气，喜欢时山水皆笑，悲伤时草木流泪，情绪的反应常常摇摆不定，跌宕起伏。特别是在遭遇了挫折和失败之后，有一些青少年同学的精神就更易于一蹶不振。他们大多会错误地认为，自己之所以会产生沮丧、焦虑和愤怒等消极情绪，乃是因为遇到了挫折或困境，亦即是受外界环境影响所致，只要外界环境不变，消极情绪就必然会产生，怎么躲也躲不过去。而事实上呢，人们精神上感受到的痛苦，并不是由外界的挫折直接造成的，而是来源于其内心的非理性的不切实际的想法。人生在世，由于自身力量和资源的限制，谁都无法实现自己的全部理想，谁都会遇到各种各样的挫折和失败，所以挫折和失败并不可怕，它不过是人生路上不可避免的暂时的停顿而已，而绝非是精神痛苦的必然原因。可有些青少年同学呢，却往往一厢情愿，对生活存有一些非理性的不切实际的想法，而没有按照世界的本来面貌去看待它，总觉得有许多事情自己难以接受，于是也就造成了心理上的不平衡，产生了许多消极心理。

同时，有些青少年是只知一点论，而不懂两点论，他们往往只看到困难和挫折会制造障碍和给人造成伤害的一面，而没有看到人可以战胜困难和挫折，并由此而得到砥砺的一面，这样他们也就时时处于一种自我挫败之中，而始终与消极心态为伍了。著名诗人泰戈尔说："我们把世界看错了，反说他欺骗我们。"此话鞭辟入理，当真是说到了点子上。世界其实并没有错，而是这些同学自己把世界看错了，于是他们也就因此而背上了消极心理的沉重包袱，并为此而付出了他们所应付的沉重代价。

那么，该如何才能改变这种状况呢？这就需要有河蚌忍受沙粒的痛苦而一心育出珍珠的坚忍，需要有蚕蛹为破茧而出而奋力冲破重重阻碍的顽强，需要有小草头顶石头的压力而挺起脊梁的刚毅，需要有海燕不畏风浪的袭击而毅然飞翔于蓝天时的勇敢……一句话，就是要不管身处何时，身遇何境，都必须用理智的"闸门"控制情绪的"洪水"，以健康的情绪为自己调节出一个美丽的心情。行为受控于情绪那是弱者的表现，强者则会用行为有效地控制自己的情绪。虽然我们不能完全防止不良情绪的突然侵袭，但我们却能阻止它们在自己头脑中的长久停留。不如意的时候，千万不要尽往悲伤的牛角尖里钻，而要多想想有欢乐笑声的日子。只要我们能用最少的悔恨面对过去，用最小的浪费面对现在，并用最多的好梦面对未来，那我们就一定可以将负性的情绪感受变为正面积极的力量，促进自我的快速改变和不断成长，使自己变得更有底气，更显强大。

有一幅对联说得好："你无法改变天气，却可以改变心情；你无法控制别人，但能够掌握自己。"横批是："操之在我。"只要我们真能循此而践行，那我们就一定能学会做自己情绪的主人，一定能让快乐永远与我们作伴。

学会正确比，不断增底气

成绩的好与差，通常是比出来的，要提高成绩，实现由差到好的转变，也同样离不开比。可究竟怎么个比法，这里面却大有学问。

美国作家威廉·福克纳曾说过："不要竭尽全力去和你的同僚竞争。你应该在乎的是，你要比现在的你强。"可在现实生活中，有些成绩较差的同学却总喜欢去跟考第一名的人比，去跟进重点学校的人比，而忽视甚至忘却了"你要比现在的你强"这至关重要的一点，结果是越比越生气，越比越泄气，越比越失去了奋发向上的勇气。很显然，这样的比法将使人永无出头之日，非改弦更张，另辟蹊径不可。

那么，具体说来，弦究竟该怎么改，张究竟该怎么更呢？相信读一读一位美国物理学家学生时代的这段经历，大家必将会大受启发：

美国有一位著名的物理学家，跨进初中刚开始学物理的时候，物理成绩很差，只考了 8 分。物理老师找他谈话，让他好好学习物理，可他却说："我不喜欢物理，就是学不好。"物理老师并没有责怪他，而是告诉他说，别的同学都是 60 分及格，你下次只要考到 9 分就算及格。这个学生心想，我随便划个勾就能及格，那不是太容易了么？于是也就爽快答应了。结果下次考试他考了 28 分。虽然考了 28 分，老师还是没有理由在全班同学面前表扬他，因为那毕竟还是不及格的分数呀。不过，这个物理老师很聪明，她让全班同学把上次的考试成绩和这次的成绩做一个减法，上次考了 90，这次还是 90，一减就是 0，上次 95，这次 93，一减就是－2，这样减到最后，全班就一个同学剩下了 20 分，就是这个考 28 分的同学。老师把所有同学两次考试的分数差写在黑板上，问了这样一个问题："哪个同学进步最大？"全班同学异口同声地都说是考 28 分的同学，因为这是一个铁的事实，班里只有他一个人进步了20分。于是，物理老师就趁机对这个考28分的同学大大赞扬了一番。物理老师的这一招还真灵，它非但没有侮辱意味，反倒带有很强的激励色彩，这就使这个同学一下子兴奋了起来。他想：无论我考到48、58、68，还是78、88，都是全班进步最大的，我比班内任何一个同学都有更大的进步空间，还怎么能不加倍努力呢？就这样，这个同学从此异乎寻常地喜欢上了物理，并最终成为了全世界最伟大的物理学家之一。

故事中这位极具爱心的物理老师的育人之道确实高明，她不仅教学生学会了跟他人相比的正确方法，同时还教学生学会了在跟他人相比的时候，将与他人的横比跟对自身的纵比有机地结合起来，从而从这样的比较中总是看到自己的进步，总是看到自己所拥有的他人所无可比拟的巨大发展空间。这样一来，学生自然也就越比越长志气，越比越增士气，越比越激发起一股一往无前的豪气。同样是比，角度一变，方法一改，腐朽顿时就化为神奇，其结果自然就与先前有了天壤之别：先前不会比，是“人比人，气死人”，越比越失意消沉，越比越灰头土脸，结果就当真成为了地道的差生；而一旦找到了比的正确门道，就成了“人比人，气煞人”，越比越神清气爽，越比越心雄志壮，结果就当真成为了最好的自己。

心有多高，天就有多高

有些同学，刚进中学的时候也曾志高气昂，也曾雄心万丈，可在遇到了一次次挫折，一个个失败之后，他们就垂头丧气，灰心失意了。问他们为什么会这样，他们便说，那一次次的挫折和失败，就是那一道道难以逾越的坎，一道道难以翻过的山，在屡挫屡败之后，他们已经精疲力竭，实在有点迈不过去了。

我们说，这些同学不免把问题看得太严重了，因为在这个世界上，其实很难说有迈不过去的坎，越不过去的山。如若不信，不妨让我们先来看一看蓑羽鹤飞越喜马拉雅山的经历。

喜马拉雅山被称为“世界屋脊”，据说是“鸟儿都飞不过的高山”。每10个攀登喜马拉雅山脉主峰——珠穆朗玛峰的人中就有1个丧命，即使成功登上了顶峰，待的时间也不能长。但是，每年却有5万只蓑羽鹤飞越了喜马拉雅山，因为它们要去到在印度的越冬地。这可以说是地球上最艰难的迁徙。上午来临的时候，狂风在山峰呼啸，蓑羽鹤必须飞到足够高度才能躲过风暴，但是它们遇到了强烈的气流，只好原路返回，否则就会死亡。又是新的一天，新的机会，它们彼此靠得很紧，互相呼唤着前行。由于缺乏食物和水，它们已经非常虚弱，不得不利用上升的暖气流帮助自己升高。而在飞越途中，还有一种猛禽——金雕，一直在等待着它们。金雕一对一对地配合着，把年轻的蓑羽鹤从鹤群中分开，然后伺机抓住一只，作为它们的口腹之食。可是，不管是恶劣的天气，还是金雕残酷的围追堵截，都没有能阻止蓑羽鹤飞越喜马拉雅山的决心，它们依然顽强地向最高峰发起冲刺，尤其是到了最后的上升阶段，它们每扇动一次翅膀都显得非常吃力，但它们还是不屈地努力着。最后，它们终于飞过了喜马拉雅山，跨越了南行途中的最大障碍。据说，蓑羽鹤是鹤类中体型最小的一种，然而在它们小小的躯体内，竟然聚集着如此巨大的能量，这实在不能不令我们发出阵阵惊叹。

蓑羽鹤飞越喜马拉雅山的经历，不仅雄辩地告诉我们，即便是喜马拉雅山这样的高峰，也并不是“鸟儿都飞不过的高山”，而且还向我们揭示了这样一个道理：心有多高，天就有多高，只要我们想飞，那么再高的地方也能够自由翱翔。这就正如拿破仑所说的那样：一个人能飞多高，决定于他自己的心态。在每个人面前，也许都横亘着许多“喜马拉雅山”，一些人之所以迈不过去，往往并不是因为那些山本身当真难以逾越，而是由于他们自己的心灵上有着那么一道坎，他们首先在那道心灵之坎面前失去了逾越的勇气。

世上没有鸟儿飞不过的山，世上也没有我们迈不过的坎。纵然我们现在的上空是满天阴霾，甚至是雨落绵绵，我们也决不能让心灵的花蕊被沮丧的冰雪所覆灭，而应该以勇毅不屈的精神，迎风搏雨地去攀越心中的目标，矢志不逾地去迎接万里的晴空。有付出必然有回报，待到曙光初露时，那万道光芒定会亮丽得教我们睁不开眼！

心怀“希望”就一定有希望

每当谈起“心怀希望就一定会有希望”这个话题时，有些青少年同学的眼睛里常常会流露出质疑的目光。

那么，“心怀希望就一定会有希望”这句话究竟是否真有道理呢？我们觉得读一读下面的一则古代寓言和一个现代的真实故事，将有助于我们找到一个正确的答案。

先看一则古代寓言：一个人走在两山对峙间的一座木桥上，突然，木桥断了，可奇怪的是他并没有立即跌下去，而是停在了半空中，脚下是深渊，是湍急的涧水。他本能地抬起头，看见一架天梯荡在云端，望上去遥不可及。倘若是掉落在悬崖边，他绝对会乱抓一气，哪怕是抓到一根救命的小草也好。可眼前这悬在半空中的情景却使他吓瘫了，绝望了，他彻底放弃了求生的希望，只是恐惧地抱头等死。渐渐地，天梯缩回云中，不见了踪影，可云中却传来这样一个声音：“这叫障眼法，其实刚才只要你踮起脚尖儿，就可以抓到天梯，是你自己放弃了求生的愿望，所以你只好下地狱了。”

接着看一个现代的真实故事：当恐怖分子劫持的一架飞机撞向一幢大楼时，一架电梯停止了正常的运行。电梯里一共有6名乘客，其中有一位是这幢大楼的清洁工。6个人齐心协力地扒开了电梯门，可当他们看到门外竟然是一面墙时，其中的5个人都彻底失望了，只有那位清洁工例外，她没有放弃自己的希望，她敲了敲那面墙，发现它不是用混凝土浇铸的，便立刻取下橡皮辊上的刀片，在墙上用力地切割起来。大约用了40分钟，她终于在墙上切割出了一个洞来，于是6个人便都从那洞里钻了出去，顺着楼梯往下跑。他们走出大楼不到7分钟，整个大楼就訇然倒下了。6个人回望了一眼之后，都不由得相拥而泣。

上述寓言中的那个行人，跟上述真实故事中的那个清洁工，可以说是恰好形成了十分鲜明的对比：前者在桥断之后，面对着那看似遥不可及，而实际上只要踮起脚尖儿就可以够着的云梯，竟然吓得魂灵出窍，希望尽失，只是一味地束手待毙，其结果自然是错失了生的良机，落入了那万劫不复的深渊之中。后者被关闭在电梯里之后，面对着一堵挡住生路的墙面，依然充满着生的希望，在作出冷静的分析之后，便沉着地动用一切可以动用的手段，硬是用刀片在墙面上为自己，同时也是为他人，切割出了一条走向生的通道，从而创造了一个死里求生的奇迹。两者的根本区别在哪里？我们觉得，关键就在于：当危难降临的时候，前者完全让绝望充塞了自己的头脑，乖乖地听凭命运的主宰；而后者却依然怀揣着强烈的希望，与厄运进行着顽强的抗争。两者的态度截然不同，自然也就导致了结果的迥然有别：心存绝望则死，怀揣希望则生。而这，不就正好有力地证明了“心怀希望就一定会有希望”这一说法的绝对可信么？

只有“希望”能让未来发出光芒

永远心存希望，这是每一个意欲走向成功的人都必须具备的一种品质。这是因为只有心中充满希望，才能以坦然的心情看待各种挫折和打击，才能在困难中看到光明，在逆境中找到出路，甚至在绝境中也能激发自己的热情，开掘自己的潜能。

有一次，拿破仑在与敌军作战时遭遇了顽强的抵抗，队伍损失惨重，而且又没有援军，形势非常危险。许多人都以为这次必败无疑，但拿破仑没有放弃取胜的希望，他的雄心反在危难中被越发地激起。在带领士兵们冲锋的时候，他一不小心掉入泥潭中，弄得满身泥巴，狼狈不堪，可他浑然不顾，内心里只有一个信念，那就是无论如何也要打赢这场战斗。他大吼着“冲啊”，带头冲向敌阵，士兵们都被他坚强的意志所鼓舞，顷刻间全都群情激昂，奋勇当先，最后终于取得了战斗的胜利。

由此可见，希望是强大的力量，希望是取胜的保证，只要永远心怀希望就一定会大有希望。这就启示我们，不管是身处困境也好，逆境也罢，甚至是陷入了绝境之中，我们都应该有意识地自觉主动地让希望永驻在自己的心中。因为只有这样，我们才能拥有一个富有弹性的生命，才能不管怎样经受命运的挤压，都能够迅速地奋力反弹，而且弹得比原来更高，更强，更具活力，从而使我们的生命变得更加壮美，显得更有意义。

众多心怀希望者的成功之路，无一不向我们昭示了这样一个真理：心怀希望，生命的激情才能不断喷发，生命的青春才能持续燃烧，生命的征程才能充满阳光。希望是一泓清泉，能为我们涤去心灵的尘埃；希望是一柄利剑，能助我们斩除征程上的荆棘；希望是一盏明灯，能为我们指引前进的方向。一丁点儿的希望，也能使坚冰融化，小草返绿，花儿开放，清泉又迈着叮咚的脚步走向远方；一丁点儿的希望，也能使我们激情喷涌，萌生美丽的梦想和无尽的追求，从而突破人生的瓶颈，赢得属于自己的一片湛蓝晴空。所以，只要心怀希望，即便是身处困境之中，我们也能“立根原在破岩中”，“咬定青山不放松”，于困境中开辟新路；只要心怀希望，即便是身处逆境之中，我们也能“穷且益坚，不坠青云之志”，于逆境中创造奇迹；只要心怀希望，即便是身处绝境之中，我们也能“天将绝境付奇才，万里飘零莫自哀”，于绝境中觅得无限生机。

正因为此，古往今来的许多哲人，都将最热情的颂辞献给了“希望”。富兰克林说：“希望是生命的源泉，失去它生命就会枯萎。”雨果说：“只有信仰才让思想发出火花，只有希望才让未来发出光芒。”一位现代诗人也说：“希望，就像一粒种子，播种下去之后，只要你用爱心做阳光，信心做土壤，恒心做雨露，生命的果实就会毫无保留地呈现给你。”

那好，就让我们永远心怀希望，让未来发出光芒吧！

让希望永远在心头闪亮

说起“让希望永远在心头闪亮”，有些青少年同学或许就会这样想：这只能是那些外表帅气漂亮、脑袋聪明伶俐和遇事吉星高照的人的事，自己外表平平，反应迟钝，做什么事都磕磕绊绊，还怎么能让希望永远在心头闪亮呢？

实际情况果真是如此么？看一看有关毛毛虫的成长经历，相信大家一定会从中得到有益的启示，并由此得到一个正确的答案。

毛毛虫长得很丑，但它一点也不为此感到难过，因为它知道在自己的身体里面，藏着一只漂亮的蝴蝶。是的，它一刻都没有忘记这一点，它一直在盼望着毛虫化蝶这一天的早日到来。当它慢吞吞地爬过菜叶的时候，它在这么企盼着；当它贪婪地将叶子咬出一个个小洞时，它在这么企盼着；当它舒展身体晒太阳的时候，它在这么企盼着；当它亲吻一朵美丽的小花儿时，它还是在这么企盼着；当一阵暴风雨猛然袭来，它被冲到一条混浊的水沟里几遭灭顶之灾时，它依然在奋力地往上攀爬，憧憬着美好的未来；当“哎呀，毛毛虫，好丑好恶心哟”的声音不断传到它的耳边时，也没有能破坏它的好心情，它照旧辛勤劳苦地在做着它所该做的工作，照旧信心满满地在迎接它所希冀的美好一天的到来……终于有一天，丑陋的毛毛虫当真变成了一只漂亮的迎风飞舞的蝴蝶，吸引了无数男孩和女孩无比欣赏的目光。

小小的毛毛虫，可以说是最普通、最不起眼的一种小动物了，无论是它的形貌，它的体格，抑或是它的能力，都没有任何的优势可言，而且它还常常因为长相的丑陋和行动的笨拙，而不断招致人们的诟病和嘲笑。可结果呢，它却非但没有被人们的嘲笑声所淹没，反而出落成了引人瞩目和受人称夸的漂亮的蝴蝶。原因究竟何在呢？我们说，关键就在于它没有因为自己的平凡普通而自轻自贱，而是始终让化虫为蝶的希望在自己的心头闪亮。小小的毛毛虫尚能有如此的作为，一个有头脑、有思想、有目标、有理想的青少年同学，岂不就更应该让美好的希望在自己的心中牢牢地扎根么？

鲁迅先生曾说："希望是附丽于存在的，有存在，便有希望，有希望，便是光明。"一个人生存于社会之中，不管他的形貌是美是丑，体魄是强是弱，智商是高是低，出身是富是贫，都是可以毫无例外地满怀希望的，即便他是一个平常得不能再平常的人，也同样可以让希望永远在心头闪亮。"一切幸运，并非没有烦恼；而一切厄运，也并非没有希望。"培根这短短的两句话，精警透辟地阐述了命运的辩证法，所以无论自己身处在什么样的境况之中，我们都应该永远让美好的希望成为我们生命的主宰：月明风清，诸事皆顺时，绝不能因为过分地怡然自得，而将希望完全忘在了自己的脑后；风骤雨急，问题百出时，亦万不可因为纠结的烦恼忧伤，而让希望彻底失去了它在我们心中应有的位置。总之，我们应该以实实在在的行动，去切实地践行罗素的那句名言："希望是坚韧的拐杖，忍耐是旅行袋，携带它们，人可以登上永恒之旅。"

不灭的心灯得靠自己点亮

在学校里，有些青少年同学往往存在着过多的依赖心理，因此常有一些不切实际的奢想在心头映现：要是能出身在一个经济殷实的家庭该有多么幸福呀；要是自身的天赋条件好一点情况肯定就不一样了；要是有一位好老师的扶掖必将会出现另一番的景象；要是身体健健康康的那就绝不会落到这般田地……总而言之，这些同学并没有真正懂得所有的一切都得靠自己去创造的道理，而只是幻想着好运能突然降临到自己的头上。而实际上呢，一个人能否走出黑夜，关键就看他的心头是否有一盏明亮的心灯；而且，这心灯绝不能靠任何其他人赐予，而必须由自己亲手来点亮。看一看下面的这则故事，相信大家必定会得到极有益的启迪：

德山禅师在得道之前曾跟着龙潭大师学习，龙潭大师日复一日地要求德山诵经苦读，时间久了德山就有些忍耐不住了。一天，他跑去跟师父说："我就是师父翼下正在孵化的一只小鸡，真希望师父能从外面尽快地啄破蛋壳，让我早一天破壳而出啊！"龙潭笑着答道："被别人剥开蛋壳而出来的小鸡，没有一只能活下来的。你突破不了自我，最后只能胎死腹中。不要指望师父能给你什么帮助。"德山撩开门帘走出去时，看到外面非常黑，就说："师父，天太黑了。"龙潭大师便给了他一支点燃的蜡烛，可他刚接过来，龙潭大师就把蜡烛吹灭，并对德山说："如果你心头一片黑暗，那么，什么样的蜡烛也无法将其照亮！即便我没有吹灭蜡烛，说不定也会被哪阵风给吹灭。而只有你点亮了心灯一盏，天地就自然一片光明。"德山听大师这么一说，天灵盖似乎一下被揭开了，猛然明白了其中的道理。从此，他便开始了点亮自己心灯的刻苦修炼。皇天不负有心人，后来他果然青出于蓝而胜于蓝，成为了一代大师。

其实，就像德山开悟成佛一样，一个人要想在某一方面取得自己所预期的成绩，也得学会清除自己的情绪垃圾，也得学会驱散心头的迷雾和黑暗，而要做到这一些，就必须像龙潭大师所指点的那样，首先点燃自己的心灯。否则，就算是你再怎么亲近的人，也根本没有办法帮助你步出泥淖，渡过难关；即便你再怎么美好的梦想，到头来也都只能“胎死腹中”。世事变幻莫测，不能尽赖外力，只有我们自己那颗不停跳动的心，才是我们永远的靠山。大海深不见底，但精卫敢于填海；陆地群山起伏，但愚公可以移山；天空云谲波诡，但女娲能够补天。为什么？关键就在于在他们的心中，都有一盏闪闪发亮的心灯在照耀。

古人有云：“先有非常之人，才有非常之事。”我们觉得，这话应该再补充这么一句：“先有非常之心，才有非常之人。”这是因为，心决定人，人决定事，归根到底，世上的一切事情都是由人的心决定的。所以，但愿每一位青少年同学，都能时时不忘点燃自己的心灯，并让它永远闪闪发亮。

雨天好天气，弯月也美丽

在很多时候，有些事情对人们究竟是好还是坏，是利还是弊，通常并没有一个绝对的标准，而往往是由当事人的不同心态来决定的。譬如杯子里有半杯水，在有些人眼里，杯是半满的，因为还有一半水，于是他每天向杯子里注一滴水，终于有一天水溢了出来；而在另一些人眼里，杯是半空的，因为已失去了一半水，于是他每天对着杯子愁眉不展，终于有一天水全部干了。又譬如登山时爬上了半山腰，有些人觉得力气没有白花，开端相当不错，于是兴冲冲地说："好，我们已经到了半山腰！"随后便更奋力攀登，终于直抵山巅。另一些人则觉得花了那么大的劲才登上了半山腰，已是腰酸腿疼，上气不接下气，于是便气呼呼地说："唉，我们才到了半山腰！"并因此而偃旗息鼓，半途而废。你看，明明是同一样事物，可不同的人却有着截然不同的看法，这究竟是什原因呢？回答是，关键就在于他们拥有的心态迥然有别。

人们的心态虽说种种各异，但就其大类而言，不外乎这么两种：一是积极的心态，一是消极的心态。凡具有积极心态的人，即便遇有困难和挫折，也仍能保持乐观的精神，用"我要！""我能！""一定有办法！"等积极的意念不断地激励自己，从而也就总是能振作精神，奋勇向前，直至最后的成功。凡被消极心态控制的人，只要稍遇一些问题和阻力，就觉得天仿佛要塌下来似的，脑子里尽让"不行了！""这下子搞砸了！""看来肯定没办法了！"等消极意念占领了头脑，因而也就锐气全无，畏头缩脑，并由此导致不可避免的失败。古罗马伟大的哲学家马尔卡斯·阿里流士曾说："生活是由思想造成的。"这话可真是入木三分，精警之至。

所以，不管遇到什么情况，我们都要以积极的态度为自己调节出一个美好的心情来：雨天好天气，弯月也美丽；道路泥泞留足迹，山高坡陡景色奇；惊涛骇浪往往是三板斧，暴雨如注终有那消停时；炎夏酷暑能练得过硬本领，寒冬腊月好铸就坚忍精神；纵使吃白饭也能嚼出一种香味，就是睡地铺亦可做一夜甜梦；不愉快的事情都是过眼烟云，黑夜的尽头就是那一片光明！美好的心情就好比那神奇的点睛之笔，无需浓墨重彩，只要轻轻一点，就能捅开潜能的闸门，让学习和工作中每一个平淡无奇的过程以及每一段散乱的光阴，都一下子鲜活起来，亮丽起来，飞快推进问题的解决与工作的进程，让令人满意的成果悄然来到我们的面前。

在现实生活中，其实每一个人的心中都难免有一些无形的蛛网，即便是一些成功人士也不能例外。昆虫陷入了蛛网，一般都难以挣脱；而人类则不同，我们完全可以用积极的心态，凭顽强的努力，去扫除心中的蛛网和尘埃，使内心重又一片清明。这就正如美国著名心理学家威廉·詹姆斯所说："我们这一代人最大的发现是，人能改变心态，从而改变自己的一生。"

只要想快乐，就能如愿以偿

快乐是人类的天性，也是人类共同的追求。

乐观，它是我们心中的阳光，是构筑生命的力量，是思维的催化剂，是潜能的助推器，是克敌制胜、获取成功的法宝。拥有了乐观，也就拥了信心，拥有了勇气，拥有了积极进取的精神，拥有了强大无比的潜力，也就能在不管怎样艰难困苦的境况之下，都具有清醒的头脑，都保持清晰的思路，从而能够心平气和，不乱方寸，迭出妙招，化险为夷，确保最终变不利为有利，在困境中取得成功。这就正如亚伯拉罕·林肯所说："只要想快乐，绝大多数人都能够如愿以偿。"

要乐观，就要豁达开朗，什么都拿得起，什么都放得下。豁达开朗，就是别总拿什么当回事，耿耿于怀都往心里去，而是要既然活着就须活快乐，把一切都看作没什么。遇事说声"没什么"，往往既可以驱除烦恼，又可以赢得快乐。考砸了，说一声"没什么"，就能屡挫屡奋，重振雄风；掉队了，说一声"没什么"，就能积攒力量，迎头赶上；挨批了，说一声"没什么"，就能猛然惊醒，修正错误；误解了，说一声"没什么"，就能加强沟通，重归于好……总之，不管遇有怎样的风险，不管碰到多大的麻烦，只要时时说声"没什么"，就能"身稳如山岳，心静似止水"，就能"任凭风浪起，稳坐钓鱼台"，就能让忧愁却步，使欢乐永驻。

拿得起，这需要勇气，放得下，这需要度量。有首禅诗说："春有百花秋有月，夏有凉风冬有雪。若无闲事挂心头，便是人间好时节。"一个人只要真正学会了拿得起，放得下，就必然会告别平庸与琐碎，就必然会远离烦恼和痛苦，就必然会时时享受生活的甜美与快乐。我们是从过去走来，生活在现在，面向着未来。过去的一切，都已被时间之河冲刷得一去

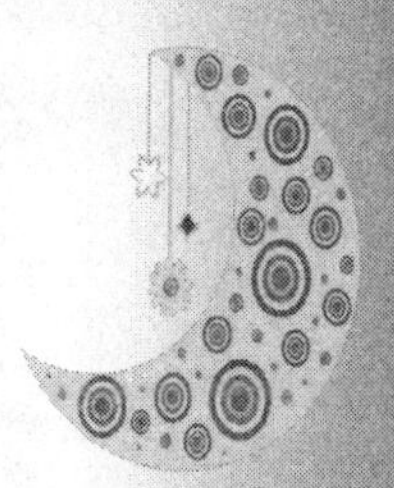

不返，所以不管过去曾有过多少错失，有过多少不快，我们都要放得下，忘得掉，而绝不能让它们在头脑里发酵，扰乱了我们现在的心情。现在是我们当前的落脚点，是我们奔向未来的新起点，所以不管现在处境有多难，问题有多多，我们都要拿得起，都要挺得住，都要以全身心的投入去排解困难，去解决问题。未来是我们奋进的目标，是美好的希望之所在，然而常戚戚的小人没有未来，只有坦荡荡的君子才能真正把它握在手中。正因为此，我们一定要始终以乐观坦荡的胸怀去奋勇进击，去不懈追求，以让所有的悲愁痛苦都无趣退避，以让所有的幸福快乐都早日降临。

德国著名哲学家康德曾说："快乐是我们的需求得到了满足"。但这样的快乐既非一份礼物，也不是一项权利，绝不是可以坐享其成和唾手可得的，一定得主动去寻觅，努力去追求，才能真正到达快乐的境界。而要寻觅，要追求，就必须不断扩大生活领域，尝试新的事物，接受新的挑战。因为只有这样，我们才能涉足新的生活层面，学习新的知识，开拓新的途径，得到新的满足。要获取快乐，还得要敢于追求梦想与希望。萧伯纳有一句名言："一般人只看到已经发生的事情而说为什么如此呢？我却梦想从未有过的事物，并问自己为什么不能呢？"青少年同学就尤其应该有梦想，有希望，因为只有全力以赴地去实现梦想，奔向希望，才会给我们带来更难以言表的巨大快乐。

做一个心中有“神”的人

提起比尔·盖茨，人们总是津津乐道于他那过人的天赋之类，殊不知他的成功，主要还是得益于他对工作的无与伦比的热情。不信么？且请先看下面这则小故事：

1965 年，西雅图景岭学校图书馆馆长要管理员找一名学生来帮忙清理图书。不久，一名瘦小的男孩走进藏书室。馆长先给他讲解了一番图书的分类知识，然后交给他任务：把读者放错了位置的图书找出来放回原来的位置。此后，小男孩便不遗余力地在书架中穿来跑去，到了中午，他已找出 20 多册放错地方的图书。第二天他来得更早，而且更加卖力气。一连几个星期，他的课余时间几乎都是在图书馆中度过的，书架上错位的图书也因此而越来越少。后来，为了把工作做得更好，小男孩更是说服了他的父母，将家搬到了图书馆附近。馆长得知后这一情况后，不由心想：这个小家伙对自己所爱干的事有如此的决心和热情，将来定能干成大事情。这个小男孩不是别人，他就是大名鼎鼎的比尔·盖茨。

馆长的预判丝毫不错，比尔·盖茨凭着他对工作的异乎寻常的巨大热情，后来果然干出了一番大事业，成为了世界首富。

那么，巨大的热情对于一个人的成功何以会起到这么举足轻重的作用呢？这还得从“热情”这一词语的来源说起。英语的热情写成 enthusiasm，是由两个希腊语结合而成的。En 是英语的 in，theos 则是 God 的意思。因此，从字面上来看，热情的人就是心中有神的人，而这种内在的光辉是藏在人类内心深处的热心和精神资质中。因为心中有“神”，所以热情的人不管干什么事情，都眼睛充满光芒，浑身充满生气，具有压倒一切的神勇和力量。这也就是说，热情是一种无可替代的内在驱动力，它比任何优越的外部条件和外在驱动力都更为强大，更为积极，更为可靠。所以，生生不息的饱满热情是助燃不熄火焰的劲风，是成就一切伟业的一个基本心理条件，一个人只要具有了饱满的热情，就必定能志存高远，豪气冲天，“可上九天揽月，可下五洋捉鳖”。

一个富有巨大热情的人，就是一个心中有“神”的人，不管在什么情况之下，他就都能长出三头六臂，都能成为千手观音，都能将自己的潜能全部充分发挥出来。正因为此，他也就能将所有的困难都踩在自己的脚下，将所有的成功都收入自己的囊中。尽管我们的聪明才智无法与比尔·盖茨相并比，但只要我们在学习和工作时也能像他那样满怀热情地释放自己的全部能量，那么我们就也一定能在各自的领域里有新颖独特的创造，有令人艳羡的收获。

自强篇

每种不幸里都含有等量利益的种子

在日常生活中，有些青少年同学只要一遇到不顺心的事，就认为那是老天成心跟自己作对，搞得自己屡屡受挫，狼狈不堪，因此也就垂头丧气，怨天尤人。他们根本不懂得不顺心的事固然于我们不利，但也并非全然不利，只要我们正确对待，妥然处置，它也同时会给我们带来许多有利的因素。不信么？且请听两位大业有成者的精辟之言——别林斯基说："不幸是一所最好的大学。"莎士比亚说："什么都不比厄运更能磨练德性。"这些卓有成就的人何以会给不幸这么高的评价呢？这是因为只要处置得当，不幸至少可以给我们带来以下这么一些好处：

一是可以变不利为有利。美国有个农民，听了土地中介商的鼓吹，花毕生的积蓄买下了一块土地，可那块土地不仅太过贫瘠，根本不能种植，而且遍布一地的灌木中还有不少响尾蛇，置身其间会让人感到十分危险。起始他怨怒异常，心情沮丧，可这除了更添伤痛之外，又能有什么用处呢？于是，他从怨怒中解脱，从痛苦中奋起，另谋经营策略，开始大量饲养响尾蛇，并专门生产蛇毒血清。这么一来，农庄变为了毒蛇村，居然成为一个著名的观光景点，每年吸引了成千上万的游客，连当地的邮局都有了响尾蛇村的戳记。花毕生的积蓄买下了根本不能种植的土地，该够倒霉了吧，可他在不幸面前挺直了腰杆，并由此觅得了新的生财之道，这不就将不利化为了有利么？

二是可以化危机为良机。美国新墨西哥州高原地区的杨格种植的苹果味道好，无污染，颇受欢迎。有一年他已预订出了 9000 吨苹果，却突然遭到冰雹的袭击，所种的苹果全都被打得遍体鳞伤。他不甘心被这样的倒霉事压倒，在仔细察看了受伤的苹果之后，立刻想出了应对之策，拟定了这样一段广告词："本果园生产的高原苹果清香爽口，具有妙不可言的独特风味；请注意苹果上被冰雹打出的疤痕，这是高原苹果的特有标记。认清疤痕，谨防假冒！"结果，这批受伤的苹果反成了畅销产品，乃至后来经销商专门请他提供带疤痕的苹果。所种苹果突遭冰雹袭击，一年辛苦眼看就要泡汤，可杨格凭着他的勇气和智慧，终于转危为安，这岂不是化危机为良机了么？

三是可以从倒霉中引出新的发现。一天，丹麦物理学家雅各布·博尔不小心打碎了一个心爱的花瓶，但他并没有一味地自怨自艾，悲伤叹息，而是俯下身子将满地的碎片收集起来，并精心地将它们按大小分类称出了重量，结果发现：10～100克的最少；1～10克的稍多；0.1～1克的和0.1克以下的最多。更为有趣的是，这些碎片的重量之间有着严整的倍数关系，即较大块的重量是次大块重量的16倍，次大块的重量是小块重量的16倍，小块的重量是小碎块重量的16倍。随后，他又将这个"碎花瓶理论"用于考古学和天体研究，用来恢复文物、陨石等的原貌。心爱的花瓶打碎了，可他的思想并没有被打碎，他反倒由此得到了一个大有用处的"碎花瓶理论"，这岂不是从倒霉中引出了新的发现么？

由上可见，不幸也有它的两面性，只要不是两眼老盯着它对我们不利的一面，而去多看看它的另一面，我们就会懂得每种不幸里都含着等量利益的种子，从而也就能设法把每一桩不幸化为一次机会。

学会像水一样流淌

有一次，有位中学生朋友跟我说，他在学习的过程中经常会遇到大大小小的困难，遇到许许多多的挫折，让他老是感到束手无策，愁眉不展。诉说完后，他又急切地问我："老师，你给我说说，究竟有没有克服困难和战胜挫折的妙招呢？"我微微一笑，说："要说'妙招'，还真是有呢，那就是'像水一样流淌'。"他听后，只觉一头雾水，眉头锁得更紧了。为了解开他心中的的疑团，我便给他讲起了有关"像水一样流淌"的出典来。

"文革"前，陕西有位高中毕业生在一次高考中铩羽而归，他由此而顿觉所有的理想、前途和未来都在瞬间崩塌了，一下子陷入了极度的悲愁抑郁之中。沉默寡言的父亲不得不为儿子担心起来："考不上大学，再弄个精神病可怎么办？"于是就问儿子："你知道水怎么流出大山的吗？"儿子茫然地摇摇头，不知所答。父亲便缓缓地说："水遇到大山，碰撞一次后，不能把它冲垮，不能越过它，就学会转弯，绕道而行，借势取径。记住，困难的旁边就是出路，是机遇，是希望！"稍停了片刻，父亲又说："即便流动过程中遇到了深潭，即便暂时遇到了困境，只要我们不忘流淌，不断积蓄活水，就一定能够找到出口，柳暗花明。"一语惊醒梦中人，这位青年终于恍然大悟，重又振奋起了精神。此后，他做过小学教师，农中教师，文化馆长，后又进入陕西省作协工作，到了1992年，他更是凭借其40年农村生活的深厚底蕴，写出了大气磅礴、颇具史诗感的长篇小说《白鹿原》，令世人称道不已。此人不是别人，就是著名作家陈忠实。后来每当有人问他："怎么面对困难与挫折？"他总是淡淡地说："像水一样流淌。"

“像水一样流淌”，看似一句平平淡淡、普普通通的话语，可它却是岁月积淀的智慧，却是人类在生活实践中总结出来的宝贵精神财富。即以长江而言，它自源头流出以后，根据这一带地形西高东低的特点，势必得由西向东流去。它要冲破一切阻力，冲决一切障碍，一直流向那浩瀚的大海。可是，当它流到三峡一带的崇山峻岭面前时，却被连绵的群山无情地挡住了。因为就群山而言，它也不肯轻易退让，它也想着要牢牢地固守自己的阵地。长江要向东流去，群山却死命地要阻挠它东流，于是长江与群山之间的激烈冲突就不可避免地发生了。这对长江可是一个严峻的考验，因为它无路可退，只有奋力东去才是唯一的出路。长江是好样的，它不畏艰险，排除万难，以其坚韧不拔的毅力，发扬以柔克刚的精神，不断地依山而行，从低处突围，最后终于穿越群山，开辟出了一条全新的通道——三峡，而当它越过了三峡之后，它也就以其更雄伟的气魄，势不可挡地向大海奔腾而去了。“青山遮不住，毕竟东流去。”长江胜利了，而它的胜利，可以说就是不断地“流淌”的胜利。这么看来，说“像水一样流淌”是克服困难和战胜挫折的妙招，岂不是再恰当不过了么？

不断增强沉香暗结的能耐

作为一个学生，难免会犯这样那样的错误，出这样那样的问题，遇上了这种情况该怎么办？下面这个故事能给我们很好的启迪：

有一年，有个失学青年在一场群殴中失手将别人打伤，被判了两年劳教。从劳教所出来后，他跟着父亲当起了小木匠。一天，父亲让他将一根结满树痂的槐树干刨平。当他把刨好的树干交给父亲时，父亲问："你刨的时候发现它什么部位最硬?"他回答："结疤的地方。"父亲又问他可知道那是什么原因，他思想了一阵也没能对答上来。父亲便告诉他说："结疤的地方是它曾经受伤的地方，每次受伤后，受伤的部位就会聚集更多的养分，长得更粗壮，更坚硬。你看周围的树，都是这样。"他认认真真地朝周围的树细细地看了一下，发现果然都是如此，不由有所领悟地朝他的父亲点了点头。

是的，几乎所有的树都长有树痂，这些树痂就是树体外表经受创伤后愈合而成的。树受伤后，依然要顽强地活着，不断地生长，于是树体就激发芳香，外溢出许多的树脂，使那伤口逐渐愈合，所以树痂乃是树体精华凝结之所在，往往沉香暗结，坚如盔甲，比其他的部位更加粗壮，更加坚硬。

树木尚且有如此的勇气来面对创伤，作为特有灵性的人，我们自然就更应有弥合创伤的智慧和能力。这就正如著名作家海明威所说的那样："生活使每个人遍体鳞伤，但过后，许多人在那些伤损之处表现得最为刚强。"在生命的历程中，创伤是难以避免的，但只要我们创伤面前不低头，转机就在下一步。创伤无疑会给我们带来巨大的苦楚，甚至是难以诉说的悲伤，但无论我们怎么痛苦和悲伤，创伤都绝不会对我们有丝毫的怜悯，绝不会就此而自行从我们面前消失；相反，它反倒会给我们带来更严重的危害，给我们以更严厉的惩罚。因为遭遇创伤之后，如果我们成天处于嗔恨、懊悔、忧愁和恐惧的情绪之中，就很可能泛化出许多与之关联的不良后果，诸如失眠多梦，食欲下降，神经衰弱，心悸耳鸣……若是更严重一点，这种情绪还会像梦魇一样，如影随形地跟我们纠缠不休，使我们陷入惶惶不可终日的无法解脱的泥淖之中。这样一来，我们就不仅会痛苦地失去过去，而且将遗憾地失去现在，同时也不再会有勇气去创造美好的未来。

所以，如果我们当真受了创伤，就应该以一种积极的心态，学会从另一个角度去看待它，应对它，把它看成是砥砺我们意志的磨石，把它视作为帮助我们通往成功殿堂的阶梯。这样，我们的心中就有了罗曼·罗兰所说的“两盏灯光”：“一盏是希望的灯光；一盏是勇气的灯光。有了这两盏灯光，我们就不怕海上的黑暗和风涛的险恶了。”总而言之，唯有以积极的心态去面对创伤，不断提高自己沉香暗结的能耐，才能产生勇气，产生力量，才能在弥合创伤的过程中使自己变得更加聪明，更为成熟，从而在以后的岁月中少受一些不必要的创伤。

笑将伤痕当酒窝

一个人在前行的路途上，总免不了会遇上曲折，遇上坎坷，并在与它们的激烈碰撞之中，留下那道道伤痕。好端端的身上留下了道道伤痕，既不荣光，也不雅观，因此有些人就总是遮遮掩掩，藏藏掖掖，唯恐给人见着了，会有损自己的颜面。而其实呢，这些人是只知其一，不知其二，他们只看到伤痕是挫折和失败的记录，而不知道伤痕同时也能助推自己更好地跨入成功的大门。

此话怎讲？看一看高尔夫球手的选择，我们就可以明白其中的道理。说来有趣，几乎所有的高尔夫球手都不喜欢用新球，而喜欢用旧球，特别是那些有划痕的球。为什么呢？这是因为有划痕的球比光滑的球有着更优秀的飞行能力，它的平稳性和距离性比光滑的新球更具有优势。高尔夫球上的划痕，是高尔夫球在以往的飞行中撞击了其他的东西留下的，应该说并不是光彩的记录，可它并没有给高尔夫球带来什么耻辱，反倒使它具有了更出色的飞行能力——这乍看似乎有点不可思议，而实际上呢，却正是辩证法的深刻体现。

同样的道理，人生的伤痕也是在与困难与挫折的磕磕碰碰中留下的，它虽没有什么荣耀可言，但只要我们正确看待，得当处置，它也断然不会给我们带来什么耻辱。《千年一叹》中有这么一个小故事：年轻美丽的女子在一场车祸中，嘴角落下了一处伤痕。伤愈后的一天，她对着镜子微笑，忽然转头对爱人说："我多了一个酒窝呢。"把伤痕当作酒窝，这可真是一种昂扬而又从容的生命姿态。不错，只要是受伤，总免不了要留下疤痕，可伤痕并不只是给我们带来痛苦，也让我们记得曾经失败的经验和教训，从而使我们有更坚忍的毅力，有更不屈的精神。所以，伤痕虽然是受伤的记忆，但也是我们拼搏的见证，更是我们力量的源泉。伤痕虽是在完整的人和物上增添的一道损伤的痕迹，但只要我们具备了平和的心态和独到的眼光，那么我们也就会觉得它并不总是让人和物变丑，有时反会让人和物显现出一种独特的美丽。从这个意义上来讲，令一些人避之犹恐不及的伤痕，往往反倒是一道别有韵味的靓丽风景。

“白衣卿相”柳永科考时，因宋仁宗轻信谗言，把他给黜落了，并作了“且去浅斟低唱，何要浮名”的批示，彻底断了他“学而优则仕”的前程。这对柳永的伤害确实是太大了，所以他也不禁发出“偶失龙头望”的长叹。不过，柳永毕竟非等闲之辈，他想既然伤痕已在，我何不活得更洒脱些呢，于是便“忍把浮名，换了浅斟低唱”，决心让皇帝老儿他们看看什么叫“平生自负，风流才调”。结果，他终于开创了“凡有井水处，皆能歌柳词”的全新局面，不仅展现了他的一世潇洒，而且成就了他的百世流芳。

山巅的青松，因为在与风雨的搏击中留下的累累伤痕，而愈显其挺拔；海边的岩石，因为在与浪涛的抗争中留下的累累伤痕，而愈显其刚强；在艰难困苦中跋涉的人呢，也因为在披荆斩棘中留下的累累伤痕，而不忘过去的失误，而珍惜今天的拥有，而期盼明天的辉煌，从而愈显其聪慧睿智，英武高大。

弯腰低头，不失体面

不少青少年同学认为，在前行的路途上，不管遇到什么情况，都应该昂首挺胸，阔步向前，这才能充分显示年轻人所特有的英雄气派；如若不然，那就不免有失体面，显得太过窝囊。这种想法，乍看似蛮有道理，其实却很值得商榷。

2002 年全日本举行了一次中学生机器人障碍赛，这次比赛科技含量相当高，许多尖端技术被体现得淋漓尽致，可最后获得第一名的，却是 14 岁的野森设计的科技含量并不很高且看似很普通的机器人。那么，它究竟是凭什么出奇制胜的呢？原来这个机器人是能够弯腰低头的，在两小时的障碍赛中，每遇障碍物将头部挡住时，它就能弯下腰，低下头，很快钻过去。这样，在两小时的路途中它就比其他的机器人省下了 6 分钟的绕道时间，从而夺得了大赛冠军。

野森设计的能弯腰低头的机器人，其意义远远胜过了那些昂首挺胸的机器人。年轻人的奋勇精神，使他们在成长的道路上不知受了多少挫折，吃了多少亏，可他们却往往依然沉迷其间，对此缺少应有的反省。野森的可贵，就在于他想到了在人生的漫漫长路上，弯腰低头乃是必然要有的付出，唯有如此方能顺利地穿越过重重障碍，以最小的代价换取最大的胜利。

孟买佛学院是印度最著名的佛学院之一，它在正门的一侧，特开了一个只有一米五高、四十厘米宽的小门，所有新来的学生，教师都会引导他们从这个小门进出一次。而所有从这个小门进去的人，当他们再出来的时候，几乎无一例外地承认，正是这个细节使他们顿悟事理，使他们受益无穷。事实也正是如此，佛家的哲学就在这个小门里，人生的哲学也在这个小门里。人生之路，尤其是通向成功的路上，几乎是没有宽阔的大门的，所以只有学会了弯腰低头，只有放下了所谓的尊贵和体面，才能够通过那窄狭的小门步入成功的殿堂；如若不然，那就有很多时候，要被挡在成功的院墙之外。

曾有人问大哲学家苏格拉底："据说你是天底下最有学问的人，那我想请教一个问题：'请你告诉我，天与地之间的高度到底是多少?'"苏格拉底微笑着答道："三尺!""胡说！我们每个人都有四五尺高，天与地的高度只有三尺，那人还不把天给戳破了?"苏格拉底微笑着说："所以，凡是高度超过三尺的人，要能够长久地立足于天地之间，就要懂得低头呀!"事情确实是这样，如果一个人总是高昂着头颅，一味示强，一味硬撑，而不懂得弯腰低头，那就必然会被挫折的"门框"撞得头破血流，给自己带来不应有的伤害，甚至是不必要的牺牲。只有懂得必须弯腰低头，并敢于弯腰低头的人，才能在刚柔相济和能屈能伸之中，确保平安无事，并使自己永远立于不败之地。

再说，在这偌大的世界上，也并非凡昂首挺胸者就是好汉，凡弯腰低头者就是狗熊，俗话不就说"低头是稻穗，昂头是稗子"么？情况既然是这样，我们还怎么能硬要去学那"昂头的稗子"，而不去好好做那"低头的稻穗"呢?

失去也未必是坏事

一个人在读书学习的过程中，总是会既有所得，亦有所失的。有所得无疑是幸事，也许人人都会笑迎，而有所失呢，也未必都是坏事，因此尽可不必坚拒。有所失何以未必是坏事呢？且听我慢慢道来：

有一个名叫伊安的人，出生在一个乡村农场，他父亲是个农场主，对牛马之道极为精通。每天清晨或傍晚，他都能听到父亲响亮的嗓音在催促牲畜出圈或归栏。父亲不止一次告诉过他，放养这么多牲畜，没有洪亮的声音是不行的，如果单靠两条腿去追赶它们，非累死不可。小小的伊安很快就得了父亲的真传，那些牛羊在他洪亮而又悠扬的召唤声中纷纷归来，这让他极为自得，连父亲都夸他极有天分。谁料伊安十二岁那年得了一场重病，病后竟然完全不能说话，彻底告别了他引以为自豪的声音。此后很长的一段日子里，伊安都处于非常消沉悲观的状态中。后来，一个偶然的机会，伊安在父亲的房里看到了一些讲述牲畜知识的书，父亲告诉他："孩子，这些书很有用，可许多地方我都看不懂，你拿去仔细看看，回头再告诉我。"伊安心里猛然一动，明白自己还并不是一无用处，于是就开始钻研那些牛马经。渐渐地，他发现了读书的乐趣，开始读所有可以找得到的书籍。在书卷中，他看到了一个从未涉足过的新奇世界，那种喜悦是以前从未体验过的。每读到精彩之处，他便用手语告诉父亲，父亲也十分喜欢，这让伊安感到骄傲。有一天，他给父亲讲了一个精彩的故事，父亲笑过后就对他说："其实在我们农场，那些牲畜身上就有许多有趣的故事，要是有人能写出来，一定会受人喜欢！"伊安的心猛地一跳，一种冲动让他不由得异常兴奋。伊安开始着手写故事了，写那些牲畜瞬间的美好，并把父亲的经验也融入故事之中，这就使所写的内容具有了极强的趣味性和

知识性。十万字的书稿，父亲几乎是一口气读完，他一把抱住伊安，激动地说："孩子，今天我才真正为你感到骄傲！"这本叫《它们的故事》的小册子出版以后，立刻风靡英伦，特别受到乡下人的喜爱。自此，伊安一发而不可收，许多优秀的作品不断问世。不过，人们在惊羡他的才华的同时，也为他感到遗憾，因为凭他组织文字的才能，如果不是哑了，应该演讲能力极强，极有希望进入政治高层。因为在英国，一个口才好的人是很受民众欢迎和崇拜的。所以在一次非常踊跃的签名售书时，就有人忽然大声对他说："伊安，如果你会说话，将会有更大的成就！"并给他传过来一张写着这句话的纸片。这使伊安的心中涌起了无限的波澜。签名售书后，他回到了父亲的农场，把那张纸片递给了父亲。不料父亲看后，却淡然地说："如果你能说话，现在正在农场里召唤那些牲畜，就绝不会去写书了！"听了父亲的话，伊安那颗已经有些躁动的心终于又释然了。

这则故事不仅生动有趣，而且还饱含着深刻的哲理，它明白无误地告诉我们：某种已拥有的美好东西的失去，对一个人来说虽然是一种不幸，但也未尝不是一个新的转机，只要你不把这种失去视作为一种灾难而消极沉沦，而能于忽然暗淡的际遇中窥见一丝新的光亮，并努力去进行新的求索，那你就完全有可能"因祸得福"，另辟新的蹊径，创造新的奇迹。这也就是说，所谓的失去，实际上并非从此一无所有，也并非全无所得，只要心态合宜，应对得当，还是完全可以在失去之后找到新的发展方向，开启不可估量的新的发展前景的。所以，当你一旦真有所失的时候，就请你拍一拍身上的灰尘，整一整身上的衣装，微笑着继续大步向前吧！

逆境中更要坚忍

有些青少年同学虽然也很尽心，也很努力，但总还是有许多不顺心的事不断地降临到他们的头上，使他们老是感觉看不到亮色，看不到出路，于是他们也就渐渐陷入了极度的苦恼之中，觉得自己或许当真不是块学习的料。

每一个人来到这世界之上，可以说无不希望自己的面前是大路一条，光明一片。可事实上呢，在我们的生命之途上，所遇到的却往往不是危崖峭壁，就是深谷密林，不是荆棘丛生，就是砾石遍地，几乎没有一步是可以轻松前行的，这就正如古诗所说的那样："庸夫总欲平平过，实境偏偏曲曲程。"行进在这样的生命之途上，不同的人往往就会有截然不同的表现，有些人常常愁眉苦脸，唉声叹气，而有些人却笑口常开，欢歌不断。为什么会出现这迥然有别的不同状况呢？回答非常简单：所有这一切，全都是由人的思想和心态决定的。看一看下面这个故事，我们就会明白此中的道理。

有一次，一位衣衫褴褛且意志消沉的人去看望成功学的引路人戴尔·卡耐基，那人原是位名噪一时的餐馆老板，近来却因合伙人破产而变得一无所有，他希望卡耐基能给他些帮助。卡耐基明白那人的来意后，便叫他站在一张厚窗帘的面前，说是要向他介绍一位在这个世界上唯一能使他重新拾回信心并克服困难的人。接着，卡耐基就拉开窗帘让他看到窗帘后面的镜子。那人在镜子面前一语不发地站了数分钟后，向卡耐基说了声"谢谢"，就离开了。几个月后，那人像是换了个人似的又出现在卡耐基的办公室，而且在他的感谢声中洋溢着无比的热情。

同是这个人，为什么过了短短几个月，就会这么面貌迥异，判若两人呢？原来正是卡耐基教他的镜中之窥，让他领悟了认输认命的错误思想和消极心态，是导致他那副狼狈相的根本原因，于是他洗心革面，重振精神，重又在芝加哥开了一家最受欢迎的餐厅。你看，一个人的思想是否正确，心态是否积极，对他生命的影响是何等巨大！这就难怪人们经常要说：心态决定一切。

心态是什么？心态就是性格加态度。性格是一个人对现实的心理认知和相应的习惯化行为方式，态度是一个人对客观事物的心理反应。我们觉得，面对挫折，面对失败，我们最应该具有骆驼那样的心态。骆驼心态的可贵，就在于纵使荒漠无垠，飞沙走石，烈日炙烤，它都以坚忍不拔的品格，傲岸不屈的风骨，拧紧生命的发条，不减行进的速度，始终向既定的方向心无旁骛地昂首前行。培根说："一切幸福都并非没有烦恼，而一切的逆境也决非没有希望。顺境的美德是节制，逆境的美德是坚忍。这后一种是较为伟大的一种德性。"骆驼心态，就正是对信念的执著与坚定，就正是对希望与成功的顽强向往，就正是坚忍这一"较为伟大的一种德性"的集中体现。只要有了坚忍这一宝贵的品性，我们就必定能从阴霾里看到太阳，从挫折中悟出智慧，并最终从失败中走向成功。

许多借口还是不要的好

不管是在学校也好，抑或是在家庭也好，都可能会发生没有如期完成老师或家长布置的任务，或是没有如期完成自己制定的计划的情况，每当这样的时候，有些同学就往往会寻找各种各样的理由作为借口，来为自己辩解，来为自己开脱。他们满以为这样一来，就不仅可以免遭他人的指责，而且自己也可以心安理得地不再承担任何责任。

不错，借口往往可以使我们暂时逃避困难和艰苦，获得心理的慰藉，可以使我们暂时甩掉包袱和重压，换来身体的轻松，可以使我们暂时推卸担子和责任，博取身心的惬意，但所有这些慰藉、轻松和惬意，说到底都只是自欺欺人的暂时的欢乐，因为它终究不可能赢得最后的成功。不错，借口往往可以避开他人的指责，可以缓和紧张的气氛，可以摆脱尴尬的局面，可以化解难堪的窘境，然而这样的好处毕竟是一时一事的，即便你摆脱得了一时的尴尬，化解得了一事的窘境，你却绝不可能因此而获得真正的进退自由，你也绝不可能因此而躲避自己良心的指责。因为所有的借口，其实都是美丽的谎言，都是连自己也骗不过的“掩耳盗铃”。而且，只要这样的借口之门一开，接二连三的借口就会随之蜂拥而至，而在这纷至沓来的借口面前，你的责任心、上进心就会被弱化，被淡化，甚至最终被完全地淹没。而一旦处在那样的情况之下，那就不管任务完成得怎样不好，你都可以找到这样那样的理由来为自己搪塞，来为自己推诿，来为自己寻找一个避风的港湾。所以，寻找借口或许可以得一时之利，但如果从长远的角度着眼，如果从更深的层面思考，这种做法实际上极易钝化敏感的神经，极易消磨向上的斗志，极易羁绊前进的脚步，其危害应该说是相当严重的。

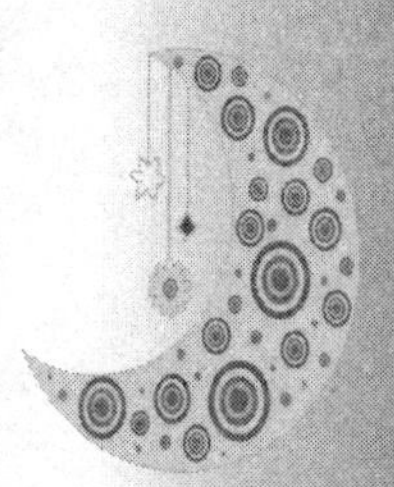

正因为以上的缘故，有人就不讲借口。在著名的美国西点军校，就听不到“借口”这个词。比如军官派你去执行一项任务，由于种种原因你没能按时完成，当军官问你为什么时，你就没有任何理由找借口为自己辩护，你只能这样说：“报告长官，没有任何借口！”正由于这样，这所学校就培养了学员们铁的纪律，以及以百分之百的努力去完成任务的责任和决心，这就使所有的学员都培养成了真正合格和过硬的军人。不仅如此，这些学员日后到了其他的工作岗位，也大多成为了出类拔萃的优秀人才。据美国商业年鉴统计，二战后，在世界500强企业中，西点军校培养出来的董事长有1000多名，副董事长有2000多名，总经理、董事一级的更有5000多名，任何商学院都没有培养出这么多优秀的经营管理人才。这就可见，西点军校之所以在世界各地都那么声名远播和备受赞誉，正是因为它一直切实奉行了“没有任何借口”这一最重要的行为准则。

“没有任何借口”何以会产生如此的伟力？这是因为只有摒弃了任何借口，我们才能沉下心来认真审视自己的能力、责任心和努力程度，才能在每一次的挫败中汲取应有的养分，及时发现自己的不足和努力的方向，从而校正自己，完善自己，提升自己。借口是制约我们进步的大敌，是制造失败的根源，若是总找借口，成功就会从我们的手指缝中漏掉，就会从我们的脚底板下溜走，就会与我们永远无缘无份。“没有任何借口”，我们才能自断后路，敢于担当，真正地想干事、真干事、干成事，才能不管做什么事都干得漂漂亮亮的，不仅让人觉得无可指责，同时也使自己感到称心如意。

欲传春消息，不怕雪埋藏

在日常生活中，面对失败，不同的人往往有着截然不同的态度：有的人一遇到失败的打击，就惊恐害怕，垂头丧气，就再也提不起继续奋进的勇气；有的人虽能经受住失败的打击，却不善于总结失败的原因，往往仅凭一腔热血盲目地直撞横冲；有的人不仅不为失败所吓倒，还能认真吸取失败的教训，审时度势，积攒力量，发起一轮又一轮新的冲击。

面对失败的这三种截然不同的态度，必然导致三种迥然有别的结果：第一种人既无勇，亦无智，其结果必然是不堪一击，轻易地就成为失败的俘虏；第二种人虽有勇，却无谋，因此常被碰得鼻青脸肿而鲜有斩获，即便偶有所得也终究难成大器；第三种人既有勇亦有智，所以总能化险为夷，笑到最后，赢得成功的格外垂青。

第一和第二种人均不足取，只有第三种人才是可资我们学习的楷模。因为这一种人深知胜败乃兵家常事，一时的失败虽不可避免，但人生并不是一次定生死的“点球大战”，即使是一球不进，或是漏接一球，也决不会就此而被宣判极刑，只要自己愿意，随时都可以重新开赛，卷土重来。所以，他们能够坦然地直面失败，接纳失败，并从失败中去学习研究，提高自己应对失败的水平，增强自己战胜失败的能力。这样，他们也就不怕时运不济，能始终勇往直前，他们也就不惧天崩地裂，能永远奋力拼搏。

这第三种人不仅敢于直面失败，而且还善于审视失败，从失败中总结经验教训。他们深知，要使失败转变为胜利，一定要找出问题的症结之所在，于是他们就将失败揉碎了看，拆散了看，凭借他们敏锐的目光和睿智的思想，反反复复地进行思索和判断：是没有根据自己的特点选定有效准确的目标，还是目标虽准却没有付出应有的汗水和努力？是没有很好地向同学和老师请教，还是因孤芳自赏，而没有处理好与其他人的合作关系？是条件还不成熟而急于求成，还是机会本已出现而自己并没有能够及时抓住？战胜失败可以有几种途径和方法，而其中又以哪一种最为切实有效？通过这样的一番思索，他们也就掸掉了身上的灰尘，重拾起奋斗的信心，在一个地方吃了闭门羹之后，重又去敲开那另一扇大门。

由此可见，失败并不可怕，可怕的只是不能直面失败，不善审视失败，不与失败作持续不断的斗争。如果失败了三次五次便止步不前，那就永远只能是失败者；如果失败了十次百次便弃之不顾，那也同样只能是失败者；只有勇于作 101 次、1001 次甚至 10001 次努力的人，方能成为真正的成功者。“欲传春消息，不怕雪埋藏”，我们一定要在心中永远埋藏着一颗勇敢不屈的种子——它总是想着要怎样才能突破压在头上的层层厚土，它从来都不抱怨成长过程中碰到的石头和沙砾，它总是不断地把自己柔嫩的茎尖一点一点向上顶出，绕过石头，冲破沙砾，勇敢不屈地露出地面，长出枝叶，并最终开出鲜艳的花朵，结出丰硕的果实。

失败的染色体上也蕴含成功的基因

每当重大考试挂红灯，学科竞赛铩羽归，体育比赛遭淘汰，中考或高考名落孙山后，不少青少年同学便会像霜打的茄子似的，全蔫了，说什么也抬不起头。

不错，在前行的路途上，失败固然会给我们以打击，给我们以痛苦，但失败其实也可以促我们深思，助我们奋起，使我们反败为胜，出现新的转机。所以，失败实际上并不像有些人想象的那么可怕。

看一看下面这则一位将军与一只普普通通的蚂蚁的故事，或许更可以坚定我们与失败作斗争的信心：

一次，一位将军所统率的军队被敌人打得溃不成军，他被迫躺进一个废弃不用的马槽里躲避敌人的搜捕。躺下后他抬眼一看，只见一只蚂蚁正努力地扛着一粒比它的体重重不知多少倍的玉米，试图爬上一堵垂直的“墙”。第一次，玉米被它稍稍顶起，但很快又掉了下来。蚂蚁似乎连一丝犹豫也没有，接着就开始了再次的努力。二次，三次，四次……将军默默地数到了第 69 次，每次玉米粒都被蚂蚁顶上去，最后又都掉了下来。看着，看着，将军禁不住喃喃自语道：“这倒霉的家伙，看来他的命运比我也好不了多少!”可就在这时，奇迹出现了，蚂蚁在作第 70 次尝试的时候，终于把那玉米推过了“墙头”。将军一下子被感动了，他终于从这只蚂蚁身上找回了失落的信心。后来，他果然重振军队，把敌人打得落花流水，他所建立的帝国的版图从黑海之滨一直伸展到恒河。这位将军不是别人，就是 14 世纪的蒙古皇帝莫卧儿。

这个故事对我们可以说有着双重的教育意义：一是它告诉我们失败的确并不可怕，只要我们不被它的气势汹汹所吓倒，只要我们能充分发掘自己的潜能，那就没有翻不过的火焰山，没有越不过的通天河，那就总有一天能变失败为胜利。二是如果你在失败面前曾经失意过，灰心过，那也并不是什么见不得人的奇耻大辱，你瞧，不是连蒙古皇帝莫卧儿也都曾在失败面前失去过直面的勇气么？跌倒了没什么，失败了从头再来，只要我们也能像莫卧儿那样猛然惊醒，重新振作，那我们也就同样可以在挫折中不丧失信心，在失败中更增添勇气，从而让失败乖乖地俯首称臣。所以，不管遇到了怎样的失败，在我们的心中，都应该永远埋藏着一颗勇敢不屈的种子，一刻不停地使劲往外突，倾尽全力地顽强向上冲，以使这种子尽早地生根发芽，抽枝长叶，并最终向世人呈现那艳丽的花朵和硕大的果实。

杜牧有诗云："胜败兵家事不期，包羞忍耻是男儿。江东子弟多才俊，卷土重来未可知。"其实，失败的染色体上也蕴含成功的基因，所以即便我们当真连连受挫，迭遇失败，我们也必须在静默中沉淀思想，在坚毅中振作精神，力求通过勇毅不屈的奋斗，尽快变失败的痛苦为胜利的欢乐。"心若在梦就在……看成败人生豪迈，只不过是从头再来……"《心若在梦就在》这首歌实在是太好了，就让我们永远高唱着它豪迈地勇往直前吧！

超越失败，攀登“希望的绝顶”

向往成功，并期望成功的早日降临，这可以说是所有青少年同学拥有的共同心愿。正因为此，也就几乎每一个青少年同学都十分想探知获取成功的奥秘。那么，获取成功究竟有没有奥秘呢？英国著名科学家达尔文为此给出了这样一个答案：“我坚持奋战五十五年，致力于科学的发展。用一个词可以道出我艰辛的工作特点，这个词就是失败。”这虽然是达尔文的夫子自道，但它同时也道出了所有成功者获得成功的共同奥秘。

在人生的道路上，失败可以说是不可避免的。而面对失败，不同的人往往有截然不同的态度，从而也就导致迥然有别的结果：有的人一遇失败的打击，就垂头丧气，一蹶不振，等待他的自然是永远的失败；有的人虽能经受住失败的打击，却不善于总结失败的教训，依然仅凭一腔热血奋力厮杀，其结果大多被碰得鼻青脸肿而鲜有斩获；有的人在失败面前不畏不惧，敢斗善斗，不仅勇气十足，而且才情洋溢，总能一次又一次地探寻新的通路，一轮又一轮地发起新的进击，因此也就总能笑到最后，赢得成功的格外垂青。

爱迪生就是那敢斗善斗失败的智勇双全之人。在试制电瓶的过程中，他接连受挫，迭遭失败，然而他却说：“我没有失败，现在我知道了五万种不成功的方法。”他不被失败所压倒，屡败而屡战，这就是勇；他对五万种不成功的方法认真加以研究和总结，并由此找到突出重围的途径，这就是智。而正是凭借着这样令人艳羡的勇气和智慧，他最后终于架起了通往成功的飞虹。

一帆风顺，马到成功，这无疑是大家最希望得到的结果，因为人生是那样的短暂，谁都希望尽快地步入成功的殿堂，而不愿意老是碰壁，迭遭失败，丢失许多宝贵的时光。然而，人生之路毕竟不是平坦的柏油马路，我们也毕竟是人而不是神，又怎么可能一切都顺顺当当，事事都如愿以偿呢？所谓的一帆风顺，所谓的马到成功，其实都不过是一种美好的愿望，一种必要的自我激励而已。所以，对前路的曲折崎岖，我们必须有清醒的认识，对将遇的挫折和失败，我们定当有足够的准备。这样，一旦挫折和失败当真降临了，我们才能沉着冷静，从容应对，以自己全部的勇气和才智去战而胜之。

美国著名聋盲女作家、教育家海伦·凯勒说过："我碰到了不可胜数的障碍，跌倒了，然而我一次次坚强地爬起来，迈步上去。每前进一步，我的勇气就增加一分。每爬得高一点，我的眼界就开阔一些。次次奋斗的结果都是一个胜利，而沿着这胜利连接起来的云梯，我就一定能达到那光辉的云端、碧天的深处——我希望的绝顶。"我们身逢盛世，体魄强健，与既聋又盲的海伦·凯勒相比，实在有太多的优势，相信只要有勇有谋，敢拼善搏，义无反顾，不懈奋斗，我们就必将能像海伦·凯勒那样，战胜挫折，超越失败，攀登那"希望的绝顶"，使一个个美梦都变为光辉的现实。

学会让自己在逆境中沸腾

有位初三学生，脑子相当聪明，学习也特别刻苦，成绩一直很不错，大家都觉得他是块考重点中学的料，他自己对此也充满了信心。谁知临考时，他患上了重感冒，高烧不退，因此也就影响了水平的发挥，没有能如愿考上他梦寐以求的重点中学。这一来给他的打击可真是不小，从此他也就心灰意冷，不管干什么都提不起精神来。为了帮助他，老师和家长都给他讲了不少道理，可都不见什么明显的效果。为了使他能从逆境中振奋起来，我便给他讲了下面这个塞万提斯的故事：

塞万提斯出生于西班牙一个贫困之家，父亲是一个铁匠。因为生活贫困，他和他的 7 个兄弟姊妹一直跟随父亲过着颠沛流离的生活，由于居无定所，所以他只受过中学教育。到了 23 岁，他去到意大利，参加了西班牙驻意大利的军队，在激烈的战斗中，他负了 3 处重伤，以至于被截去了左手。退伍回国后，他虽历任军需官、税吏等公职，但不仅一事无成，反而还蒙冤下狱。负债累累，命途多舛，他觉得实在过不下去了，于是便想到了自杀。铁匠父亲知道后，并没有劝慰儿子，只是把一块烧得通红的铁块放在铁砧上狠狠地锤了几下，随手丢入身边的冰水中。“哧”的一声，水沸腾了，缕缕白气向空中飘散……父亲说：“你看，水是冷的，铁是热的，热铁遇到冷水，如果不想被冰水冷却，就得让水沸腾。现实生活中不如意者十之八九，有人哀叹，有人释怀；有人不平，有人坦然；有人等待，有人寻觅；有人颓废，有人沸腾……孩子啊，你要学会让自己在逆境中沸腾!”父亲的这一番话语，犹如一声春雷，使他猛然警醒，懂得了做人当如一块烧得通红的铁块，让自己沸腾，也让周遭的冰水沸腾，这才是真正的人生价值之所在。道理一明，浑身来劲，他一下子就像换了个人似的，当真沸腾了起来。考虑到自己有着丰富人生阅历的优势，他毅然选择了文学事业，决意著书立说，开辟出一条属于自己的人生之路来。他的努力没有白费，后来他果然获得了巨大成功，他所著的《唐·吉诃德》风靡世界长达400余年，成为世界文学史上最卓越的文学作品之一。

你还别说，我讲的这则故事还真是管用，那位同学听完后先是低沉着自己的脑袋，脸上露出一丝羞赧的神色，随后便慢慢地抬起头来，眼睛里透射出一股坚毅自信的目光。响鼓不用重槌敲，我知道此时此刻，对于这位悟性极高的同学来说，一切都已尽在不言之中，完全没有必要再多说什么了，于是我只是深情地跟他紧紧地握了握手，便结束了跟他的这次谈话。

此后，听这位同学的父母和老师说，从那以后，这位同学当真发生了很大的变化，蓬勃的朝气和奋发的精神都又重新回到了他的身上。后来，我在学校里又一次见到了他，他飞快地迎上前来，热情而兴奋地对我说："老师，你上次给我讲的那个故事实在是太精彩了，特别是'学会在逆境中让自己沸腾'的那句话，将永远铭刻在我的心上，成为推拥我不断奋进的巨大动力!"说着，他笑了，我也笑了，周围那些知情的同学的脸上，也全都露出了甜甜的笑容。

愈受磨砺，愈显美丽

在日常生活中，有些人总是一遇困难和挫折就眉头紧锁，连连啧嘴，打不起一点精神来。其实，困难和挫折远非这些人所想象的那么可怕，只要我们摆正心态，正确面对，得当处置，它们非但不会给我们带来什么危害，反会给我们带来莫大的好处。

1915年，万国博览会在巴拿马举行，我国的茅台酒厂也派代表前往参加。我国的茅台酒虽然摆放在较为显著的位置，但因为它来自贫穷的中国，且又是简陋无比的泥罐包装，所以一点也不能吸引人们的眼球，根本就无人前来问津。眼看博览会很快就要结束，可参展的茅台酒几乎还没有动一动，更别说有人订购了。形势严峻，总不能无功而返，两手空空回去交差吧？我国的参展代表一个个火烧眉毛，心急如焚，不得不煞费苦心地动起脑子来。情急之下，一个代表终于眉头一皱，计上心来，只见他拎着几瓶酒，特意在人群最稠密的地方佯装滑倒，一时间只听得乒乓作响，只见那罐碎酒溢，飘出一阵阵袭人的奇香，弥漫在整个博览会的上空，一下子就引来了众多的参赛评委和参观者，他们纷纷向我国的代表要酒。结果，茅台酒终于以它超群出众的品质一举夺得了金奖，且与英国的“威士忌”和法国的“白兰地”一起，被并称为世界三大名酒。这件事情，可正应了“绝处逢生”这句古话。它充分说明了，困境虽然会给我们带来一定的危难，但同时也隐藏着巨大的机会，而正是这困境里面隐藏的机会，能促使人们想空头发丝，脑子急转弯，迸发出耀眼的思想火花，变得格外的聪明起来。“上帝给予人一分困难时，同时也添加给人一分智力。”著名作家雨果的这句话，确实是道出了此中的真谛。

现实生活中的许多事实也都告诉我们，当生活的重担压得我们喘不过气来，当困难和挫折堵住了四面八方的通道时，我们往往反倒更能发挥自己的种种潜能，奋力杀出重围，开辟出一条连自己都意想不到的活路来。这也就是说，困难和挫折绝不是不可逾越的障碍，反倒是砥砺人的最好的磨石，只有有了它，才能使人们更加坚毅不屈，愈发聪慧过人。钻石愈硬，则它的光彩愈发眩目，而要使其光彩得到充分的显现，就一定要经过反复的磨砺；磨砺愈多，才愈能使钻石显现出它全部的美丽。玫瑰经受压榨，才更芳香四溢；宝石经受琢磨，才更玲珑剔透；生命经受锤打，才能拥有足够的硬度；青春经受严冬，才能享受春天的翠绿。蚕褪四茧，蛇必脱皮，我们每一个人都必须在经受了种种挫折和失败的磨砺之后，美好的未来才会愈来愈清晰，前行的脚步才会愈来愈稳健，目标的达成才会愈来愈有望。这同样如雨果所说的那样：“痛苦能够孕育灵魂和精神的力量，灾难是傲骨的乳娘，祸患则是豪杰的乳汁。”

森林中的树木，不经历同暴风骤雨的千百回搏击，树干就不会长得十分结实。世上的每一个人，不遭遇同挫折和失败的反复较量，人格就不会真正走向成熟。所以，每当挫折和失败一旦当真降临了，我们就绝不能畏难退缩，望而却步，而应该从容镇定，坦然面对，很好运用“正视、不屈、沉着、奋进”这生活的八字真诀，勇敢地向挫折和失败发起勇猛的挑战，以最终夺取那理应属于我们的胜利。

跌下去是耻辱，站起来是尊严

人生的道路绝非一马平川，绝非坦荡如砥，在前行的过程中总会遇到许多的坑坑洼洼，无数的坎坎坷坷，只要稍有不慎，偶有疏忽，摔跤跌倒的事就随时可能发生，根本不足为奇。

摔了跤怎么应对？跌倒了如何处置？这对每一个人来说，应该都是一个不小的考验。一般来说，摔跤和跌倒之后，通常有这么几种不同的态度：一是只感到伤得厉害，疼痛难熬，也就顾不得什么面子夹里，只是趴在地上涕泪直流，而把怎么处理伤口，怎么爬起来继续前行的事，统统都丢到了脑后；二是认为这是挺丢人现眼的事，因此也就顾不得伤情有多么严重，伤口该如何处理，就急匆匆躲避到一个隐蔽的角落，独自个伤心叹息，唯恐被他人见到了投来耻笑的目光；三是先赶紧从跌倒的地方爬起来，妥善地清洗和包扎自己的伤口，然后认真分析自己的跌倒到底是由于什么原因，并细细地思考今后的道路究竟该怎么走。

第一种人的做法显然是错误的，因为这是一种懦夫的表现。眼泪不能博取同情，也无法赢得帮助，相反只会使你完全失去做人所应有的尊严，更为他人所鄙夷不屑。同时，如果你不马上爬起来，只是趴在地上哭泣流泪，那就说明你已完全丧失了继续前进的意志和勇气，那就意味着你很可能将成为一个地道的失败者。

第二种人的做法也同样不可取，因为这是一种死要面子者的作为。人性是看上不看下、扶正不扶歪的，一旦你跌倒了，如果你本来就不怎么样，那么别人就会因此而更加看轻你，如果你原本已比较优秀，那么你的跌倒将成为那些心怀妒意的人眼中的“好戏”。然而，不管是那不屑一顾的眼神，抑或是那幸灾乐祸的目光，你都必须去直面它，去正视它，去勇敢地接受它，这才能从根本上做到不让他人小看，也不让他人笑看。如果你为躲避他人的轻蔑或嘲笑，就采用鸵鸟的策略来应对，那正说明你心灵的脆弱，你在思想上也就永远过不了那道坎，也就永远不可能真正地成长和成熟起来。所以，摔跤和跌倒以后，既不能躲躲藏藏，也不能遮遮掩掩，而一定要勇敢地坦然去面对。只有这样，你才能真正不让人看轻，真正保住你应有的尊严。

第三种人的做法才是值得我们提倡的，因为这是一种勇者和智者的担当。说他们是勇者，是因为他们对自己的摔跤和跌倒不藏不掖，完全不怕被他人得知，他们的身子虽然跌倒了，但他们的心没有被摔碎，他们依然保持着心灵深层的平静，依然在思考着怎么收拾眼前的局面。说他们是智者，是因为他们深深地懂得，一个人要成就某种事业，思想和意志的作用至为重要。正确的思想和坚强的意志可以改变一切，而跌倒之后即忍痛爬起，认真地分析跌倒的原因，精细地思虑今后的对策，就正是对自己思想和意志的最好磨炼。有了正确的思想和如钢的意志，便再也不怕下次还会跌倒了。这就正如法国哲学家帕斯卡所说："人的一切尊严就在于思想。我们如果跌倒后想再爬起，就要从这思想爬起，而不是从我们所无法填塞的空间和时间爬起。""人只不过是一根苇草，是自然界最脆弱的东西；但他是一根能思想的苇草…… 纵使宇宙毁灭了他，人却仍然要比致他死命的东西更高贵得多…… 我们全部的尊严就在于思想……"

跌下去是耻辱，站起来是尊严。如果不用你自己的脚掌去试一试，你就很难知道什么是真正的尊严。其实尊严并不一定是始终笔直地站着，它也可以是跌倒受伤后的再次屹立。对于这一点，如果不是自己有着亲身的经历，那就很难有特别深刻的洞悉。跌倒以后的反省和思考，就像一块粗砺的抹布，往往能使擦拭的对象越加清晰亮堂，从而使我们得到前所未有的巨大收获。

大胆仰望高空，不怕跌进坑里

德国著名哲学家黑格尔曾对人讲过这么一件事：古希腊的哲学家泰利士抬头观望星辰时，一不小心掉进了一个坑里，于是便有人嘲笑他，说他虽然认识天上发生的事情，却看不见自己脚下的东西。可黑格尔对那些嘲笑者所说的话却大不以为然，他颇富哲理地回驳说：只有那些永远躺在坑里，从不仰望高空的人，才不会掉进坑里。

黑格尔的回驳真让人觉得痛快淋漓，特别过瘾。我们可以毫不夸大地说，古往今来，凡是在事业上有所成就的人，都是那些时时仰望天空而不免掉进坑里的求索者，而绝不是那些整日躺在坑里，却还要对他人所遇的挫折说三道四的庸俗小人。

英国科学家法拉第从事转磁为电的实验，费时十年之久，其间经历的挫折和遭受的失败简直是难以数计，但他没有被这些挫折和失败所压倒，而是跌了爬，爬了跌，跌了再爬，始终进行着持恒不懈的不屈努力。结果呢，他终于迎来了最后的成功。《病原学》的作者塞麦尔维斯的顽强精神，那就更是令人感动振奋。他在一而再、再而三地“掉进坑里”以后，依然不忘“仰望高空”，始终坚信自己主张的真理总有一天要昭彰于世。他在为自己的《病原学》所作的引言中，就曾写下了这样一段话：“回顾以往，我只能期待有一天终于消灭这种细菌感染，用这样的欢快来驱散我身上的哀伤。但是，如果天不从愿，我不能亲睹这一幸福的时刻，那么，让坚信这一天迟早会到来的信念做我临终的安慰吧。”试想，读了这样的话语，有谁能不顿觉心潮涌动，有谁能不对他这种不畏“跌进坑里”的精神而肃然起敬呢？

既然要“仰望高空”，“掉进坑里”的事情也就几乎是不可避免的。而这对我们来说，其实并不是什么坏事，而反倒是件好事，这是因为“伟大的尝试，即使失败了，也是壮美的”（美式足球教练文森特·隆巴迪语），这是因为“人生最大的光荣，不在于从不失败，而在于能屡仆屡起”（英国作家哥尔德斯密斯语），这是因为“困难与折磨对于人来说，是一把打向坯料的锤，打掉的应是脆弱的铁屑，锻成的将是锋利的钢刀”（俄罗斯著名作家契诃夫语）。所以，每当遇有这样的情况时，我们一定要坚忍不拔，跌倒了再爬起来，继续向前，以便在满目荆棘的路途上，开拓出一片崭新的天地来。

法国著名作家雨果曾经说过：“对于那些有自信而不介意于暂时失败的人，没有所谓失败！对怀着百折不挠的坚定意志的人，没有所谓失败！对别人放手而他仍然坚忍、别人后退而他仍然前冲的人，没有所谓失败！对每次跌倒而立刻站起来、每次坠地反会像皮球一样跳得更高的人，没有所谓失败！”既然如此，为了能有所发现，有所创造，就让我们更大胆地去“仰望天空”吧，而绝不要为那“跌进坑里”的事儿而犯愁，更不要为一些人说三道四的讥嘲而伤了我们的好胃口，好心情。

学做武松，不做洪太尉

小说《水浒传》里有个洪太尉，虽然位高权重，却是一个谈虎色变、见虎便倒的人物。他走进龙虎山，遇到一阵风，听得一声吼，刚刚看到一点虎影，便叫声“啊呀”，扑地往后便倒，直吓得三十六颗牙齿，捉对儿厮打，那心头似十五只吊桶，七上八落地响，浑身却如中风麻木，两腿一似斗败公鸡，口里连声叫苦。其形相之狼狈，实令人感到可笑可鄙。

而同一部书里的武松，则与洪太尉迥然不同。在回家途中，武松起先压根儿就不信景阳冈上有虎，所以不听店家的劝说，一口气喝了十八碗酒，并仗着一身本领，几分酒力，大步向景阳冈走去。待到见了印信榜文，武松方知端的有虎，于是便有了折返回去的念头，但他又不愿因此而丢了面子，所以还是抱着“怕甚么鸟！且只顾上去看怎地”的想法，继续奔景阳冈而去。在大石上刚一躺下，一阵风过，大虫当真出现，武松被那一惊，酒都作冷汗出了。大虫一扑一掀一剪，来势极为凶猛，可武松腾挪躲闪，一一灵巧化解。眼见大虫的“三斧头”已过，武松便双手抡起梢棒，竭尽平生之力从半空劈将下去，谁知匆忙间竟然偏偏打在了枯树上，把那梢棒折做了两截。强敌当前，武器没了，手无寸铁，情势万分危急，可武松并没有因此而惊惶失措，而是抖擞起英勇的精神，施展出浑身的本领，赤手空拳与那大虫展开了殊死的搏斗。最后，武松硬是用他那铁锤般的拳头，将那大虫活活地打死在地，成为了妇孺皆知、有口皆碑的打虎英雄。

武松最终是将老虎打死了，可他毕竟是肉胎凡身，而非上界神仙，所以在初遇老虎之时，他也曾有过惊，也曾有过慌。如若不惊，他何以会“酒都作冷汗出了”？如若不慌，凭他那说打鼻子不打眼睛的本领，又怎么可能偏偏将哨棒打在了枯树之上？然而，武松的可贵之处就在于，他并没有一味地惊下去，更没有一味地慌下去，而是在短暂的惊慌之后，便以冷静的头脑，足够的自信，将惊恐化为勇气，将慌乱化为力量，使出自己的浑身解数，全身心地投入到了与老虎的殊死搏斗之中。正因为这样，最后他终于变不利为有利，变被动为主动，打了一场赤手空拳置老虎于死地的漂亮大胜仗。武松是人而不是神，武松是人却又近似神，所以武松既让我们感到可信可亲，又令我们感到可爱可敬。

在学习求知的路途中，我们也会遇到各式各样或大或小的“拦路虎”，譬如有些问题百思而不得其解，有些题目几经周折做成之后还是吃了大撇杠，有些功课考试下来挂了个红灯笼，又譬如中考铩羽而归，高考榜上无名，等等。遇到了这些“拦路虎”，究竟怎么办？答案只有一个，那就是：学做武松与虎斗，不做洪太尉腿筛糠。这是因为只有学做武松，才能击溃一个个“拦路虎”，成为学习路上的真正勇士；若是步洪太尉的后尘，那就会被“拦路虎”吓破了胆儿，成为学习路上的可耻逃兵。

成功的三个秘诀

做任何事情，几乎是没有一件能够一次就获取成功的，即便是美好的一见钟情，也要在绽放了九百九十九朵玫瑰之后，才能换得真情的轻飞曼舞。芸芸众生，世事纷繁，然而人生的历程却又大致是一样的：跌倒了，爬起来；爬起来，再跌倒；再跌倒，再爬起来……循环往复，以至无穷。不过，成功者和失败者却有着一个明显的区别：成功者跌倒的次数比爬起来的次数要少一次，失败者跌倒的次数比爬起来的次数要多一次；最后一次能爬起来的人即为成功者，最后一次爬不起来的人即为失败者。

著名成功学专家拿破仑·希尔在研究了美国最成功的500个名人的生平后发现，这些人之所以获得巨大的成功，是因为他们有着一个共通的因素——那就是坚韧和执著。这些人即使是屡遭挫折或失败，都依旧痴心不改，不懈奋斗，不获成功，誓不罢休。由此，拿破仑·希尔得出了这样一个结论：只有克服不可思议的障碍，战胜巨大失望的人，才能获得巨大的成功。他的这一研究很好地印证了著名作家爱默生所说的那句话："伟大、高贵人物最明显的标志，就是他坚韧的意志，不管环境如何恶劣，他的初衷与希望都不会有丝毫的改变，并能最终克服阻力达到所企望的目的。"

以上的道理看起来并不十分难懂，可在学习或工作的过程中，为什么又总有许多人不能很好地将它付诸实践呢？这除了理论和实践之间通常都有一定的距离这一因素之外，更由于要取得学习或事业的成功，人们总是要遇到许多的困难，要超越无数的障碍，其难度实在是太大太大了，不少人意志脆弱，经受不住那些困难和障碍的考验，自然也就只能偃旗息鼓，半途而废了。

而那些坚韧不拔者就完全不同，他们能够逆流而上，顶风而行，让生命的火焰不断地熊熊燃烧，以顽强的意志永远作坚持不懈的努力。这样，即便他不是一个智力超群的人，他也能闪闪发光，价值非凡；倘若他是其中的佼佼者，那就可以征服世界上任何一座高峰，成为世人所瞩目的豪杰英雄。

写到这里，我的耳际不禁回响起那依凭顽强不屈精神发现新大陆的哥伦布的宏亮声音：“坚韧之心，是成功的根基。”我的眼前不禁浮现出英国著名政治家、外交家、文学家丘吉尔（丘吉尔不仅曾担任英国首相，而且还曾获得诺贝尔文学奖）的身影，并想起他在牛津大学所作的一次最短的，也是最精彩的演讲：“我的成功的秘诀有三个：第一是，决不放弃；第二是，决不，决不能放弃；第三是，决不，决不，决不能放弃！我的讲演结束了。”决不放弃的坚韧之心，是最亮丽的人格光辉，是导向成功的“临门一脚”，我们只要拥有了它，就一定能拥有最后的成功。

忘记过去，努力面前

人生之旅，决不是一马平川的坦途，行进路上颠颠簸簸，磕磕绊绊，遇上些不顺心的麻烦，遭到些伤脑筋的挫折，这本是平常而又平常的事，根本就不值得大惊小怪。可有一些人却并不这样想，只要一遇上不顺心或伤脑筋的事，他们就会认为自己是世界上最倒霉的人，于是就怨天尤人，满腹不平之气。他们压根儿就不知道，他们所遇到的那些倒霉事，跟人家所遇到的相比，不过是小巫见大巫，简直就不值一提。

再说，牢骚过甚，怨气十足，不仅对问题的解决毫无帮助，反会给我们带来很多的害处：一是过多的埋怨只会浪费时间，徒耗精力。命运是不容谈判的，也是不会妥协的，既然米已成饭，木已成舟，既成的事实也就绝不会因为你的埋怨而重新更改，因此你的埋怨也就不可能起丝毫的作用，而只能是白白的浪费时间，徒耗精力而已。二是过多的埋怨只会使你有损形象，丧失声誉。满腹怨气，不吐不快，你说话时就势必用语欠斟酌，行动时就一定举措少得当，而且往往会因为过分的冲动而显得缺乏教养，缺少修养，其结果也就必然会使你形象受损，声誉大失。三是过多的埋怨会使事情越弄越糟糕。这有两方面的原因：就自身来说，过多的埋怨会使自己越来越悲观，越来越消极，越来越不能采取积极的行动，这样事情也就绝不可能发生丝毫的转机，而只会越来越向不利的方向发展；对他人来说，过多的埋怨就好比那一把邪火，会把他人激怒，在他人的心中播下怨恨的种子，这样也就会将原本良好的人际关系破坏殆尽，最终使一切美好的东西都化为泡影。试想，在这两方面都对自己极为不利的因素的夹击之下，还怎么可能将事情做好呢？

因此，遇上了不顺心的麻烦，遭到了伤脑筋的挫折，我们一定要坦然地承受它，很快地忘掉它，努力去做好以后的事。美国著名诗人惠特曼曾写下这样的诗句："要像树和动物一样，去面对黑暗、暴风雨、饥饿、愚弄、意外和挫折。"这话说得确有道理。试想，有哪一条母牛会因为草地缺水干枯、天气太冷而大为火光呢？而正因为动物都能平静地面对夜晚、暴风雨和饥饿，所以它们从来不会精神崩溃，从来不会发疯。我们人乃是万物之灵长，难道我们在这方面的智慧和能力，反倒不如那些植物和动物么？耶稣的使徒保罗说："忘记背后，努力面前。"牢记这句话，我们就拥有了最有效的疗伤止痛的良方。只要认真地照此而行，我们就等于是在向自己和向世人宣告：我已经把那些苦毒都埋葬了，它再也不能捆绑我的心灵，给我以任何的伤害；在这个缤纷多彩的世界里，我也能跟别人一样，通过顽强不屈的努力，闯出一片永远属于自己的湛蓝的晴空。

泥泞的路才能留下脚印

在这个世界上，几乎所有的人都希望在自己前行的过程中，能够走笔直的路，走平坦的路，能够“长风破浪会有时，直挂云帆济沧海”，畅通无阻地到达自己的目的地。所谓“一帆风顺”，所谓“马到成功”，就正表达了人们的这一种心愿。然而，从客观实际情况来看，这不过是一种远离现实的美好愿望，有时候甚至仅只是一种不切实际的幻想而已。为什么这么说呢？这是因为生活是五彩缤纷色色皆有的，生活是酸甜苦辣味味俱全的，生活中暴露的和潜藏的各种困难，可以说是无处不在，无时不有，世界上根本就没有什么笔直的路，平坦的路，根本就没有什么所谓的“一帆风顺”，所谓的“马到成功”。只有踏平了那些曲折和坎坷，只有战胜了那些困难和挫折，我们才能对世事有更深入的理解，才能对生活有更深刻的感悟，才能对人生的内涵有更透彻的认识，也才能真正地以一步步脚踏实地的努力，去叩开我们所向往的成功的大门。

看一看鉴真大师刚当和尚时的一段经历，或许可以使我们更明白此中的道理。鉴真大师刚刚遁入空门时，寺里的住持让他做了谁都不愿做的行脚僧（又称苦行僧，即无一定居所，或为寻访名师，或为自我修持，或为教化他人，而广游四方的僧人）。鉴真干了一阵，觉得实在太苦了，便想撂挑子不再干。有一天，已经日上三竿了，可他还大睡不起。住持心知其意，叫醒他后，便带着他一起去寺前走走看看。寺前是一座黄土坡，由于刚下过雨，路面泥泞不堪。住持便问鉴真：“你昨天是否在这条路上走过？”鉴真说：“当然。”住持又问：“你能找到自己的脚印吗？”鉴真说：“昨天这路又坦又硬，哪能找到自己的脚印？”住持接着问道：“今天在这路上走一趟，你能找到你的脚印吗？”鉴真说：“那当然能了。”这时，住持便语重心长地对鉴真说道："泥泞的路才能留下脚印，世上芸芸众生莫不如此啊。那些一生碌碌无为的人，不经历风雨，就像一双脚踩在又坦又硬的大路上，什么也没有留下。"鉴真听住持这么一说，心头一震，猛然醒悟。从此以后，他便再不畏难，刻苦修炼，最后终成正果。

鉴真听了住持的话大悟了，我们呢，则也应该从鉴真的经历中受到这样的启迪：在泥泞的路上行走，一滑一塌，一跌一倒，确实是步履维艰，极为困难，然而又唯有经历了这样的磨练，我们才能留下一个又一个扎扎实实的脚印，才能在前行途中书写出我们人生应有的辉煌。每一个人来到这世界之上，绝不应该只想着在那"清风徐来，水波不兴"的环境中，无忧无虑地生活，悠闲自在地品尝前人为我们所创造的一切，而应该勇敢地去迎战风雨，去搏击泥泞，以期在极度艰难困苦的环境中磨砺自己的心志，施展自己的才华，并最终实现自己的梦想。要说人生的意义，应该就在于此。

心中有绿意，满目尽是春

每遇挫折，每遭磨难，有些同学所思所想的，常常不是怎么去迎而战之，如何去战而胜之，而是往往把挫折和磨难看得过于强大，过于沉重，甚至是过于可怕，因此也就成天愁眉不展，唉声叹气，说什么也打不起继续奋进的精神来。其结果呢，自然是愈怕愈是见鬼，愈愁愈发忧伤，愈叹脚愈沉重，慢慢地也就不得不品尝掉队落伍的苦果了。

而其实呢，挫折和磨难并没有这些同学所想象的那么可怕。没有河床的冲刷，便没有钻石的璀璨；没有挫折和磨难的考验，也就没有不屈的人格。每一个人的坚强的生命，都是在挫折和磨难之中成长和壮大起来的。下面的这个小故事，几乎就是为诠释这个道理而写的：

草地上有一个蛹，被一个小孩发现并带回了家。过了几天，蛹上出现了一道小裂缝，里面的蝴蝶挣扎了好长时间，身子似乎被卡住了，一直出不来。天真的孩子看到蛹中的蝴蝶痛苦挣扎的样子十分不忍，于是，他便拿起剪刀把蛹壳剪开，帮助蝴蝶脱蛹出来。然而，由于这只蝴蝶没有经过破蛹前必须经历的痛苦挣扎，以致出壳后身躯臃肿，翅膀干瘪，根本飞不起来，不久就死了。自然，这只蝴蝶的欢乐也就随着它的死亡而永远地消失了。

这个小故事所说的事情似乎小得不值一提，可它所说的道理却至为深刻，它明白透彻地告诉了我们这样一个人生的哲理：如果想得到成功和欢乐，那就必须经受挫折和磨难；谁要是想减少或缩小这种挫折和磨难，那就必将适得其反，不仅成功和欢乐将全部泡汤，而且还很可能导致生命的夭折。难怪巴尔扎克要说："挫折和不幸，是天才的进身之阶，信徒的洗礼之水，能人的无价之宝，弱者的无底深渊。"

生活就好像是一座熔炉，人生就好像是在炼钢，不管什么人，只有经受住了挫折和磨难那熊熊烈焰的熔铸，才有可能由铁炼成钢。有人说《钢铁是怎样炼成的》中的保尔是天生的英雄，而事实却根本不是这样。保尔之所以能成为众人敬仰的英雄，完全是在挫折和磨难的烈焰中锤炼而成的：在战火纷飞的战场，面对着生与死的考验，他勇往直前，没有后退；在疾风暴雪的建设工地，面对常人难以忍受的劳动强度和严重饥寒，他顽强挺立，没有倒下；在双目失明、疾病缠身的情况下，面对书稿丢失、身体每况如下的无情打击，他志坚如钢，没有屈服。正是那一次次的挫折，一个个的磨难，熔尽了他身上的杂质，使他百炼成钢，由一个出身贫苦的少年，成长为一名具有崇高理想、高尚品格和坚强意志的共产主义战士。

柏拉图曾说："决定一个人心情的，不在于环境，而在于心境。"此话言简意赅，精警至极。面对挫折和磨难，若是诚惶诚恐，早早地举起白旗，束手待缚，就将永远为阴影所笼罩；如果不惊不慌，将它作为对手，迎接挑战，就将迎来一片耀眼的光明。

唐僧师徒一路西行，经历了九九八十一难，方才取回了真经。在读书求学的行进路上，遇上一个两个、十个八个挫折和磨难，那又算得了什么呢？请一定记住：倘若胸中藏冰雪，那就放眼皆严冬；只有心中有绿意，方能满目尽是春。

在暴风雨中显现生命的精彩

我国著名作家毕淑敏，35 岁时考上了一所夜大，每天下班后，她都要穿越 5 条街道去读书。一天傍晚，台风突然袭来，暴雨如注，虽然吃不准这样的天气老师还会不会来上课，可她还是穿上了雨衣，撑开了雨伞，双重保险地冲出了屋门。风雨中，伞立刻被劈开，成了几块碎布。雨衣也鼓胀如帆，几乎要将她裹挟到云中去。她只得扔了雨衣，连滚带爬赶到了学校去。谁知看门的老人却对她说，从老师到学生，除了她，没有一个人来！这时，她只感到极端的辛苦全都化为了泡沫，心里有着说不出的委屈和沮丧。老人见她失魂落魄的样子，便对她说："你以后会有大出息！"可她却说："我是一个大傻瓜啊。"老人依然不紧不慢地说："暴风雨是一个筛子，胆子小的，思前想后的，都被它筛了下去，留下了最有胆识和最不怕吃苦的人。"那一瞬间，好似空中忽然打了一个闪电，她的心被一下照得雪亮。也许她不是 3000 名学生当中最聪明的，但这晚的暴风雨，让她知道了，她是 3000 名学生中最有胆识和毅力的人。从那以后，她多了一份自信，更多了一份努力，就这样一步一步勇往直前，终于有了今天不菲的成就。

自然界的暴风雨考验人，锻炼人，而人生道路上的暴风雨，对人就更是一种严竣的考验和艰苦的磨炼。不管是什么样的暴风雨，对于人们来说，都确实有如一只筛子，一直在使劲地筛着，不停地筛着，反复地筛着，将许许多多的"米糠"、"碎米"都毫不留情地筛了下去，而那些粗大结实的"米粒"呢，则愈筛愈往中间聚，愈筛愈往上面拱，成为了最受人垂爱和称道的出类拔萃者。这就可见，暴风雨本身其实并不可怕，每当它袭来的时候，倘若你选择了恐惧，选择了沮丧，选择了退缩，选择了放弃，那么你自然会被暴风雨的筛子无情地筛下去；可如果你选择了勇敢，选择了振作，选择了前进，选择了坚持，那你就一定会“不染尘嚣心似月，饱经风雨志如秋”，满怀着一脸的喜气，美美地去欣赏天边那七色彩虹。

风平浪静的水面，练不出精干的水手，恬淡舒适的生活，同样也不可能培育英勇的战士。暴风雨看似凶猛可怕，但却是锻炼人心志的天然原料，如果我们想要茁壮成长，那就必须接受它一次又一次无情的洗礼。只有这样，我们才有可能获取真正意义上的成功，并使这样的成功充分彰显其应有的价值。沧海横流方显英雄本色，风狂雨暴更能淬砺英才。所以，面对暴风雨，我们决不能做贪图安逸的金丝雀和步人后尘的学舌鸟，而要做那热爱自由、搏击长空的雄鹰和充满欢乐、勇敢搏斗的海鸥。如若不然，暴风雨就会在暗地里嘲笑你，对你更加肆虐，太阳也会瞧不起你，始终不愿来见你。只因胸怀摘星志，放手一搏斗风雨。唯有这样，我们才能像毕淑敏那样，享受生活的意义，活出生命的精彩，并成为永远屹立不倒的强者。

不断绕开上帝设置的障碍

有些青少年同学，由于这样那样的不同原因，学习成绩总不太理想，于是他们就认为自己将来一定成不了材，因此经常灰心失意的，似乎对一切都失去了信心。

其实，学习成绩差并不等于成不了材，两者绝不能轻易划等号。谓予不信，不妨让我们先来看一看一位名叫汤姆·克鲁斯的美国人的成长故事。

汤姆·克鲁斯出身贫寒，年幼时曾随父亲搬了十几次家，由于频繁更换学校，他的成绩非常糟糕。他还是个天生的左撇子，却又不得不用右手写字，因此有时字都会写颠倒。另外他还患有阅读障碍症，不仅学起来非常吃力，而且学过的东西也很难记住。于是，他被转到了专为智力低下孩子开设的“特教班”。为此，他曾一度非常自卑。进了中学，他突然发觉自己爱上了电影，醉心于银幕上演员们投入的表演，并对父母说，自己要在十年内成为一名出色的电影演员。可在家人看来，这不过是他的“戏言”而已。读高中时，他开始尝试演一些戏剧，后来又辍学去了纽约，到了那里他每天以面包充饥，寻找每一个试镜的机会，但导演们认为他皮肤太黑，不够英俊，表演时又热情得过了头，因此都不赏识他。1981 年他来到洛杉矶，在一部电影中试演了一个小角色，但是没有一分片酬。1983 年他出演了四部电影，在其中一部电影中担任主角，可由于故事情节不佳和他表演的稚嫩，该影片非常失败。在一连串的挫折中，他不断反思自身的不足，一步步加以克服和改进。1985 年，他终于在一部描写美国海军飞行员的影片《壮志凌云》中初获成功，成为一批年轻人心目中的偶像。此后，他又相继主演了几部著名影片，成功完成了由“青春偶像”向成熟影星的转型。几年间，他数度问鼎奥斯卡金像奖、美国电影金球奖，成为了好莱坞影视巨星，并被美国《时代周刊》列入“美国伟人”的行列。在汤姆·克鲁斯获得巨大成功之后，他的经纪人瓦格纳曾这样评价说：克鲁斯之所以能从许多迷雾和荆棘中发出光来，是因为他不断绕开上帝设置的障碍，并不断改变自己。

汤姆·克鲁斯的成长经历告诉我们，一些人之所以能成为著名的成功人士，并不是因为他们原本就是什么长有三头六臂的天才人物，而是由于他们不信命，不服输，不听命于上帝的安排，孜孜以求地去寻找适合自身特点的发展方向，并不屈不挠地绕开了各种各样的障碍，战胜了一次又一次的失败，这才使他们潜藏的才能最终放射出了耀眼的光华。

尺有所短，寸有所长。同样，每一个人也都是既有其所短，亦有其所长的，无所不能的全才在这个世界上可以说并不存在。对于一个青少年同学来说，学习成绩固然是一个重要的方面，但它并不能说明一切，更不能代表一切，如果仅仅以此为标准来断言一个人将来到底有没有出息，那实在是一个极大的认识误区。所以，一个人即便学习成绩不怎么好，也完全不必长吁短叹，自己先给自己的未来宣判“死刑”，而是应该冲破世俗观念和习惯势力的迷雾，充满自信地放出慧眼，努力去发现自己的长处，百折不回地披荆斩棘，不断去强化自己的长处，以使自己东方不亮西方亮，在自己所特别擅长的领域里做出他人所难以企及的成绩来。

不断绕开上帝设置的障碍，认准适合自己发展的方向义无反顾地勇往直前，我们就总有一天会在历经“山重水复疑无路”的窘境之后，发现那“柳暗花明又一村”的美妙处所。

好好学学西齐弗

古希腊神话中有这样一个故事：西齐弗因为在天庭犯了法，被大神降到人间，罚他将一块石头推上山去。于是，西齐弗便开始了推石头的苦役。每天，他费了好大的劲才把那块石头推到山顶，可他一回到家，那块石头便又自动滚落下来。这样，西齐弗第二天又得把那块石头重新推上山顶，可他返回家后，那块石头却又自动滚了下来。如此一来，西齐弗所面临的就是永无止境的失败。而大神就正是要让西齐弗在这“永无止境的失败”中，受苦受难。然而，西齐弗并不肯乖乖地认命，他总是平静地不时安慰自己：明天还有石头可推，明天还不失业，明天还有希望。西齐弗顽强不屈的努力终于没有白费，大神眼见对他的惩罚无法收到预期的效果，不得不重新将他收回天庭。

每天都遇到失败，都遭受磨难，其痛苦可想而知，可西齐弗始终精神不垮，一直奋斗不止，结果他终于使自己由一个失败者变成了一个胜利者。西齐弗可真是个好样的！

我们在学习和生活中无疑也会遇到失败，但这样的失败与西齐弗遇到的失败相比，仅不过是小巫见大巫而已。首先，我们所遇到的失败并不是大神故意给我们的惩罚，而只是由于我们自己的错失或是能力不够造成的，只要我们改正了自己的错失，提高了自己的能力，失败就完全可以离我们而去。其次，我们虽会遇到失败，但那失败绝不是周而复始，天天都会遇到的，我们并不会时时都处于失败的痛苦之中。这也就是说，我们虽然也会遇到失败，但其强度和密度，都是远远不能与西齐弗所遇到的失败相提并论的。情况既然是这样，一旦遇到了失败，我们也就完全不必唉声叹气，更加不能一蹶不振，而应该好好学学西齐弗，把失败视作为对自己

意志的一种考验，视作为对自己精神的一种磨砺，然后微笑着去接受它，勇敢地去迎战它，并在接受和迎战它的过程中，逐渐地减少自己的错失，不断地增强自己的能力，以便最终冲破失败的牢笼，一步步抵达成功的彼岸。

失败其实不足为奇，因为世上没有人一生从不失败。失败固然会给我们带来焦虑和苦楚，但它同时也为我们提供了一个更明智地重新开始的机会。失败固然令人生厌，但有时正是失败后的那种锥心泣血的苦痛，才更让人深省，更催人奋进，更促使人们顿生一种化失败为胜利的强大动力。这就正如威廉·A·沃德所说的那样："失败应当成为我们的老师，而不是掘墓人。失败是短时耽误，而不是一败涂地……失败是暂时走了弯路，而不是走进死胡同。"所以，不管在什么情况下，我们都不能空耗时间及精力去回避失败，而要凝聚我们所有的力量和智慧，去应对失败，去反败为胜。失败往往会成为一个人的分水岭，它既可以成就一个人，也可以毁掉一个人。综观世上众多的失败者，他们之所以失败，并不是因为外界的力量太过强大，无法抗御，而是由于他们自己的心灵过于脆弱，不堪一击。所以，当失败降临到我们的头上时，我们一定要像西齐弗那样，以一颗强大有力的心脏，去坦然面对失败，去勇敢战胜失败。

人生是苦甜相伴的旅程

一场好雨过后，丁香会在一夜之间开得满树锦绣。微风轻轻吹来，丁香的香味漫溢开来，只要一丁点儿，便能给午后炽热的城市平添难以诉说的清新与舒畅。它们努力地灿烂着，花枝恣意地伸展着，一缕缕香味缠绕、环抱着我们整个的身心，让我们像是浸润在音乐里，或是沐浴在飞泉下，只觉得分外的心旷神怡，快乐无比。丁香花是如此的芳香，可丁香的叶子给我们的感觉却完全不同，它的那种苦涩几乎可以使我们的味觉麻木。花儿极香，树叶极苦，两种极端就这样有机地联系在一起，这实在不能不说是大自然的一大杰作。

其实，不仅丁香是这样，苦菊也同样是如此。苦菊的根是苦的，叶是苦的，而开出的花却也是香的。苦菊茶也有一种浓浓的苦味，可在那苦的后面，却又蕴含着淡淡的香和淡淡的甜。而哈密瓜的种植和生长，就显得更有意思：哈密瓜比蜜还要甜，苦巴豆是比较苦的难吃的中药，然而，种瓜的老人告诉我们，哈密瓜在下秧前，先要在地底下埋上半两苦巴豆，瓜秧才能茁壮成长，结出蜜一样甜的果实来。

综上可见，苦涩和香甜虽然看起来是相互对立的，而其实又是密切相关，紧密联系的，往往是先苦后香，苦中有香，无苦不香，甚至是只有最苦的树，才能开出最香的花，只有最苦的藤，才能结出最甜的果。所以，我们在享受和赞美一些植物和瓜果的奇香或鲜甜时，可千万别轻忽乃至拒绝它们叶和藤的苦，因为如果没有那叶和藤的苦，我们也就压根儿享受不到它们的香甜给我们带来的乐。

人生的遭遇其实跟植物也颇为相似，我们每一个人所渴望的香甜，也同样都是植根于苦中，伴随着苦延伸过来的，总是苦里包蕴着香甜，香甜里饱含着苦涩，只有待到苦涩尽头时，才能真正享受那醉人的香甜。无怪有人要这样说：对一条河流而言，“没有岩石的阻挡，哪能激起美丽的浪花”；对于人生之河而言，“没有经历过痛苦的煎熬，哪能唤起美丽的快乐之花”。

“不经一番冰霜苦，哪得梅花放清香。”一般来说，在那香甜的背后，总有一个苦涩的开端，只有拥有一种执著坚定的信念，拥有一种永不放弃的精神，那苦涩的开端才会逐渐发生演变，扩展为人们所企盼的香甜。宋代苏轼两兄弟应试期间，每天的食谱便是：一碗米饭，一碟萝卜，一小撮盐。旁人见了很是不解，说是如此殷实的官宦人家，何故这样节俭？可苏轼和苏辙却始终牢记“自古磨难出英雄，从来纨绔少伟男”的明训，甘愿吃苦，乐于吃苦，这才赢来了最后的苦尽甘来，这才享受到了学富五车、名满天下的无比香甜。

西方有句话说得好：“上帝爱你，才叫你吃苦。”所以，面对那接踵而来的苦，请不要把它当作生命的无奈，而要把它当作我们美丽生活的一部分。苦是人生百味中至为重要的一个角色，老天爷在给我们一份大礼前，总是会先给予我们许多的苦，以给我们反复的磨砺和严峻的考验，让我们有能力去承载那份成功的香甜。对于苦，人们似乎有一种本能的排斥，其实呢，苦为我们提供了洞察世界的一个极佳窗口，一旦处于苦境之中，我们的目光就会更犀利，看事就会更明白，思想就会更深沉，心志就会更镇静，这样我们也就能以更宏阔的视野，更深刻的见地，更透彻地去感悟人生的真谛。

“身经多难情愈好，未觉人间古道沦”，生活是苦涩和香甜组成的一串念珠，每个人都必须老老实实、持恒不懈地去认真拨念。甘愿受苦，乐于吃苦，乃是我们不可或缺的必修功课，因为只有吃得苦中苦，方能长成参天树。先苦后甜，乃是我们奔向目标的必经之路，因为先苦是对我们意志、品德的必要锻炼，后甜是我们付出先苦代价之后所得的丰厚回报。总而言之，人的一生，就是亦苦亦甜、苦甜相伴的一段漫长旅程，只要我们始终摆正心态，永远笑对苦甜，那么我们就必有破茧成蝶，展翅飞翔的那一天。

砖头瓦砾也有翻身日

在学校里，有时候会遇到这样的一些同学：他们不仅学习成绩差，在体育、文娱及人际交往等方面的能力也远不如其他同学，因此他们便常常以失败者自居，一脸的无奈，浑身的猥琐，总以为这一生再也没有翻身的日子了。可实际情况呢，其实却远不像他们所想象的那么悲观。

一个绰号名叫斯帕奇的小男孩，读小学时各门功课常常亮红灯，到了中学，他的物理成绩也通常都是零分，他成了所在学校有史以来物理成绩最糟糕的学生。在拉丁语、代数及英语等科目上，他的表现同样惨不忍睹，体育也不见得好多少，即使在为失败者举行的安慰赛中，他的表现也常常一塌糊涂，不堪收拾。由于笨嘴拙舌，在社交场合也从不见他的人影。总之，他在每一个方面似乎都是个无可救药的失败者。然而，他对自己的这种处境好像并不十分在乎，从小到大他只在乎一件事情——画画。他深信自己具有不凡的画画才能，并为自己的作品深感自豪。但是，除了他本人以外，他的那些涂鸦之作从来没有其他人看得上眼，他投出去的漫画作品，全都石沉大海，音讯杳无。生活对他来说，仿佛除了黑夜还是黑夜，压根儿见不到一丝光亮。走投无路之际，他尝试着用画笔来描绘自己屡遭不幸的人生经历，他以漫画语言讲述了自己灰暗的童年和不争气的青少年时光—— 一个学业糟糕的不及格生，一个屡遭退稿的所谓艺术家，一个没人注意的失败者。他的这些画，深深地融入了自己多年来对画画的执著追求和对生活的真实体验。结果，连他自己都没有想到，他所塑造的被人称为“木头脑袋”的漫画角色查理·布朗，竟然一炮走红，连环漫画《花生》很快就风靡全世界。熟悉斯帕奇的人都知道，这查理·布朗正是漫画作者本人——日后成为大名鼎鼎漫画家的查尔斯·舒尔茨——早年平庸生活的真实写照。

查尔斯·舒尔茨由一再失败到最后终获成功的曲折经历，生动形象地告诉我们，失败不足为奇，失败并不可怕，只要自己不信命，不服输，不畏惧在各方面遭遇的接连失败，不在乎他人鄙夷不屑的目光，而始终相信自己某一方面的长处，始终认准一个自己所确定的目标，不懈地执著追求，顽强地奋力前行，那就迟早有一天会精诚所至，金石为开，在一片浇满了一桶桶失败苦水的园地里，催生出一个个硕大无比的成功的甜果来。

不错，一次次的失败确实会为我们设置许多的障碍，确实会给我们带来许多的烦恼，但它同时也能激发我们生命的潜力，砥砺我们不屈的斗志，使我们变得更加坚强有力，更加一往无前。而在历经了种种失败的淬炼之后，那些不为人知的辛酸，那些午夜梦回的饮泣，那些难以吞咽的苦楚，就全都会汇集成一股向上冲刺的动力，推拥我们迈过沼泽，走出泪谷，到达我们向往已久的欢乐泉。

俗话说得好："砖头瓦砾也有翻身日。"即便你当真是一块曾被人不屑一顾的"砖头瓦砾"，只要你始终心怀着要翻身的梦想，只要你始终不放弃顽强的努力，那你就总有一天能加入到建设雄伟大厦的行列中，为壮丽的殿堂增光添彩！

心有不甘，捻出奇迹

邻家有个小孩，正在中学读书，近来常常眉头紧蹙，问他是何缘故，他说一段时间以来，他可以说是已经铆足了劲儿，可在学习上还是时时受挫，处处碰壁，成绩依然不见有多大长进，因此心中不免有点凄然，渐渐也就失却了再作努力的信心。

该怎样来排解他心头的抑郁，重燃他继续奋进的热情呢？于是，我便给他讲了一则有关香子兰的故事：

香子兰是一种豆科植物，它的果实晒干以后，就会成为散发浓郁香味的香料。由于产量很低，因此其价格仅次于藏红花，是世界上第二昂贵的调味“香料之王”。起初，香子兰只生长在墨西哥，这是因为只有墨西哥特有的长鼻蜂才能给它授粉。后来，南印度洋留尼汪火山岛上的居民引进了香子兰，以及为它授粉的长鼻蜂。那年春天，花开得茂盛极了，谁知长鼻蜂却因为无法适应火山岛上的生活，全都死去了，而当地的蜜蜂对这种外来植物又毫无兴趣，因此授粉一下就成了一个颇使人头疼的难题。香子兰的花期非常短暂，每朵花只开一天，没有授粉者，那就意味着这些花将全部凋谢，结不出一颗果实。人们一个个心急如焚，却又全都无计可施。一天，一个心有不甘者在花丛中徘徊良久之后，偶然间用手捻了一下香子兰的花蕊，没想到就是这一捻，竟然捻出了奇迹：不久以后，这株香子兰结出了香喷喷的果实。就这样，岛上的人们终于知道，香子兰是雌雄同株的植物，即便没有长鼻蜂，人工也照样可以为它授粉。这一偶然间的发现，终于使香子兰的足迹开始遍及整个世界。

有关香子兰的这个故事告诉我们：有时，希望与我们其实只隔着一朵花的距离，如果我们无动于衷，消极等待，那就会与其失之交臂，如果我们悲观失望，放弃努力，那就更是将与它永远无缘；而如果我们始终心有不甘，一直不停下探寻它的脚步，那么有时候也许只要动一下手指，希望就会降临到我们的头上，奇迹就会出现在我们的眼前。

种香子兰不易，学功课似乎就更为困难。难题久攻不克，成绩迟迟不上，这在学习生活中可说是习见习闻的事。一旦出现了这样的情况，一时的困惑也许在所难免，但就此而临阵退缩却大可不必。因为这样那样的挫折并不表明此路当真不通，更不意味着先前的努力已经完全白费，它只是说明我们追寻了，但暂时还没有能找到一条正确的通道，它只是说明我们努力了，但眼下还没有达到应有的火候。因此，此时此刻，我们千万不可灰心丧气，偃旗息鼓，而是必须鼓足勇气，抖擞精神，做更顽强不屈的努力。只要我们透过表象进行更深入的思索，我们就会明白，尽管先前的努力尚未明显见效，但实际上它已经为我们的成功作了很好的铺垫，如果再加上现在的努力作为强大的后援，那么瓶颈就一定会很快被突破，坚固堡垒的攻占也就必将是迟早的事。这也就是说，只要我们始终心有不甘，永不放弃自己的努力，那么我们就总有一天也会创造出奇迹来。

顽强坚守，终得回报

2012年年初，在美国NBA赛场上，出了一个“林来疯”，刮起了一阵“林旋风”，华裔球员林书豪着实是火了一把，吸引了全球亿万人关注的目光。

不过，林书豪的成长道路却充满了坎坷。读高中时，虽说他就对篮球有着超常喜欢和痴迷热爱，并带领球队获得了州冠军，但无数篮球名校因为他的华裔身份和普通的身材而拒绝了他，他最心仪的斯坦福也没有接受他。即便是在以优异的成绩考入哈佛后，他仍然得面对别人异样的目光和尖刻的言辞。看台上的球迷喝令他滚回中国，对手称他为“中国佬”，甚至有人叫他“糖醋里脊”。林书豪冷静而默默地承受了所有这些歧视和嘲讽，依旧在顽强地坚守着自己的喜欢和热爱。可是，他的生命之途却并没有就此透出丝毫亮色，2010年选秀时他名落孙山，后来虽峰回路转进入了NBA，但四次被下放NBDL，两次被裁，而且在2011年年底进入尼克斯之后，仍然面临着被裁的命运。因为长期和球队没有保障性合同，在那些窘迫的日子里，林书豪不得不靠睡在哥哥家的长沙发上度日，厄运和失败一直像魔鬼一样跟他如影随形。

那时，尽管他知道无论自己如何努力，也进不了主教练的法眼，可他对篮球仍然喜欢不减，痴迷依旧，在训练场上竭尽自己最大的努力去拼搏去奋斗，因为他坚信自己绝不是弱者！也许是连老天也被林书豪的这种痴迷热爱和执著坚持感动了，在濒临被尼克斯队扫地出门的危急关头，由于一名老队员因伤无法出场，林书豪终于获得了首发出场的机会。聚足了一身能量的他便牢牢地抓住了这一机会，充分展现了他那使人眼睛为之一亮的出众才能，并在连续首发的4场比赛中，一人拿下了109分，超越了诸多NBA传奇巨星，如飞人迈克尔·乔丹、阿伦·艾佛森和大鲨鱼沙奎·奥尼尔，成为了NBA历史上自1977年以来职业生涯前四场首发得分最多的球员。就这样，怀揣着对篮球超常喜欢和痴迷热爱的林书豪，在历尽了种种磨难和挫折之后，终于梦想成真，成为NBA最当红的篮球明星。他的励志故事随即掀起世界狂潮，甚至连美国总统奥巴马都说："林书豪的崛起是一个伟大的励志故事，这甚至已经超越了体育本身的意义，深受感动！"

应该说，在篮球领域，林书豪的身体和技术都并不占据优势，但是他所掀起的狂热却超越了当年的乔丹。林书豪的经历雄辩地说明：顽强坚守，终得回报，只要有一颗真正热爱自己所从事的事业的心，有一种坚韧不拔的顽强意志，任何人都能在自己奋斗的领域里追逐自己的成功。这也就是说，林书豪的成功是完全可以复制的，即使是像我们这样跳不高、跑不快的人，也依然可以向着更高、更快、更美的梦想奋力前行。林书豪的故事之所以特别牵动我们的心，最内在的核心原因恰恰是因为林书豪不是个天才，而是个普通人，从他的身上我们可以同时看到自己的正面和反面。正面是我们普通人与林书豪共有的特质，反面是我们没有做到而林书豪做到了的不同点。这些正面，给了我们信心和勇气，让我们在自己的道路上向着更明确的方向努力；那些反面呢，则让我们深知自己身上的诸多毛病，明白自己虽经努力却依旧停留在原处的原因。而当我们有了这样的自省和惊醒之后，像林书豪一样飞起来也就不再是遥不可及的幻想，而是一个指引我们前进的目标，我们和这目标之间的距离，也就绝不会大于林书豪的冷板凳跟聚光灯下球场中心的距离。对于我们来说，林书豪也可以说是一个警示，一个让我们的一切借口都变得苍白无力的警示——如果他能够做到，那我们为什么就不能做到呢？

学会在困境中认识自己

在顺境中正确认识和评价自己固然不易，而在困境中正确认识和评价自己也同样困难。为什么呢？这是因为一个人一旦处于困境之中，面对接连不断的挫折、失败，很容易产生困惑，出现迷惘，丧失信心，甚至会由此戴上一副“有色眼镜”，使进入视野和意识里的东西变得非常消极；或是会有如通过双目望远镜的末端来看待自己，不是不合比例地夸大自己的缺点，就是不合比例地缩小自己的优点，因此也就格外地觉得自己渺小可怜，仿佛自己就像一颗哑火的臭弹那样一钱不值。试想，倘若一个人处于困境时陷入了这样的一种消极状态，还怎么能正确地认识和评价自己呢？

所以，即便是遭遇了困境，我们依然得学会正确认识和评价自我，以提升为实现自己的目标而奋斗的信心和勇气。在这方面，我国西晋著名文学家左思的成长经历，或许会给我们以很大的启发。

左思小时候不仅长相丑陋、行为笨拙，常被周围的小孩嘲笑。读书时他领会特慢，考试时他成绩特差，父亲觉得他不是读书写文章的料，便叫他用功练字，将来也好找个谋生的饭碗。但他练字也不行，写出来的字就像鸡爪子抓过的一样。父亲没办法，就让他学鼓琴，心想将来到乐队里跟着人也能混碗饭吃。可左思对鼓琴根本就没兴趣，自然就学不好了。此后，左思虽仍然在写写涂涂，可依旧不见有什么长进。见孩子气馁的样子，父亲很是心疼，总想着要帮孩子一把。一次，他见一只螳螂拖着细细的腿在艰难地爬树，花了好大的劲和好长的时间才爬了上去。这一见，他顿时来了灵感，便对左思说：“猴子一跃而上，螳螂虽然不能像猴子那样快，但是一点点也还是爬上了树，这说明只要肯努力，就能得成功。”听了父亲的话，望着爬树的螳螂，左思也眼睛一亮，好像突然悟到了什么。

又一次，左思看到一棵树的树梢上同时落下了一大一小两只鸟，可那只小鸟只在树梢上歇了一会儿就继续往前面一棵树飞去，而那只大鸟却在树梢上歇了较长的时间，尽管大鸟飞得比小鸟快，可最后两只鸟又差不多是同时停落在了前面的一棵树上面。看着看着，左思终于恍然大悟：噢，原来是笨鸟先飞！螳螂上树和笨鸟先飞这两件事触发了左思的联想，他由此而领悟了这样的道理：我不是猴子，也不是那只大鸟，但我却可以学螳螂一点点上，学小鸟先开始飞，只要不歇不停，只要不怕吃苦，我就不信读不好书，我就不信练不好字！从此，左思就默默地照这个想法去读书、练字、作文，做什么事都比别人付出得多。结果，知识的闸门果然被他打了开来，他在学习上终于一步一个台阶地直往前迈，不仅赶上而且还超过了他人，后来竟然写出了《齐都赋》和《三都赋》等名作，成为了与在此之前早就成名的陆机齐名的伟大文学家。

每一个人都难免有弱点或缺点，难免会遇到困境，面对这样的弱点或缺点，面对这样的困境，绝不能害怕，更不能绝望，而是要正视它、接纳它，并竭尽所能去改变它。正如卡耐基所说的那样："人性的弱点并不可怕，关键要有正确的认识，认真对待，尽量寻找弥补、克服的方法，使自我趋于完善。"左思小时候的弱点和缺点可以说非常严重，遇到的困难也可以说非常之大，可他并没有被他人的嘲笑声压垮，而是在父亲的帮助下进行了归因分析，悦纳了自己的弱点和缺点，研究了克服弱点、缺点和诸多困难的办法，确立了"山高自有客行路，水深自有渡船人"的信念，并在此基础上开始了艰苦异常的转化工作。皇天不负有心人，"笨鸟先飞"的念想最后终于在左思的身上完全变为了现实。

卢梭曾经说过："人是生而自由的，却无往不在枷锁中前行。"只有在困境中依然能清醒地认识和评价自己的人，才能不被枷锁束缚住手脚，获得真正的自由，并取得真正的成功。人生之路绝不会一帆风顺，注定要经受许多的磨难和痛苦，所以我们一定要学会在困境中清醒地认识自己，准确地评价自己，以便始终像松柏那样，以无比的自信和坚强，勇敢地去迎战风刀霜剑的摧逼，去成就自己在风雪中傲然屹立的挺拔；以便始终像贝壳那样，以无比的执著和坚忍，顽强地去承受种种难以言表的痛苦，从而将自己孕育成一颗璀璨夺目的闪亮珍珠。

乐于为自己加油喝彩

十九世纪之前，美国与欧洲大陆的交通全靠帆船，速度既慢，又不够安全。有一个名叫富尔顿的美国人，深深地体会到了这种不便，在结识瓦特，得知蒸汽机的巨大威力之后，他便萌生了设计制造蒸汽动力轮船，以提高航行速度，使美国和欧洲成为近邻的念头。从1793年起，他就开始了创制以蒸汽机为动力的新轮船的工作，其间虽然经历了不可胜数的挫折和失败，但他始终都没有退缩。直到1803年的一天，他创制的“克莱蒙特”号轮船才在巴黎的塞纳河上初次试航。“克莱蒙特”号轮船其貌不扬，船上的主要部位安放着一台烧煤的大蒸汽锅炉，看上去十分的笨重。人们对这个“丑八怪”简直不屑一顾，称之为“富尔顿的蠢物”。这“蠢物”也真令人泄气，在塞纳河上吐气冒烟地走走停停，走了不多远就干脆一动不动了。就这样，这第一次试航在人们的一片哄笑声中结束了。可富尔顿并没有因此而泄气，他像许多父母钟爱自己的子女一样热爱这初生的轮船，他从“蠢物”的走走停停中看到了使它不停地行走的希望，他有信心把这个“蠢物”改造成一个人见人爱的“宠物”，所以即便是在他人的一片哄笑声中，他也没有忘记为自己喝彩，他一个劲儿地告诉自己：“蒸汽动力船一旦成功，将是世界船舶史上最伟大的发明之一。我能行!”正是这种永不服输的性格和执著坚毅的自信，正是这种在受挫以后依然乐于为自己喝彩的顽强精神，使富尔顿得以在研制的道路上持恒不懈地勇往直前，最后终于迎来了1807年8月17日在哈得逊河试航的成功，他也因此而成为了全世界的“轮船之父”。

一个人要想有所作为，有所创造，免不了就会遇有挫折和失败，甚至是不幸和磨难。面对这样的情况，究竟该怎么办？最好的办法就是：不忘为自己加油，乐于为自己喝彩。从表面来看，挫折和失败，不幸和磨难，似乎都是对我们极为有害的不利因素。然而，如果穿过表象细细透视其实质，我们就会明白，其实在那看似不利因素的背后，更蕴藏着于我们极为有利的东西：遭受一次挫折，我们对生活就加深一层理解；经历一次失败，我们对人生就增添一份省察；蒙受一次不幸，我们对世界的认识就多一级成熟；遇有一次磨难，我们对成功的奥秘就会有更深切的领悟。这也就是说，挫折和失败，不幸和磨难，固然会使我们受到伤害，但同时我们更能从中获得一份千金难买的独特体验，得到一种嚼苦成甜的佳妙滋味。所以，每当遇到挫折和失败，不幸和磨难，我们绝不能只是想到自己所付出的代价，所遭受的痛苦，而应该更多地想到自己所得到的收获，所享受的快乐，从而更不忘为自己使劲加油，更乐于为自己大声喝彩。乐于为自己加油喝彩，清风会为我们逗留，水珠会聚成大海；乐于为自己加油喝彩，高山会为我们让路，苦水会变成美酒。那好吧，就让我们抖擞精神，“想唱就唱，要唱得响亮，就算没有人为我鼓掌，至少我还能够勇敢地自我欣赏……”

跌倒了爬起来更要靠智慧

有一位老师，奉命去接任一个校内纪律最差的班级的班主任。第一节班会课的上课铃响过后，教室里出乎意料地很快就安静了下来，几十双眼睛都好奇地注视着早站在门口的老师。那几个全校有名的淘气大王也异乎寻常地安静地坐在各自的座位上，似乎在等待着什么。老师慢慢地走向讲台，忽然不知为什么，他脚下一滑，摔了个仰八叉。“哈，哈，哈……”几个学生首先大笑起来。“哈，哈，哈……”不少学生也随声附和起来。老师低头仔细一看，原来地下有块西瓜皮，这显然是个预设的陷阱。老师不禁气撞心头，想大声呵斥，但他随即又想：大发雷霆，暴跳如雷，恐怕正中了淘气鬼的下怀，以后这壶醋可就难喝了。那么，究竟该怎样下台呢？他灵机一动，计上心来，于是慢慢地站起来，慢慢地走到讲台旁，语重心长地说：“同学们，这就是我给你们上的第一课：一个人可能摔倒，但他仍然可以再站起来！”一片笑声早已消逝，教室里出奇的静。顿了顿，他又借题发挥说：“在人生道路上，不会没有崎岖，跌倒在所难免。跌倒并不意味着失败。从哪里跌倒，就从哪里站起来，勇敢地走下去，就会获得成功。”全班同学鸦雀无声地听着这动情的话语，接着是一阵热烈而持久的掌声，连那几个搞恶作剧的淘气鬼也不好意思地鼓起了掌。老师知道自己的一席话打开了学生的心扉，他看到了班级的希望，也倍感欣慰地笑了。此后经过一番刻苦努力，这个班果然旧貌变新颜，甩掉了乱班的帽子。

在通常的情况下，人们都认为跌倒了要爬起来，靠的是勇气，靠的是毅力，可上述这个故事却告诉我们：跌倒了要漂漂亮亮地爬起来，更要靠过人的智慧。故事中的班主任在众目睽睽之下跌倒了，本是件十分尴尬的事情，可他急中生智，趁机借题发挥，巧妙引伸，对本想给他以下马威的学生说出了一番颇富哲理的话语，这就使他因祸得福，反倒一下子赢得了大家的一片热烈掌声。这，就是智慧的力量。

有时候，工作连连受挫，跟斗一个接着一个，要想尽快爬起来，那就更要靠智慧。有个推销员受派赴美国推销香烟，可去后正逢戒烟月，又遇连绵阴雨，所以尽管他日夜四处奔波，却还是处处碰壁，一无所获。待了一个月，旅馆费用太多不说，连香烟也将霉变受损，该怎么办？正在一筹莫展之际，他忽见房间里“禁止吸烟”的标语，顿时福至心灵，想出了一个“逆中寻顺”的促销高招，去到当地一家有影响的报纸刊登了这样一则广告：“禁止吸烟，就连XX牌也不例外。”众人见了，顿觉十分好奇，全都想试试XX牌香烟究竟有什么不同之处。于是，推销员带来的香烟很快就被抢购一空。这，同样是智慧的力量。

有时候，出师不利，连吃败仗，跌得鼻青眼肿，要想爬起来，那就愈发要靠智慧。湘军首领曾国藩率军与太平天国军队作战，连遭惨败，狼狈不堪。该如何向皇上禀报战况，渡过难关？该怎样给下属鼓舞士气，扭转败局？曾国藩冥思苦想，绞尽脑汁，依然无计可施。在万般无奈的情况下，他只得在奏章上写下“臣屡战屡败”的字眼。他的军师读了奏章之后，连连摇头说：“不可，不可！”因为倘若果真如此上报，将有杀头的危险。曾国藩便向他请教挽救的办法，军师微微一笑，提笔将“屡战屡败”改为“屡败屡战”。曾国藩看后，不禁拍案叫绝，连声称好。为什么呢？因为词序一倒，立意顿变，确有点石成金，化腐朽为神奇之妙：“屡战屡败”，不仅表示指挥者的昏庸无能，而且还说明他已经斗志尽失；而“屡败屡战”就迥然不同了，它充分显现了全军将士不畏失利，不甘失败，不惜与敌拼死搏斗，誓夺最后胜利的英勇顽强精神。这，就更是彰显了智慧的非凡力量。

所以，我们一定要时刻牢记：跌倒了要爬起来，特别是在跌得较为难堪的情况下要体面地爬起来，固然要靠勇气，靠毅力，但更要靠过人的智慧。

在困厄中历练自己的智慧

一家建筑公司在为一栋新楼安装电线的过程中，遇到了这样一个难题：有个地方有一条砌在砖石里的管道，它长20米，可直径却只有3厘米，而且还拐了五个弯，该怎样才能把电线从里面穿过去呢？开始时，大家都感到一筹莫展，束手无策。后来，一位爱动脑筋的装修工终于想出了一个非常新颖的好主意：他到市场上买来两只白鼠，一公一母，然后他把一根电线绑在公鼠身上，并把它放在管子一端的入口处，而另一名工作人员则把那只母鼠放到管子的另一端，并不时地轻轻捏弄它，让它发出吱吱的叫声。公鼠听到了母鼠的叫声，自然便沿着管子跑去找它，那根绑在它身上的电线便也被拖着往前直跑，人们也就很容易地把两根电线连在了一起。就这样，穿电线的难题终于顺利得到了解决，那位爱动脑筋的装修工也因此得到了同事们的喜欢和老板的嘉奖。

上述故事中的那位装修工，何以能别出心裁地找到这么个解决难题的巧妙办法呢？我们认为，关键就在于他那智慧的大脑发挥了作用。那么，智慧又是从何而来的呢？智慧并不现成于前人的书本之中，也不是当事人头脑里所固有的，而是在遭遇困厄的严峻挑战的特定情况下，基于实践的需要，脑子急转弯的结果。这也就是说，智慧大多是由人事上的困厄逼迫出来的，这就正像冯梦龙在他编写的《智囊全集》的《自序》中所说的那样："地势坳则水满之，人事坳则智满之。"这就可见，我们所遭遇的困厄固然会给我们制造许多的麻烦，设置许多的障碍，但与此同时，它也会促进我们深入的思考，孕育我们超凡的智慧，使我们变得格外的聪明起来。所以，我们在学习或工作的过程中，一旦遇到了困厄，千万不能畏难退缩，而要勇敢地迎难而上，主动地去在困厄的历练中生成智慧，提升能力。

要拥有智慧，固然必须勇于面对困厄，但仅仅如此还是远远不够的，还得要善于按照一定的规律，循着一定的思路，进行积极的思考。而这样的思考，必须建立在平时刻苦学习和深厚积淀的基础之上。如果没有这样的基础，肚子里空空如也，美好的灵感也断然不会自动光顾，即便你不吃不喝，想空头发丝，也绝对不可能想出什么好办法。只有知识的积淀深厚了，满肚子都装着丰富的学问，遇到棘手的问题时，我们才能让联想和想象插上有力的翅膀，腾空而起，扶遥直上，天马行空地在智慧的蓝天里自由地翱翔，许多金点子和好主意才会像刚打开汽水瓶时的一个个汽泡那样，竞相在我们的脑子里奔涌出来。古希腊有一位比孔子小 82 岁，比孟子大 97 岁的名叫苏格拉底的大哲学家，人们都说他是雅典城里最有智慧的人，可他却说：“唯有出自内心的知识，才是真正的智慧。”这就可见，刻苦学习和储备知识，并将它真正化为己有，对我们来说是何等的重要。

智慧是选择，智慧是创造，智慧是打开成功之门的钥匙。生活有了智慧，就能顺风扬帆，人生有了智慧，就能迈向成功。所以，我们一定要敞开心灵之窗，善观宇宙之玄妙，详察地理之精脉，细审人事之纷繁，在极度的困厄之中激发智慧的火花，以使自己于顷刻间化被动为主动，让那一个个难题都乖乖地成为我们的手下败将。

唯有倾力拼搏，方能精彩在握

就通常的情况来说，人们总是希望自己所处的环境愈优越愈好，所具备的条件愈有利愈好，所谓“万事如意”，所谓“要风得风，要雨得雨”，就正道出了人们的这种心愿。可实际上呢，环境太优越了，条件太有利了，其实也并不见得就一定是什么好事，说不定还会带来意想不到的灾难。谓予不信，且请看下面这个故事：

有个农夫，他的小麦先是遭受蝗虫肆虐，接着又遇到了洪水泛滥，情况实在是糟透了，于是他就找到神明，祈求给他一个风调雨顺的丰收年。神明同意了农夫的请求，一切都依他所愿实现了。农夫看到他的庄稼长得又高又漂亮，很是高兴，不由得由衷地向神明表达自己的感激之情。可就在这时，远处传来了他妻子的哭声。原来，他妻子剥开小麦的外壳时，发现里面竟然空无一物！因为小麦在毫无外力干扰的情况下，完全失去了与外界抗争的能力，反而结不出果实来了。于是，农夫又跪在地上向神明祷告，但他这次祷告的内容却是：“神明啊，求你明年赐给我足够的麻烦，好让我的小麦能长得壮实一些。”

阳光能赋予小麦高大的茎秆，煦风能赋予小麦美丽的麦叶，可只有暴雨和虫灾的侵害，才能赋予小麦坚强的屹立和饱满的穗粒。同样，在人的成长过程中，固然需要一定的较好的外部条件，但与此同时，又非得经历种种磨难的考验不可。这是因为从表面上看，优越的外部条件往往会给我们提供许多方便，使我们不管干什么都顺风顺水，然而一切都太过方便和顺当了，又易于在无形中滋长我们的惰性，影响我们潜能的更好发挥；而磨难呢，虽然会给我们制造许多麻烦，设置许多障碍，甚至会给我们带来许多难以言表的痛苦，然而又只有经过那种种磨难的洗礼，我们的潜能才能得到最大限度的激发，我们的心志才能得到最高强度的锤炼，我们的品格才能得到全方位的熔铸，我们也才能因此而更冷静地面对现实，更深入地思考问题，更理智地化解矛盾，更坚定地冲破难关，在前行的征程中愈来愈走向成熟，愈来愈接近成功。

磨难有如一面镜子，面对它，我们可以回顾来路，忆想往事，从曲直和是非，正误和成败之中，总结经验教训，矫正人生航向。磨难又仿佛一块磨石，有了它，我们的意志就可以得到更好的砥砺，我们的生命就可以在风刀霜剑的反复磨砺中，变得愈发坚强，愈具勇气，愈增活力，我们就能由此而真正成为一个无所畏惧的强者。难怪有位哲人要这样写道："磨难是成功的良伴，逆境是人杰的摇篮。"

唯有倾力拼搏，方能精彩在握。但愿每一位目前仍在愁眉苦脸中艰难度日的青少年同学，都能正确看待磨难，勇于直面磨难，并从而赶快卸下包袱，轻装上阵，去与坎坷拼，去与磨难搏，以使生命能由此而放射出耀眼的光彩，以使自己能由此而享受生活所赋予我们的真正的甜蜜和幸福。

最好的朋友是自己的10根手指头

美国的一家著名平面媒体曾进行过这样一项非常有趣的问卷调查：你最喜欢哪句格言？被调查的人有政治家、文人、艺人、商人、大学生、律师、医生和家庭主妇等。问卷上提供了几百条格言供大家选择，其中有名人名言，地方谚语，哲理格言等。调查结果有点出乎众人的意料：有近七成的人选择的是一句再普通不过的地方谚语，而非格言名句。这句谚语就是——人最好的朋友是自己的10根手指头。说“出乎意料”，是因为它只是一句民间谚语，而且是夹在几百条选择项中的不醒目处。可如果对此作进一步的深层思考，我们就会发现，这其实又一点都不奇怪，因为这句谚语太符合美国人的人生信条以及性格特征了——不依赖他人，只相信自己的奋斗。在许多美国人眼里，所谓天才就是个人奋斗的结晶，那些靠他人立业、靠人际关系走运和靠继承遗产发迹的成功者，远没有靠自己奋斗、靠10根手指头打拼和靠本人实力成名的英雄来得出色。不信，你瞧，那从贫民区走出来的“空中飞人”乔丹，那从小就不知道自己父亲是谁的“小皇帝”詹姆斯，甚至是一身缺点的“拳王”泰森，不都成了许多人心目中不折不扣的英雄么？

清代咸丰年间王永彬所写的《围炉夜话》中曾这样说道：“靠山，山会倒；靠人，人会跑；靠自己最好。”这就可见，不仅是在美国人的眼中，即便是在我们华夏子孙的心目中，成功的最大秘诀也是相同的，那就是用自己的双手去拼、去搏，去努力开辟一片属于自己的全新天地。

男儿无有拼搏志，空负天生八尺躯。所以，每次出门上路时，我们都要放下父母为我们准备的鞋，都要放下父母为我们撑起的伞，以便踩着一路上的荆棘砾石练就我们的铁脚板，以便顶着一路上的烈日风雨练就我们的钢筋骨。只要我们在前行的道路上始终摈弃依赖，永远杜绝怠惰，无论何时何地都坚持自己的事情自己干，那么我们即使无法掌握生命的长度，却可以把握它的宽度；即使无法控制生命的外延，却可以丰富它的内涵；即使无法预知生命的量，却可以提升它的质。这样，我们的生命就一定会因此而格外神采飞扬，一定会因此而愈发晶光四射。

“冷落竹篱茅舍，富贵正堂琼榭。两地不同栽，一般行。”这是宋代郑域在一首吟咏梅花的词作中，为我们留下的颇为启人深思的佳妙诗句。只要我们始终牢记“人最好的朋友是自己的10根手指头”这句谚语，并永远将它作为我们奋斗的信条，那么就算我们当真是“冷落竹篱茅舍”的梅花，也必然能毫无愧色地与“富贵正堂琼榭”的梅花比肩而立，同样能像它一般花枝劲健，花色如雪，像它一般幽香高雅，傲然挺立；甚至还完全可以有过之而无不及，以自己绰约的风姿和诱人的芳香而独领风骚。

把美梦带入第二个灿烂花开的春天

在一个村子里住着一个叫阿呆和一个叫阿土的人，他们虽然都是老实巴交的渔民，却都梦想着有朝一日能成为一个大富翁。一个秋天的晚上，阿呆忽然做了一个非常奇怪的梦，梦见在对面的岛上有一座寺庙，寺庙里种着 48 棵株模，其中一棵开着鲜艳的红花，花下埋藏着一坛闪闪的黄金。既然有这等好事，岂能轻易错失？在发财梦和好奇心的驱使下，阿呆马上就驾着船去到了对岸的小岛上。岛上果然有座寺庙，寺庙里果然种着 48 棵株模。看来梦里所说的一切都是真的，阿呆便在岛上住了下来，等待那春暖花开季节的到来。肃杀的严冬一过，株模花都争着怒放了，不过全是清一色的淡黄颜色。阿呆瞪大了眼睛找过来找过去，怎么找也没有能找到开红花的一株。问问寺里的僧人，他们也都说从未见过开红花的株模。眼见希望已经落空，阿呆便垂头丧气地重又回到了自己的村庄里。后来，这件事被阿土知道了，他就也驾着船去到了那个小岛上，并找到了那座寺庙。可在他去后的第一个春天里，他也同样没有见到开红花的株模，不过他并没有因此就失望地打道回府，而是住下来等待那第二个春天。第二个春天到来了，寺庙里的株模花又竞相开放，到处是一片鲜艳灿烂。而且，奇迹就在这时发生了：果然有一棵株模开出了艳美绝伦的大红花。而在那红花的下面，当真就埋藏着一坛金光闪闪的黄金。就这样，阿土便成了村里最富有的人。

阿呆的经历无疑令人遗憾，因为他与成为富翁的梦想只隔了一个冬天。不过，阿呆的失败其实是势所必然的，因为他缺少等待和坚持的精神，他忘记了应该把美梦带入第二个灿烂花开的春天，他万万没有想到那足可令他一世激动的红花会在第二个春天里盛开。阿土呢，他无疑是一个幸运的人，不过他的幸运也并非是出于偶然，因为他是一个坚定执著的人，他没有因暂时的挫折就对梦想失去信心，他始终坚持着耐心地等待着另一个春天的降临，这才当真迎来了美梦成真的那一天。这就可见，在通往目标的路途上，究竟是否能够达到既定的目的，其关键往往就在于有没有善于等待和坚持的精神。

等待和坚持，说起来也许非常简单，可真要做到就不那么容易了，特别是在遭遇挫折和碰了钉子之后的等待和坚持，就更不是一件轻而易举的事。这是因为，等待需要耐心，坚持需要信心，而一个人在遭遇挫折和碰了钉子之后，内心就极易产生焦虑，信念就极易发生动摇，而内心的焦虑势必导致缺乏耐心，信念的动摇势必导致丧失信心，如此一来，等待和坚持也就会因为失去了它应有的基础而变得非常的困难。所以，等待和坚持对一个人其实是一个非常严峻的考验，考验你是否具有“虽怒涛惊澜，蓦然号于脚下，而不改其容”的镇定从容，考验你是否具有“最困难之时，就是离成功不远之日”的坚定信念。既然是考验，在等待和坚持的过程中也就必然会伴随着许多的磨难和痛苦。不过，在经受了磨难和痛苦的反复历练之后，也就能在等待和坚持中如愿以偿，使原先的企盼变为眼前的现实，使痛苦的等待和坚持升华为一种幸福和享受。

自砺篇

力戒奢侈浪费，修炼美好德行

在一些学校里，学生们在消费上追求时髦，追赶新潮，已经成为一种时尚，成为一种风气：饮食消费跟着广告走，服装消费跟着品牌走，娱乐消费跟着新潮走，人情消费跟着大人学，网吧消费越陷越深越受伤。总之一句话，学校低矮的围墙，已抵挡不住处在变革和转型期社会的种种影响，阵阵暗流涌进了学校的大门，过早地侵蚀着成千上万颗幼小而脆弱的心灵。

这种胡乱花钱、挥霍浪费之风的形成和泛滥，对青少年造成的负面影响方面众多，后果严重。一是它会极度地伤害青少年的心灵。一个学生，若是一味地让享乐之情蔓延，让贪欲之心膨胀，那美丽的心灵就会不断被锈蚀，青春的朝气就会渐渐被消磨，到头来就会思想变质，道德败坏，完全失去进取之心，失去奋斗之志。二是它会严重地影响青少年的学习。一个学生，一天到晚所思所想的，只是如何吃得好，穿得好，玩得好，打扮好，只是如何跟人斗富裕，比阔绰，讲排场，争面子，那他还怎么可能潜心学习，取得优异的成绩呢？三是它会导致家庭矛盾的产生。一个学生，如果只想着吃喝玩乐，花费财物，就会只有权利感，而没有义务感，就必然会导致家庭矛盾的产生，破坏家庭的和睦与温馨。

要煞住和根绝这股胡乱花钱、挥霍浪费的歪风，除了得有针对性地采取一些切实有力的改正措施外，最根本的一条还是得很好加强艰苦奋斗和勤俭节约的教育，以便让艰苦奋斗和勤俭节约这一中华民族的传统美德，在所有的青少年中进一步得到传承和发扬。

也许有人会说，革命战争年代需要艰苦奋斗，需要勤俭节约，现在是经济建设时期了，那些东西早已过时了，再讲它不免太老土了！事情果真是这样么？回答只能是否定的。习近平总书记在十八届中央纪委二次全会上，就特别强调提出：“要大力弘扬中华民族勤俭节约的优秀传统，大力宣传节约光荣、浪费可耻的思想观念，努力使厉行节约、反对浪费在全社会蔚然成风。”这就充分说明，在社会主义事业不断发展的新形势下，提倡艰苦奋斗，反对骄奢淫逸，依然是何等的迫切，何等的重要，何等的应该格外引起我们足够的关注和重视。在今天这样的历史条件下，我们之所以依然要特别提倡艰苦奋斗，勤俭节约，那是因为“历览前贤国与家，成由勤俭破由奢”，艰苦奋斗和勤俭节约乃是一切美德之源，它能使每个人都以长远的眼光规划人生，以理性的心智调节人生，即便是在拜金主义泛滥，物欲四处横流的环境之下，依然能够不迷失前进的方向，不忘却奋斗的目标，而将更高层次的人生追求始终放在最重要、最突出的位置上。所以，即便是在物质生活已经大为改善的今天，广大青少年还是应该继续发扬艰苦奋斗的优良传统，坚决反对骄奢淫逸不良习气。只有这样，我们年轻的一代方能抵御各种诱惑，修炼美好德行，真正成长为四化建设所需要的过得硬的四有新人。

花钱其实就像炒菜放盐一样

现今的社会上，有一些人在消费方面总喜欢互相攀比，老想着要跟人斗富裕，比阔绰，讲排场，争面子。影响所及，有些青少年学生也跟着竞相效仿，一个个食品要吃高档的，衣服要穿名牌的，生日要去酒店过，他们觉得只有这样，才有派头，才出风头，才能被人捧，才能受人敬。

这一些人的想法和做法，显然都是错误的，因为真正富有的人，是绝不会一天到晚在争相花钱方面大动脑筋，大做文章的。

有台湾“经营之神”美誉的王永庆，生活就非常的节俭。在一次正式的宴会上，餐桌围盘上有一些别人掉下的菜肴，王永庆见了，就不声不响地夹起来，放到自己的盘子里吃干净。王永庆在外用早餐时喜欢喝牛奶和吃煎鸡蛋，为了多喝一口牛奶，他总是先喝掉一点，然后再叫服务生把鸡蛋放进去，免得把牛奶溢出来。每次用完餐后，王永庆还总是把牙签折断成两截来使用。我国国资委主任李荣融听说了这样的事，就很有感触地说：“一个产值占到台湾 GNP 百分之十几的集团的董事长如此节俭，他节俭得有资格，有底气，有雅量。”

台湾首富郭台铭也同样是一个非常节俭的人。有一次在接受记者采访时，记者突然问他觉不觉得自己是皇帝？他当即脱口说道：“我不是皇帝，我是地瓜！父亲教我们安贫乐道，我们家从小到大都没有自己的房子，没有沙发，最好的是藤椅，但我们不觉得自己贫穷。”坐在老旧的藤椅上，却觉得比别人坐在高级真皮沙发上还满足，郭台铭才是真正的富翁。

曾是世界首富的比尔·盖茨，在生活上也始终保持着随随便便、不大讲究的特点，从来都不摆阔。不管是在公司里、工场里或是在其他场合，他总是穿一条便裤，一件开领衫，一双运动鞋，而且没有一样是名牌。有一次他和一位朋友一块儿驾车去一家饭店开会，因为去晚了，一时找不到车位，朋友便建议把车停到贵宾停车场去，并说由他来付钱，可盖茨认为那不是个好主意，硬是没同意，最终还是找了个普通的停车位。

以上这些亿万富翁为什么都能这样力戒奢靡，崇尚节俭呢？因为他们从自身的创业经历中深深知道，财富的创造很是不易，任何人都不能奢侈浪费，随意糟蹋世人辛勤劳动的成果。在他们看来，花钱其实就像炒菜放盐一样，绝不是韩信将兵，多多益善，而是要不多不少，恰到好处。放盐太多了，菜就苦咸难咽，且与健康不利；花钱太多了，那就会造成铺张浪费，那就会败坏社会风气。

而奢侈浪费更为严重的恶果是，它还会使我们的心灵受到浸染，使我们的人品遭到玷污，给我们的思想品质造成极大的危害，这就正像洪应明在《菜根谭》中所说的那样："能忍受吃粗茶淡饭的人，他们的操守多半像冰一样清纯，玉一样洁白；而讲究穿华美衣服的人，他们多半都甘愿做出卑躬屈膝的奴才面孔。因为一个人的志气要在清心寡欲的状态下才能表现出来，而一个人的节操都是在贪图物质享受中丧失殆尽的。"

古人有云："历览前贤国与家，成由勤俭败由奢。""一粥一饭，当思来之不易；半丝半缕，恒念物力维艰。"全都说得鞭辟入理，精妙之极，值得我们永铭于心，切实践行。

在吃苦中积攒成功的本钱

大漠上，某位贵族拥有大量的马匹和羊群，一个牧童显然管不过来，于是他又找来一个穷人家的孩子。主人安排瘦弱一点的那个孩子放羊，另一个强壮一点的孩子牧马。可是，当主人离开后，强壮的孩子逼迫瘦弱的孩子跟自己交换工作。马的食量大得惊人，牧马要跑很远的路，而且马的性子又暴烈，牧马显然要比放羊艰难。瘦孩子迫于压力只好答应了。回家后，满腹委屈的瘦弱孩子把事情的经过一一对母亲作了讲述。明理的母亲听后安慰儿子说："孩子，你可能从此要比同伴多吃一些苦。可是，一个人吃苦不会是无缘无故，毫无作用的，这是为今后的幸福所作的必要付出。所以，你不要为吃苦而抱怨。"懵懂的少年对现在的吃苦是为了今后获得幸福颇感兴趣，也就不再为自己的工作而烦恼。从此，他每天要跑近百里的路到草原牧马。为了看好马群，他被马踩伤过，至于从马背上摔下，被暴雨淋湿，以及饿肚子之类，那就更是家常便饭的事。而此时他的同伴呢，只要将羊群赶到离住地不远的地方，就可以躺在草地上晒太阳，或者睡大觉。牧马的日子确实艰苦，可瘦孩子却一天天健壮起来，骑马的技能也越来越炉火纯青。时光飞快流逝，牧马的孩子因为在马背上身手矫健，被他人相中做了护卫。再后来，他投身军旅，成为闻名一时的横刀跃马的将军，以前吃的苦终于换来了他先前所向往的幸福。这个瘦孩子就是后来成吉思汗的御前虎将——哲别。而他那个放羊的同伴，到死都只是一个为主子放牧的羊倌。

乍看起来，吃苦对于我们只是一种痛苦和磨难，可上述的故事却明白无误地告诉我们，吃苦更是我们成长过程中必不可少的一种砥砺和锤炼，更是我们人生经历中一笔极为重要的宝贵财富。世上没有白吃的苦，每吃

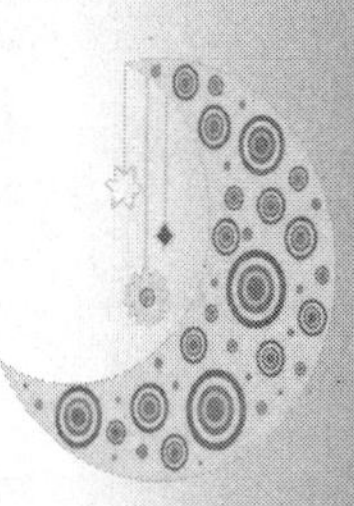

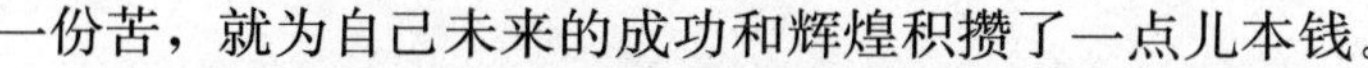

一份苦，就为自己未来的成功和辉煌积攒了一点儿本钱。

在通常情况下，人们似乎都有一种厌苦喜甜的本能，而这正是对苦与甜的本质和作用缺少正确认识的一种表现。那么，究竟该如何认识苦与甜的本质和作用呢？我们认为，有位艺术理论家就此发表的见解颇值得我们反复回味：“一个欣赏者，当其刚刚入门，还不具备够水准的审美眼光时，他往往喜欢甜俗的东西，就像一个幼儿偏爱喝加糖的牛奶；一旦他的鉴赏力提高了，审美口味也会随之改变。对那些看上去有些丑、有些怪，又苦又辣的作品，他会因其耐人寻味而产生共鸣和好感，这就像成年人舍弃糖水、牛奶，转而喜欢咖啡和苦茶一样。”不错，甜能给人带来瞬间的愉悦，但它来得快去得也快，不易给人留下深刻的印象；而苦却要慢慢咀嚼才能品出其真味，就像青橄榄的苦涩，需要细细品味才能苦后回甘，于我们以极大的裨补。人的一生，谁都难以躲过苦难，如果该吃苦的时候不吃苦，那么到了不该吃苦的时候就一定会吃大苦。所以，我们决不能遇苦生厌，见苦回避，而要迎苦而上，乐于吃苦。唯有这样，我们才能于苦中孕育勇敢，凝聚智慧，苦出“横扫千军如卷席”的强者气魄，苦出“纵死犹如侠骨香”的英雄本色，苦出“风景这边独好”的美好未来。

让劳动成为我们的必修课

现在的许多青少年，在家中都是独生子女，大多处在一个“小皇帝”、“小公主”的特殊地位，过着“衣来伸手，饭来张口”的特殊生活，因此对体力劳动的观念已非常淡薄，甚至是根本就不屑一顾。

可不管社会怎么发展，体力劳动对每一个人来说都还是必不可少的。试想，揩台抹凳，扫地擦墙，个人卫生，集体劳动，这桩桩件件不是时时处处都会摆在我们的面前么？作为家庭的一员，作为集体的一分子，难道我们能对此不闻不问，总是两眼朝天，两手插袋，完全置身于事外么？如果真是那样，那么家庭还怎么成其为家庭，集体还怎么成其为集体呢？

体力劳动，乍看是件苦事，可实际上呢，它却是上苍给我们人类最好的赏赐。从艰辛的劳动中跌打滚爬过来的我国著名作家沈从文，对此就有极为深切的体验：“我一向认为，热爱自己的工作、尊重劳动是保持良好品德的前提条件，只有热爱工作、尊重劳动，才能抵御各种卑劣思想、腐朽思想的侵蚀，才能抵抗各种低级趣味的引诱。我想进一步说明，只有热爱劳动、尽职尽责，才能摆脱由于沉溺于自私自利之中带来的无数烦恼和忧愁。”

事实上，许多出类拔萃的人物，都是从小就十分重视体力劳动的。宋氏三姐妹——宋蔼龄、宋庆龄、宋美龄，之所以能以不同方式深深地影响中国的现代史，至关重要的一个原因就是：她们从小就在父亲宋耀如的带领下去菜地里薅草，去花园里打扫落叶，即便是在地里腮脚蹲得发麻，粉脸上热汗直冒，她们也还是咬牙坚持，从不叫苦。赵小兰为什么会成为第一位进入美国内阁的华人部长？也是因为她从小就听从父母的教育，每天一听到闹钟声就起床，自己整理内务，料理早餐，赶校车上学。放学后做完了作业，她就帮妈妈分担家务。到了周末早晨，她还要和姐妹们一起出去整理庭院，打扫车道，清除杂草，清理游泳池。

热爱劳动，除家务劳动外，更应参加集体劳动，因为通过集体劳动，我们可以更充分地体会到集体的温暖，更真切地感受到同学的友谊，同志的亲情，同时还可以更进一步懂得是劳动人民用勤劳的双手创造了生活，创造了世界，从而更加强与劳动人民的联系，更加深与劳动人民的感情。

苏联著名文学家高尔基曾经说过：“劳动是世界上一切欢乐和一切美好事情的源泉。”“没有一种力量能像劳动，即集体、友爱、自由的劳动的力量那样使人成为伟大和聪明的人。”所以，我们一定要让劳动成为我们的必修课，努力在全身沾满汗水和泥土的劳动中，使自己的性情得到陶冶，精神得到砥砺，人格得到完善，从而在无限的快乐和幸福中不断地进步成长。

心怀善良，以德报怨

有些青少年同学总以为，善良只是甘愿为他人付出，只是乐于给他人施爱，而其实呢，真正的善良还往往是不计恩仇，以德报怨。

罗斯福年轻时曾在家乡的一个农场里打工，农场主德里斯以刻薄吝啬闻名。一次罗斯福干活出了点差错，德里斯即以此为借口扣发了罗斯福的全部工资。罗斯福气不过，将德里斯告上法庭，可德里斯收买了农场工人作伪证，罗斯福不仅没有讨到薪水，反而被德里斯倒打一耙，赔了不少诉讼费。罗斯福与德里斯从此结下了怨恨。没料二十多年后，罗斯福竟成了美国总统。其时由于经济危机爆发，美国企业面临空前困难，德里斯的农场亦濒临破产，他的农场急需资金扶持，可他吝啬刻薄得让人讨厌，自然没人愿意为他担保。无奈之际，德里斯想起了当年曾经被自己欺侮过的罗斯福，便于一个周末去到了他家。耐心听完了德里斯的哭诉，罗斯福不顾妻子的眼神暗示，同意为德里斯担保，帮他借到了一笔救他一命的贷款。德里斯走后，妻子嗔怪道："难道你忘记他当初怎么对待你的吗？你为什么还去帮他？"罗斯福说："假如人真善良，那么善良就是他的天性，这善良不会因为面对的是善人或恶人而改变。面对恶人，自己也变得凶恶，这还是真正的善良吗？"

罗斯福何以能不顾自己妻子的暗示和嗔怪，向处于极度危难之中的仇家伸出援手，帮仇家借到了救他一命的贷款？我们认为，关键就在于罗斯福是一位怀有一颗极为善良的心的真真正正的道德君子，所以他才能那样大度地不计前嫌，作出那样以德报怨的义举。

所谓"以德报怨"，就是在怨恨产生以后，用自己的恩德来化解仇恨，用善良的爱心去感化对方。以德报怨，是在向人们昭示一种积极向上、与人为善的道德取向，它能有效地化解人际矛盾，很好地构建和谐的人际关系，使社会回归仁爱与友善，温馨与祥和。以德报怨，并非软弱，亦非愚蠢，更非痴狂，而是一种修养，一种智慧，一种境界。以德报怨，是一种自觉的真心关爱，是一种自然的真情流露，是一种自序的真挚付出，唯有怀有“真正的善良心”的人方能有此非凡的作为。这是因为真正的善良，既无须剪红刻翠，亦无须粉黛雕饰，它本身就是人们内心里最原始的一种纯朴圣洁的感情精华。

人之初，性本善。每一个人入世之初，原本都有一颗善良的心，只是由于“各自打扫门前雪，休管他人瓦上霜”等等处世哲学的浸染，许多人那颗曾经晶莹的善良之心这才在不经意间被各种尘埃侵蚀包裹，结成了厚厚的茧，渐渐变得狭隘，自私，冷漠，反倒把释放善意的以德报怨视为不可思议的另类。但愿这些人读了罗斯福以德报怨的这则故事后，能够猛然惊醒，幡然有悟，赶快驱散心头的阴霾，荡涤心灵的尘埃，重新佩戴起善良这一永远值得我们骄傲的勋章。

“风送花香红满地，雨滋春树碧连天。”善良就是春风，就是春雨，只要我们珍爱善良，拥有善良，播撒善良，那么整个世界就必将会绽放一树树灿烂的红花，既使自己美丽，也使别人温暖；那么我们的灵魂世界里就定然会闪耀着迷人的圣光，弥漫着智慧的芳香。

福在积善，善需从小培养

也许有些青少年同学会以为，善良只是单方的善意释放，挚爱表达，不免有点傻，有点笨，而其实呢，善良虽然从不要求回报，可是老天往往有眼，会在鬼差神使中给施善者以丰厚的酬谢。

在第二次世界大战中的一天，大雪纷飞，滴水成冰，欧洲盟军最高统帅艾森豪威尔在法国的某地乘车返回总部，参加紧急军事会议。忽然他看到一对法国老夫妇坐在路边，冻得发抖。他立即命令身旁的翻译官下车去询问。一位参谋急忙提醒他说："我们必须按时赶到总部开会，这种事情还是交给当地的警方处理吧。"人在难时拉一把，胜过送佛上西天。艾森豪威尔坚持说："如果等到警方赶来，这对老夫妇可能早就冻死了！"经过询问，他们才知道这对老夫妇是去巴黎投奔儿子的，但是汽车却在中途抛锚了。这里前不着村后不着店，因此不知如何是好。艾森豪威尔听后立即请他们上车，并且特地将老夫妇送到巴黎，然后才赶回总部。助人的双手比祈祷的双唇更神圣，艾森豪威尔这么做根本就没有想过行善图报，然而他的善心义举却得到了意想不到的巨大回报。原来，那天几个德国纳粹狙击手虎视眈眈地埋伏在艾森豪威尔原来必须经过的那条路上，如果不是因为行善而改变了行车路线，将军恐怕就很难躲过那场劫难。而假如艾森豪威尔遭到伏击身亡，那整个第二次世界大战的历史很可能将因此而改写。

"福在积善，祸在积恶。"这两句话不能理解成简单的因果报应，因为从总体上来看，它确实符合人类社会发展的客观规律。有德之人命系于天，在危难之时往往有惊无险，因祸得福，遇难呈祥。行善而不求回报的人，经常会得到意料之外的回馈，总是能在冥冥之中，得到老天的格外佑护。

虽说历史在不断地诠释着善良的内涵，虽说社会在不断地添加着善良的内容，善良现在已以种种各不相同的形态展示在人们的面前，但万变不离其宗，它依然以其岁月凝聚的光泽，闪烁着永远不变的彩色。善良，它始终是人生的雨露甘霖，始终是洞穿黑暗的阳光，始终是心与心的亲和与信赖，始终是爱与爱的共振与交融。而正因为这样，我们的人生才显得如此溢满温馨，我们的世界才显得如此充满仁爱。

善良是生命中的黄金，善良是人性中最为宝贵的生命之光，善良是青少年健康成长和人格完善的不可缺失的要素。可是，与生俱来的善良，只有通过后天潜移默化的教育，才能真正形成善良的性格品质，才能在青少年的心里茁壮地生根发芽。这就正如苏霍姆林斯基在《教育的艺术》一书中所说的那样：“善良的情感的修养是人道精神的中心。如果善良的情感没有在童年加以培养，那么这些情感永远也培养不起来，因为，这些真正人性的情感，是在认识最早和最重要的原理的同时，在体验和感受故乡语言最精彩的色彩的同时，在人的心灵中逐渐成熟的。一个人应当在童年就上完情感的学校——进行善良的情感教育的学校。”每当诵读苏霍姆林斯基这一段精彩论述时，我的眼前就会呈现出这样一幅美好的图画：春日的天空下，蒲公英的种子借着微风的力量，飘飘洒洒地飞向田间的角角落落，它们落地就生根，生根就发芽，然后开出一片灿烂金黄的花。为此，我不由得想：广大青少年那一颗颗善良的心，也定会像蒲公英那朴素的种子一样，借着一股和煦的东风，让最真最美的花开遍世间的每一个角落，让世界变得更加温馨和美好。

让诚信的溪流永远清澈闪亮

所谓诚信，实际上包含着诚实和守信这两层意思。诚实，就是言行一致，待人以真，不文饰，不虚美，胸怀坦荡，光明磊落；守信，就是言必信，行必果，信誉至上，一诺千金。我们之所以常把诚实和守信连起来，是因为诚实是前提，是原因，守信是结果，是诚实的必然之产物，可以说是有诚必有信，有信必由诚，两者好比是一对孪生姐妹，你中有着我，我中有着你。

美国著名小说家德莱塞曾说："诚实是人生的命脉，是一切价值的根基。"确实，天下没有一种广告能比诚实不欺更为可信，天下没有一种力量能比诚实可信更为强大，众多杰出人物之所以能踏上成功之路，或许有诸多方面的原因，但唯有诚实才是他们获取成功的坚实基石，正是站在这块坚实的基石之上，他们才得以步步登高，最终攀上成功的峰巅。

诚实是重要的，守信也同样不可轻忽，这就正如美国总统罗斯福所说："守信用胜过有名气。"这是因为一个人守住了信用，也就是守住了人格，守住了人品，也就必然能人皆仰之，声誉隆增，必然能朋友如织，八方相助。而这么一来，此人自然也就能如添三头六臂，可以战胜九九八十一难。

"索物于暗室者，莫良于火；索道于当世者，莫良于诚。"诚信是探索前路和立足于社会的最有力武器，只有凭借着它，我们方能开天辟地，建功立业，方能"仰不愧于天，俯不怍于人"，昂首挺立于天地之间。一旦缺失了诚信，那就无异于失去了安身之根，立业之本，那么你所拥有的全部财富——你的美貌、健康，你的才学、智慧，你的友情、亲情，你的事业、成就，就全都不过是水中月，镜中花，统统都将如过眼云烟，一一随风而逝。诚信是个宝，简简单单的两个字中间，包含着中华民族5000年美德的积淀，彰显着一个人高尚的人生境界。所以，我们应该永远将诚信奉为我们心中洁白无瑕的百合花，芬芳美丽的玫瑰花，对她悉心培育，精心呵护。我们一定要懂得，如果百合花的洁白染上了污汁，如果玫瑰花失去了芬芳与美丽，那么她还如何能贵为百合和玫瑰呢？

著名德国作家海涅说过："生命不可能从谎言中开出灿烂的鲜花。"所以，我们必须从小就尽心着力地培养自己诚实守信的品行。当然，诚实守信习惯的养成，并不是一朝一夕的事情，而得经过长期的刻苦努力。也许，在开始的时候，诚信的习惯不会比一张蜘蛛网结实多少，但只要一旦形成，它就会像一条铁链那样牢不可破。到那时，我们的生命之船就定能以诚为桨，以信为舵，稳稳地行驶在浩瀚的大海之上，即便是风再大，浪再高，也能够逆流而上，逆风飞扬，如愿抵达那神往已久的成功的彼岸。

如果把我们的心灵比作一座花园的话，那么诚信就是流贯其中的一道溪流，唯有有了它的滋润，园中的香花异草才会更加风姿绰约，整座花园才会更加活泼而有生气，我们的心灵也才会随之而洗尽浮华，洗尽躁动，洗尽虚诈，变得更加圣洁和美丽。所以，我们一定要让诚信的溪流永远汩汩不绝，始终清澈闪亮！

一两重的真诚等于一吨重的聪明

曾经写下“无可奈何花落去，似曾相识燕归来”这一名句的晏殊，自幼聪颖，因7岁能文而获神童之美名。14岁时，他受召入朝，被破格批准与众进士一道参加由宋真宗亲自主持的殿试。晏殊拿到考题《诗赋论》一看，这恰恰是他十几天前作过的题目，于是便立即以实情报告，请求另拟考题。这个小小少年的诚实，一下就博得了宋真宗的喜爱。晏殊及第后，曾任国史馆员。后来朝廷需要一名服侍和教育太子的官员，宋真宗就想起用晏殊，但有关部门认为晏殊资历过浅，不太同意，宋真宗就说：“听说馆阁官员天天饮酒聚宴，吃喝玩乐，只有晏殊整日闭门读书，处事谨慎，不是正适合教育太子吗?”晏殊知道了这一情况后，应宋真宗召见时又如实地说：“我不是不想吃酒玩乐，只因家中无钱，如有钱的话，恐怕也会干这些事的。”晏殊的诚实坦白，使宋真宗称赏不已，也就愈发对他大加重用。到宋仁宗时，晏殊更是官至宰相之职。

倘按常情而论，晏殊见到试题后是完全可以不以实情报告，请求另拟试题的，因为那样私秘的事情他人是根本不得而知的，绝无作弊之嫌；而且，如果不换试题，他就更可以胸有成竹，从容作文，以绝对的优势技压众多进士。试想，这是怎样一种千载难逢的良机啊，可他却偏偏天赐巧头不想取，轻车熟路不愿走，而要据实禀报，请求换题，自己给自己找个虱子在头里搔搔，这就诚实得不免多少有点冒了“傻”气。再有，宋真宗赞扬他“整日闭门读书，处事谨慎”，不“饮酒取宴，吃喝玩乐”，那可真是一种求之不得的赞赏和荣誉，他也尽可以美滋滋地享受一番，可他却偏要自露其丑，说那只是因为家中无钱的缘故，如果有了钱，恐怕也会去吃喝玩乐的，这就更是老实得几乎近于“迂”的地步了。然而，这只是以世俗的眼光，对事物所作的暂时的、表面的观察和理解，并不能真正揭示事物的本质。如果换一个视角，对事物作从长远的、实质的考察和思考，那么所得的结论也就截然不同了：晏殊这样做既不弄虚，亦不作假，乃是他高尚品德的自然流露，而正因为此，他就不仅赢得了诚实的美誉，而且也得到了极度的信任，这就为他未来的发展铺平了一条光明的坦途；而更让他始料之所未及的是，他的这一美好德行还由此而流传千古，一直为炎黄子孙所津津乐道。若是从这样的角度来权衡和评判的话，那么晏殊的所作所为，又“傻”在何处，“迂”在哪里呢？

孟子曾说：“至诚而不动者，未之有也；不诚，未有能动者也。”法国著名作家大仲马也说：“一两重的真诚，等于一吨重的聪明。”这都告诉我们，实话实说，真诚待人，这是大智大慧者的为人之本，也是我们每一个青少年立身行事时必须遵循的一条基本准则。因为唯有为人真诚，才能更多地得到他人的信赖和理解，支持和相助，因此也才能获得更多成功的机遇！

真诚常常折射出比智慧更诱人的光泽

关爱他人，一定要发自肺腑，出于真情，满怀着一颗真诚之心。这是因为，只有纯真的感情才能温暖人心，只有真诚的关爱才能感动他人。

不要把关爱他人看作是一种感情投资，不要总想着这样的投入最终会得到怎样的回报，因为如果带着这样的目的和动机去关爱他人，其行为本身就不够真诚，而且这种被利益包裹着的所谓关爱，到头来终会露馅，不是招人厌恶，就是为人不齿。真正的关爱他人，完全是真诚使然，它深深地扎根在人格的土壤里，默默地奉献着自己，也不断地完善和壮大着自己。一个胸怀真诚的人，只要轻轻一语，就能打开他人紧闭的心门，只要微微一笑，就能嗅到他人心灵的芬芳。

罗斯福是美国最受人爱戴的总统，不仅广大民众敬重他，就是白宫里的仆人们，也从心底里喜爱他。这究竟是什么原因呢？罗斯福的黑人男仆奥默森所写的《罗斯福，他仆人的英雄》一书，就揭开了此中的奥秘。奥默森在书中写到这样一个细节：他妻子听人说鹑鸟很漂亮，可是从来没有见过鹑鸟。有一次她到总统的房间工作，就向总统询问有关鹑鸟的事情。总统见问，当即就停下手头的工作，不厌其烦地向她讲述鹑鸟的故事。奥默森的妻子也没有把这件事情当成什么大事，也就是随便问问而已，她万万没有想到位高权重、日理万机的总统，竟然这样重视自己的一个小小的问题，浑身上下只觉得有一股热流在涌动。此后不久的一天下午，奥默森房间的电话响了，是罗斯福总统打来的。总统告诉奥默森，他刚刚从奥默森的窗口经过，看到正好有一只鹑鸟落在他们的窗台上，他让奥默森转告妻子，叫她赶快来看那只鹑鸟。奥默森感动万分地喊了自己的妻子，两人一起热泪盈眶地看到了那只美丽的鹑鸟！奥默森和他的妻子不仅把这件事情作为自己一生最珍贵的宝贝珍藏，还常常把它当作美味一样拿出来细细品尝。奥默森在书中还说，当时在白宫里工作的任何一个人，几乎都有过类似的经历，都有一些值得自己终生铭记的故事，因此每一个仆人都常常这样想：不论在什么时刻，为了罗斯福总统，他们随时都愿意赴汤蹈火！

罗斯福的故事雄辩地告诉我们，真诚无价，人品无价，“真诚才是人生最高的美德”（英国诗人乔叟语）。真诚是晶莹剔透的，它不含任何杂质，真诚是恒久绵长的，它永远不会褪色，真可谓是：无限芬芳皆落尽，惟有松柏绿依然。真诚不是智慧，但是它常常折射出比智慧更加诱人的光泽，许多人千方百计想得到却得不到的东西，胸怀真诚的人却轻易地得到了。

真诚历来受到人们的垂青，在构建和谐社会的今天，真诚就尤其为大家所期盼，但愿每一个青少年都能顺应时势的要求，为具备这一“人生最高的美德”而作出不懈的努力。

宁可立而不足，不可邪而有余

当今的社会，造假成风，影响所及，学校里也就屡屡有作弊的事情发生，这应该说已是一个不争的事实。可是，我们难道能因为别人在作弊，也就跟着作弊么？回答只能是否定的。作弊就是欺骗，往小处看，是欺骗了自己，明明不知道，却偏要装作知道；往大处看，是欺骗了老师和同学，使原本公平的考试，变为了不公平；往长远看，那就会渐渐养成不诚实的品性，很可能因此而害了自己的一生，害了他人和社会。作弊也可以说是偷窃，就是把本不属于自己的东西窃为自己所有，而且所窃的东西还不是普通的物件，而是比一般的物质更有价值的知识，因此从严格的意义上来说，其性质比一般的偷窃还要更为严重。

不欺不偷，此乃我们中华民族最重要的伦理底线。如果为了获取那也许能满足自己一时虚荣的分数，就不屑突破堂堂正正做人的最后一道屏障，那我们还够得上起码的做人的资格么？要知道，一个题目答错了，那不过是一个知识性的差错，而倘若作弊偷看了，那可就是品性和人格上无法弥补的严重过失啊！著名教育家苏霍姆林斯基曾经这样说：“一个有教养的人，他良心的呼唤甚至都不会允许他有是否可以抄袭同学作业的念头，这对于他，就如同赤身裸体出现在大庭广众之下一样是做不出的事。”有一篇《老外劝我们别作弊》的文章，也曾这样谈到一位在北大执教的美国教授向学生提出的忠告：“一个作弊的民族怎么可能进步和强大呢!”“孩子，你的信誉价值连城，你怎么舍得用一点点考分就把它出卖了？作弊的代价太高了，实在划不来!”所以，在考试的时候，我们一定要严守“宁可立而不足，不可邪而有余”的信条，亮出自己的真本事，远离作弊，杜绝作弊!

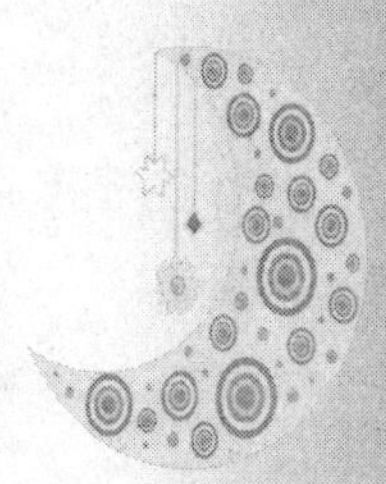

要远离作弊，杜绝作弊，固然需要整顿校风，严肃考纪，然而最关键的一点，还在于每个人必须加强自身的修养，努力培养诚实的品性。曾有人这样问一个受过良好教育并具有诚实品德的男孩：在没有人在场的情况下，你为什么不拿一些珍珠放进自己的口袋里？那位男孩的回答是："不，没人在场，我自己在看着我自己呢。我决不会让自己去做一件不诚实的事。"试想，要是让这样的男孩去参加考试，他还有可能做出作弊的事儿来吗？诚实是人格的至高境界，是操守的集中体现，一个人只有内不欺己，外不欺人，真正具备了诚实的品德，才不会做出匐匍在地的丑行，而作出那翱翔于空的壮举。

著名教育家陶行知先生说："千教万教教人求真，千学万学学做真人。"所以，自觉抵制各种不良因素的影响，彻底打消作弊的念头，还考试以它的本真面目，这才是我们广大青少年同学最明智的选择。

生命有如下棋，必须赶快动子

一次，有位中学生跟我谈起了这样的情况：在学习生活中，常常会遇到一些需要他拿主意作决断的事，可每当这个时候，他总是搔头摸耳的，不知究竟是该去做，还是不该去做，迟疑再三之后，眼看实在没有办法了，他就来一个没有办法的办法，那就是索性不作决断，任他“车到山前必有路，船到桥洞自然直”。其结果呢，自然是好多本应能办的事都没有办好。

听了他的述说，我不由想起这么一则故事来：

有一粒种子落到了土里，面对四周争艳斗丽的百花，它心里一直拿不定主意做什么花才好：“我才不做玫瑰花，满身带刺多么可怕啊！我也不愿做百合花，只有一种颜色，那么单调，多没意思！我更不要做牵牛花，好像没有骨头似的，到处乱爬……”这粒种子就这样一直拿不定主意要做哪一种花，因而始终不愿发芽，结果当百花都竞相开放时，它已经在土里腐烂了。

这粒种子这样三心二意，没有定见，一直不采取行动，结果别说开花，连出土的机会都丧失了。犹豫不决之害，由此可见。

也许有人会说，这不过是一则寓言故事，听听可以，不必过于当真。不错，以上说的确实是一则寓言，但寓言不正在一定程度上反映了现实生活么？事实上，在现实生活中，像那粒种子那样的人当真是存在的。不信，就请看一看一位艺术家的经历吧：这位艺术家很早就对朋友们说，他准备画一幅圣母玛丽亚的像。但他一直没有动手，只是整天在脑子里设计圣母的姿势和她的配角，一会儿说这样不好，一会儿又说那样也不好。为了构思这幅画，他放弃了其他任何事情，但是直到去世，这张他整日构思却一直没有动笔的“名画”，却始终没能问世。你瞧，这位艺术家的命运不正是那粒种子命运的翻版么？

生命就好像是在下棋，而且是下的快棋，时钟嘀嗒作响，随时都在催促我们赶快动子，如果我们老是犹豫不决，那就会超时判负。所以，不管是做什么事情，我们都不能只是停留在思这想那上，而必须当机立断，赶快行动。脑中的设想再怎么奇妙，预定的目标再怎么宏伟，如果不采取行动去加以实施，那么所有的一切都不过是灵光一现的虚空之物，到头来我们依然将一事无成。这是因为“现实是此岸，理想是彼岸，中间隔着湍急的河流，行动则是架在河上的桥梁”（俄国著名寓言家克雷洛夫语），这是因为“人生伟业的建立，不在于能知，乃在于能行”（英国著名博物学家赫胥黎语）。我们一定要深知，想到的只是银，做到的才是金，1 个行动远胜于 100 次心动。如果不作决断，没有行动，就将一切归零，就将永远平庸。只有果敢决断，坚毅行动，才能创造业绩，才能赢得成功。古人说得好，“与其坐而论道，不如起而行之”，只有努力从单纯的说和想的框框中走将出来，坚毅果断地采取切实的行动，我们才能在人生的棋局中下出一步又步让人拍案叫绝的妙着，才能在激烈的对垒中取得一次又一次令人大呼过瘾的胜利。

养“敏”炼“敢”，善作决断

我国有句古话，叫做“毒蛇在臂，壮士截腕”，此话听起来似乎有点夸张，可实际上世上还真有这样善于决断的人。

欧洲的北爱尔兰，有一座美丽的城市阿尔斯塔，该城的城徽，竟是在银盾的中心画了一只血淋淋的红色的右手。这究竟是怎么回事呢？原来这城徽的背后就有一个“壮士截腕”的故事：1015 年，亨利·奥尼尔同另外一个海盗首领争夺北爱尔兰的领土。出发之前，双方约定，不管是谁，只要最先用手摸到将要攻占的新领土，谁就是那块土地的主人。于是两支船队从同一地点、同一时刻向海上进发。双方都拼尽全力，几乎在同一时刻到达了可以看见海岸的地方。尽管奥尼尔的手下已经尽了最大努力，但他们的船队仍落在竞争对手后面几个船身的距离。眼看对方的船队快要靠近岸边，奥尼尔急中生智，突然采取了一个令人瞠目的果断行动，他拔出佩剑，猛地一挥，用力砍下了自己的右手，再用左手把它捡起来狠命地往岸上甩去。血手飞过海水，终于比对方早一刻触摸到了土地。奥尼尔就这样以自己的果敢之举，不仅赢得了土地，而且赢得了人们的钦佩，他终于成了阿尔斯塔的第一位首领，这个城市也将他血淋淋的右手永远留在了城徽上。

可以毫不夸大地说，奥尼尔的胜利就是敏捷坚毅的决断的胜利。既然敏捷坚毅的决断对于事业的成功起着如此巨大的作用，那我们又该怎样才能具备这种敏捷坚毅的决断能力呢？

这种敏捷坚毅的决断，是一种以善于明辨为前提，不失时机地采取决定并坚决执行的品质。也就是说，这种品质是以敏锐的洞察力和勇敢、机智的应变力为条件的。正因为这样，要培养敏捷坚毅的决断能力，就必须在养“敏”与炼“敢”这两个方面下切实的工夫。

“敏”，就是应该有敏锐的眼光，敏捷的思维，敏感的反应，善于发现问题的症结之所在，善于抓住矛盾的主要方面，就是面对纷纭万象，要能够审时度势，见微知著，像千眼神那样洞察一切，像千手神那样抓住关键和时机。在这方面，美国巴顿将军的做法会给我们有益的启示：第二次世界大战期间，有一次巴顿将军正在率部挺进，没想到前面的列队突然乱作一团，无法移动。原来是一头运军需的犟毛驴横在路中不肯动弹，一群士兵连拖带拉又拿鞭子驱赶，可都无济于事。巴顿将军见状后大喝一声：“所有士兵立即闪开！”然后掏出手枪对准驴子扣动扳机，这个犟家伙应声倒地，巴顿命令把它扔进路边的大海，行军大道立刻畅通无阻。巴顿可真是一个眼光敏锐，思维敏捷，反应敏感的人，他不仅看到了问题的症结在那头犟毛驴上，更看到了矛盾的焦点在如何解决那头犟毛驴上，因此他果断地用手枪击毙了犟毛驴，并将它扔进了大海。试想，如果他不是敏于思索，善抓关键，那岂不就将同样“无济于事”，严重贻误战机么？

“敢”，就是要敢作敢为，在观念上敢于叫板，在方向上敢于求异，在行为上敢于开风气之先，也就是要敢于做第一个敢吃“螃蟹”的人。这种“敢”，并不主要来自外在的压力与呐喊，而更取决于自己内心的激情与召唤。这就正像印度诗人泰戈尔所说：谁像命运一样地驱策我向前进呵！那是我自己在背后推着我大踏步向前走。如同泊在港湾的船，如果水手自己不松开系于岸上的缆绳，任凭波击浪打，又指望谁使之扬帆远航呢？美国宇航员威尔逊就以他的非凡之举，雄辩地说明了这个问题。1969 年 7 月 20 日，威尔逊乘坐飞船降落在月球的特兰克里梯死海上。全球正实况转播这人类的伟大创举，这时，只听得威尔逊开口说道：“我，哈泼·威尔逊，以全人类的名义宣布：月球不属于哪一个国家，而是全人类的共同财富。”停顿一下后，他接着又说，“我们是为全人类的和平而来的。”他刚说完，实况转播突然中断了 4 分钟，原来，美国政府为他准备的讲话稿是：“我，哈泼·威尔逊，郑重宣布：美利坚合众国拥有对月球的领土主权。美国人迈出每一步都是美国领土的扩展。”眼看占领宣言居然被威尔逊“篡改”成了和平宣言，美国官方的震怒可想而知，于是在中断转播的 4 分钟里，基地指挥部同他进行专线通话：“鹰 1 号，你背离了原定的讲话内容。”威尔逊答：“是这么回事。”基地问：“你要收回这个讲话吗?”威尔逊答：“绝不!”登月飞船返回地球后，联合国果然通过了一项决议：月球归全人类共同拥有。你瞧，威尔逊不就是由于内心的激情与召唤，而敢于“篡改”美国政府准备的讲稿，而敢于对基地指挥部说“不”，从而做出了前无古人的惊世骇俗之举，并由此成为了令全世界人民不胜敬仰的伟大英雄么?

诚然，养“敏”炼“敢”决非一日之功，但万事难为贵在为，只要我们不坐而论道，不临渊羡鱼，而能雷厉风行，说干就干，那么，终有一天，我们也会具有千眼神的身手，千手神的本领。

改掉坏习惯，养成好习惯

大凡自制力不强的人，是很难搞好学习，很难做好一切工作的。那么，要怎样才能增强自制力呢？我们觉得，有针对性地改掉原有的坏习惯，养成新的好习惯，乃是增强自制力的一个有效措施。

人们常说，行为养成习惯，习惯形成性格，性格决定命运。由此可见，养成良好的习惯乃是对我们终生有益的一件极为重要的事情。任何一个人，要想执行自己的人生计划，实现自己的人生目标，就必须时时不忘有针对性地改掉一个坏习惯，习得一个好习惯。人是环境之子，人的习惯并非是天生的，而是在一定的生活环境之中形成，并随着生活环境的变化而不断变化的。因此，只要我们在正确目标的引导下，通过反复的训练，依靠惯性的力量，就完全有可能改掉一个坏习惯，习得一个好习惯。

诚然，凡事起头难，坏习惯的改掉起头也是很难的。这就好比发射火箭那样，它起步脱离地心吸引力那一刻是最难的，耗费的能源也是最多的，可只要它脱离了地心吸引力之后，它就将会进入一个一切都非常正常的自由王国。同样，只要我们下决心抛掉原先的坏习惯，花力气脱离它的吸引力，新的好习惯的习得也就不会如想象的那么艰难了。

马克·吐温曾经说过："习惯是很难打破的，谁也不能把它从窗户里抛出去，只能一步一步地哄着他从楼梯上走下来。"这说明改掉坏习惯确实不是一件容易的事情，但为了增强自制力，为了形成良好的性格，为了自己的前途命运，我们一定要知难而上，不达目的，誓不罢休。譬如说，有不少青少年同学都有一个喜欢睡懒觉的坏习惯，并因此而严重影响了自己的学习。针对这一情况，我们就必须下决心改掉这一坏习惯。怎么改？最好的办法就是用一个新的好习惯来替代这一坏习惯。这个新的好习惯就是每天早上起来练5公里的晨跑。早上睡在床上的每一分钟，都会让人感到特别宝贵，尤其是冬天躺在那暖暖的被窝里，就更是让人有一种恋恋不舍的舒服感，要起身也就真是不易。而起床后的晨跑呢，却是既艰苦又乏味，还会让人腰酸背痛，这就很容易让人望而生畏，见之却步。所以，要改掉睡懒觉的坏习惯，要习得练晨跑的好习惯，也就当真有很大的难度。那么，这时候究竟该怎么办呢？我们觉得，依然得采用马克·吐温为我们提供的好办法："关键在于每天去做一点自己心里并不愿意做的事情，这样，你便不会为那些真正需要你完成的义务而感到痛苦，这就是养成自觉习惯的黄金定律。"只要有决心，只要肯坚持，随着时间的推移，跑起来双腿会越来越有劲，心情会越来越轻松，一切也就会变得越来越容易，越来越自然。到最后，晨跑就会成为一个自然而然的习惯，成为日常行为的一个有机组成部分；而原本睡懒觉的习惯呢，则会随着练晨跑这一新习惯的习得，"无可奈何花落去"地退出它原先占有的舞台。

而要真正实现这好坏习惯的交替，关键就在于要专注执著，持恒不懈，无论是严寒酷暑，刮风下雨，抑或是体有不适，遭遇意外，都不能寻找借口，半途而废，而一定要咬紧牙关，顽强挺住。起始时，这么做可能会多有困难，但你一定要相信，往后的日子绝不会一直这么困难的。稗草连根拔掉了，秧苗就一定会旺盛地生长，坏习惯彻底改掉了，好习惯就必将会很好养成，你的自制力就一定会随之而空前增强，你的所有的一切也就将因此而全都旧貌换新颜。

既要谨防犯错，更要彻底改错

有一次，一位同学跟我说，他刚进中学时各方面的表现都挺不错，对自己的要求也比较严格，可有一个星期天，他经不住邻居家一个孩子的一再缠绕，便跟那孩子一起走进了一个网吧。开始他也感到这样做有悖家长和老师的嘱咐，不太妥当，可转而又想，反正就这么一回，没有多大关系的，也就没能把持住。谁知一到里面，那新奇刺激的网上游戏很快就将他吸引住了，使他一下子把所有的一切都丢到了脑后。此后，只要其他人一邀，他也就管不住自己的双脚，经常不由自主地出没于网吧之中。时间一长，也就导致了他上课无精打采，作业拖拖拉拉，成绩明显下滑。

听了他的这一番述说，我不禁想起明朝御史张瀚在《松窗梦语》中记述的一个故事来。张瀚初任御史参见都台王廷相时，王廷相给他描述了这样一桩见闻：昨日乘轿进城遇雨，有个穿新鞋的轿夫，他从灰厂到长安街时，还择地而行，怕弄脏了新鞋。进城以后，泥泞渐多，一不小心踩进泥水中，便"不复顾惜"了。随后王廷相说："居身之道，亦犹是耳，倘一失足，将无所不至矣！"这虽然是王廷相告诫张瀚的为官之道，其实它又何尝不是说的为人之道呢？对于刚穿的新鞋，谁都知道珍惜，所以轿夫在雨水中也就择地而行，唯恐把鞋弄脏了。可一旦不小心踩进了泥水之中，鞋子弄脏之后，他也就"不复顾惜"，在泥泞中乱走一通，以致很快就面目全非，不堪入目了。要保持一双鞋子的洁净不过是件小事罢了，尚且如此不易，要保持一个人的纯洁无瑕，自然就更为困难了。刚开始时，也许人人都小心谨慎，对那些可能污染自己的东西避之犹恐不及，可如果因为某种原因身上一旦染上了污点，有些人就可能会放低应有的尺度，放松对污物的戒备，并由此而宽恕自己的错失了。而这样一来，无需多少时日，这些人的身上就将污迹斑斑，完全没有什么可观之处了。

青少年同学阅历浅，经验少，在学习生活中犯这样那样的一些错误，本是在所难免，不足为奇的。然而，难免会犯错误决不等于我们可以小视错误，决不等于我们可以轻易犯错误，决不等于我们可以明知是错误还继续去犯错误。对于错误，我们首先要着眼于防。万物之发端必于“一”，所以我们一定要保持清醒的头脑，理性地对待“一”，谨防在稀里糊涂中轻易地为错误打开方便的大门。俗话说“篱笆扎扎紧，野狗钻不进”，所以我们一定要对可能发生的错误始终保持高度的警惕，使它们很难有趁虚而入的任何机会。

“人非圣贤，孰能无过”。即便我们谨慎防错，但错误总还是难免会发生，那又该怎么办呢？我们认为，这时候一定要对错误引起足够的重视，千万别认为那不过是小小的瑕疵，根本无伤大局，就对它采取宽恕和放纵的态度，因为如果那样的话，就必然会积小错为大错，在错误的道路上越走越远，最后发展到不可收拾的地步。其实犯错并不可怕，只要能反躬自省，彻底改过，依然不失为明智之举，依然能成为一个有高尚德行的人，这就正如古人所说的那样：“改过之人，如天气新晴一般，自家固自洒然，人见之，亦分外可喜。”

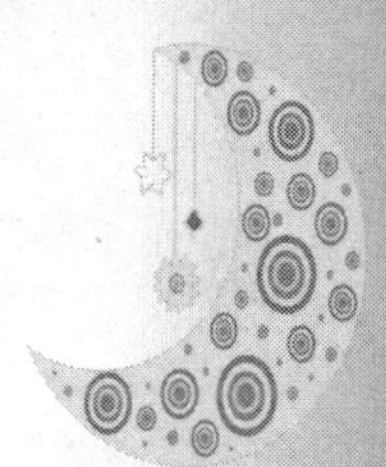

控制消极情绪，抵御外来诱惑

古希腊哲学家亚里士多德曾说：“美好的人生建立在自我控制的基础上。”这就可见增强自制力是何等的重要，而对于广大青少年同学来说，情况就尤其是如此。而要增强自制力，就必须在控制消极情绪和抵御外来诱惑这两个方面花大工夫，下大力气。

先说对消极情绪的控制。所谓消极情绪，主要是指：猜疑、嫉妒、憎恨、愤怒、狂躁和沮丧、忧愁、悲伤、痛苦、抑郁、恐惧、怯懦等负面情绪。过分的消极情绪，往往会使我们对事物失去正确的认知、判断和反应。猜疑会使人失去对他人的应有信任，严重腐蚀正常的人际关系；嫉妒会使人将所有的精力都放在对他人的恶意伤害上，而不去经营自己的长处，专心做自己该做的事情；愤怒会使人失去应有的理智，做出一些后果严重不良的举动；沮丧会使人心灰意冷，无暇顾及那些稍纵即逝的机会；抑郁会使人成天处于忐忑不安之中，做事时根本就发挥不出应有的能量；恐惧会让人终日胆颤心惊，不管遇有什么事都踯躅不前……试想，一个人如果老是为这些消极情绪所左右，那还怎么可能走向成功呢？当然，任何人都不是不食人间烟火的神仙，不可能一点消极情绪都没有。同时，我们还应该看到，消极情绪有时候也有其一定的积极作用，譬如一定程度的紧张会让人做事更为认真；一定程度的痛苦会使人变得更为坚强；一定程度的悲伤会激励人更努力奋斗……所以，问题的关键就在于，对消极情绪一定要有一个适度的把握，绝不能任凭它随意膨胀，造成不良的难以挽回的后果，而是应该及时地加以适当的控制，使之向有利于我们成长进步的方向发展。

再说对外来诱惑的抵御。如果说消极情绪是成功路上的绊脚石的话，那么外来诱惑就好比是成功路上的塞壬女妖。在古希腊的传说中，西西里岛附近海域有一座塞壬岛，塞壬是海中的女妖，她美丽而凶险，整天飘舞着长发坐在开满鲜花长遍芳草的海中群岛上，以清润甜美的歌声诱惑过路的水手，使他们情不自禁地放下手中的划桨，任由海浪牵引着，撞碎在致命的礁石上。所以，外来的诱惑往往是成功的更大的敌人，也是理智最难逃脱的一个陷阱。人都有“七情六欲”，当你对某一事物产生欲望时，它便对你有了诱惑。这种诱惑可能是一个实体，譬如一件漂亮的衣服，一台诱人的游戏机，一张演唱会的门票，等等；也可能是一种感受，譬如唱歌，上网，聊天，等等。如果一个人一次又一次地抵御不了这些诱惑，那么他的理想和计划就统统都将会灰飞烟灭，不见踪影。有一些小学同学，也许在放学的路上还在想着回家后一定要先做作业，然后再看一会儿电视，可是一跨进家门，一瞥见那电视遥控器，就手痒痒地禁不住要先看上一眼了，而这一看，也就将做作业的事儿忘到了脑后。有一些中学同学，也许刚向父母保证以后不再贪玩，一定把主要的精力放在学习上，可是只要一位爱玩的伙伴一招手，他就会脚痒痒地熬不住又去玩起电脑游戏来，而这一玩，就把学习丢到了爪哇国去。所有这一些，就都是抵挡不住诱惑，缺乏自制力的表现。应该说，这种情况在青少年中间并不是个别的现象，而是较为普遍地存在着。

消极情绪是束缚我们手脚的绳索，外来诱惑是动摇我们心志的陷阱，我们只有竭尽全力地挣脱它，果断坚决地排除它，才能健步如飞大展身手，才能一片坦途直抵成功。

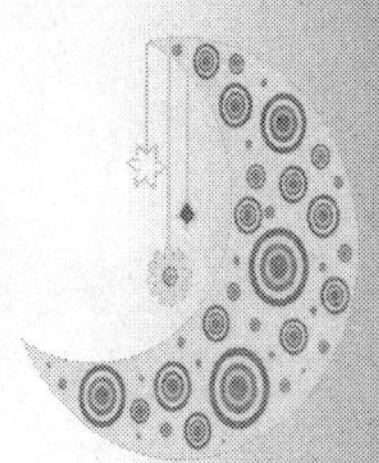

自制力缘何有强弱

古希腊数学家毕达哥拉斯曾说：“自制是世界上最强大的力量和财富。”古希腊学者格里大斯也说：“谁要是能把忍耐和自制作为立身行事的准则，谁就会度过无灾无祸的一生。”他们之所以对自制力如此推崇，是因为自制力是人生的方向舵，它能使我们的生命之舟避开暗礁、漩涡，永不覆灭，是因为只有真正能控制自己的人，才能牢牢地掌握自己的命运。

虽然自制力如此重要，如此受人推崇，可在现实生活中，却总还有许多青少年同学缺少应有的自制力，这又是什么原因呢？我们说，这除了受特定的年龄特点制约以外，也还因为受到了人的固有弱点的牵累。精神分析学创始人弗洛伊德就认为，人的心灵有追求快乐、回避痛苦的特点，人的感情容易倾向于暂时的满足。因此，每当面临某一繁重的任务，需要用巨大的勇气和坚强的意志来解决问题时，人们就往往会本能地加以回避，先做些轻松好玩的事情。面临的任务越繁重，越棘手，越需要付出意志努力时，人们往往就越会逃避，越会在之前先娱乐自己。然而，逃避痛苦只能带来一时的平静，带来短暂的快乐，却并不能从根本上解决问题，因为躲得过初一，躲不过十五，摆在面前的任务还是迟早必须去完成的。而且，说到底，那些为人提供暂时满足的事情，最后往往都会成为给人造成身心不健康、导致人失败的有害的事情。这也就是说，在那些为人提供暂时满足的事情背后，其实往往潜藏着极大的痛苦和不幸。而那些能提供暂时满足的事情之所以会引诱人们一心去得到它们，那是因为它们都能较方便、较直接地给人们带来一时的快乐或享受。一方面是繁重的任务带来的显而易见的痛苦；另一方面是轻松娱乐带来的唾手可得的快乐，面对这两者要作出抉择的时候，人们也就极易选择后者，而不愿选择前者，这就是人类趋乐避苦的本能。而正是这种本能，成为了许多人无力抵制诱惑的根本原因，并最终导致他们的人生无法正常运行，这就正如著名苏联教育家马卡连柯所说的那样：“不会抑制自己的人，就是一台被损坏了的机器。”

可世上也有一些人是反众人之道而行之的，他们往往能舍弃那一时之乐，而宁愿去自找苦吃，在甘吃苦头中求取成功。莫非他们果真是以苦为乐的特殊人物么？其实也并非尽然如此，因为大家对客观事物的情感体验是大致相同的，早起晚歇地工作人人都觉得劳累，优哉游哉地娱乐人人都感到舒服，这些人之所以力主“以苦为乐”，不过是他们帮助自己提高自制力的一种心理暗示而已。而说到底，从本质上来看，这些人其实也是趋乐避苦的，只是他们有更高远的眼光，更卓绝的见识，他们没有将视点只放在眼前，寻求那一时之欢，而是将目光放在了将来，放在了通过眼前的吃苦而获得更长远更巨大的快乐上。这也就是说，他们虽然也是在趋乐避苦，不过他们趋的是大乐，避的是大苦——这就是这一些有着极强自制力的人的境界，也是他们之所以能获得成功的奥秘之所在。这些人的作为，可以说是充分印证了高尔基和罗伊·L·史密斯所说的两句名言：“哪怕对自己的一点小小的克制，也会使人变得强而有力。”“自制力宛若受到控制的火焰，正是它造就了天才。”

常人往往受制，成功者却能自制，两者的态度截然不同，结果自然也就迥然有别。事情就这样了了分明地摆在我们的面前，我们究竟该何去何从，相信大家定会作出正确的判断和抉择了。

不要在后悔中生活

在学校里，有一些同学常常在后悔中生活，为不小心跟同学闹了场别扭，为回答老师提问时答了些牛头不对马嘴的话，为自己没有能参加校内的演讲比赛，为自己在班干部的竞选中缺少应有的勇气，为……他们往往都会后悔不迭，不断地怨怪自己，怨自己的笨拙无能，怪自己的不善决断。这样怨来怪去，他们的精神也就总是振作不起来，他们的学习也就总是搞不上去。

这些同学出现这样的问题，其实也不足为怪，因为据美国一家心理机构统计，人在一生中，会有十分之一的时间，在为每天或大或小的事情后悔着。有些科研人员还在进一步的调查中发现，世界上竟然有百分之三以上的人，终身都在为自己曾经做过的某件事情后悔，并常常在心里暗暗地自责着。

人们喜欢后悔和自责，可人们大部分的后悔和自责，实际上都不仅是没有道理和没有用处的，而且往往会带来很大的负面影响，甚至会带来许多的不幸，这就正像一句名言所说的那样："你的不幸，不是在于你做错了什么，而是由此引发的后悔。"这是因为后悔是一种极耗费精神的情绪，它是比错误更大的错误，比损失更大的损失。后悔的念头不可有，后悔的话语不能说，后悔的事情不能做，如果每天都沉浸在后悔之中，那么再多的希望也会被你的叹息吓掉了，再快乐的气氛也会被你的懊恼搅乱了，你就会只看到四野的黑暗而看不到天空的星星，就会因深深的绝望而在错误和损失的道路上越滑越远。

犯了这样那样的错误，这固然不是什么好事，但也完全用不到后悔，因为这于问题的解决并没有丝毫的好处。正确的做法应该是很好地分析错误的原因，不断地寻找改正的方法，努力使自己逐渐变得聪明起来，找到一条走向成功的正确通道。不善决断，遇事没有能作出正确的选择，这固然也令人遗憾，但这也同样用不到后悔，真正的解决之道应该是：认真吸取教训，学会放出慧眼，学会多动“天君”，在多看多想中不断提高多谋善断的能力，以使自己逐渐成长为一个长于选择和善于决断的人。

因为犯错误，因为少决断，我们无疑是失去了一些机会，多走了一些弯路，但这也并非是绝对的坏事，因为我们也由此在沿途看到了一些别人无法欣赏到的美丽风景。人生是条单行道，谁都无法选择回去的路程，唯一的办法就只有正确地面对眼前已成的事实，尽快调整自己的心态，努力设法去改变因为犯错误和少决断所造成的被动局面，并坚信自己的付出一定会得到预期的收获。悲观的人往往只看见眼前所遇到的问题，唯有乐观的人方能看见问题后面潜藏的机会。机会从来不会主动前来敲门，它常常就像一阵风一样悄悄地拂面而过，成天唉声叹气的人很难感觉到它的存在，只有不为失误束缚手脚的坚强勇敢者，才能敏锐地发现它，紧紧地追踪它，并在最后牢牢地将它握在自己的手中。所以，不管面对什么样的失误，我们都必须对自己多一点自信，对未来多一点希望，都必须将“后悔”两字从自己的字典中永远清除出去，始终微笑着勇往直前。

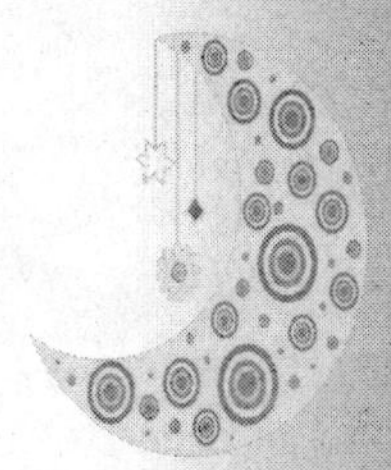

莫让嫉妒心理兴妖作怪

在生活中，常会看到这样一种现象：有些人总想着自己能处处一马领先，要是其他人一旦超过了他们，他们的心里就会感到酸溜溜的难受，甚至会产生一种咬牙切齿的忌恨。这些人之所以会犯这样的红眼病，完全是因为嫉妒心理在兴妖作怪的缘故。

所谓嫉妒，就是一种急欲排除别人优越地位，或想破坏别人优越位置的带有憎恨的激烈感情。嫉妒心的产生，往往有一个过程，先是看到某人超出自己处于一个优越的位置，心中隐现一种带有苦涩味儿的愧不如人的羡慕感。这时候，如果能理智地控制自己的情绪，则可以促使自己暗暗与某人较劲，从而形成一种有益的竞争；如果情绪失控，认为自己的相形见绌完全是由某人一手造成的，那就会与他渐渐疏远，对他冷眼相待，觉得怎么看他都看不顺眼。再发展下去，妒火愈烧愈旺，心中似在滴血，那就会对某人横挑鼻子竖挑眼，甚至不惜捕风捉影，恶语中伤，非要将某人从那优越的位置上掀翻不可。到这个时候，也就在嫉妒的泥潭中愈陷愈深了。

嫉妒看似小毛病，其实它一害自己，二害他人，三害集体，危害是相当之大的。一个人有了嫉妒之心，成天眼喷火，心冒烟，注意力就会严重错位，思考力就会大大降低，想象力就会丧失殆尽，脑子里就会像一团乱麻似的什么也理不出头绪来。这是害自己。一个人有了嫉妒之心，就会不择手段地对他人加以诋毁和攻击，这样就会给他人带来心灵上的痛苦，有时候甚至是肉体上的伤害，这是害他人。一个人有了嫉妒之心，就会搬弄是非，影响团结，破坏集体的友好氛围，削弱集体的整体力量，这是害集体。正因为嫉妒有此三害，所以我们一定要倾尽全力将它聚而歼之。

要根绝嫉妒，一是要增强自信。“以修身自强，则名配尧禹”（荀子语），“会当凌绝顶，一览众山小”（杜甫诗），若是有了这样坚强的自信，有了这样宏伟的气度，那就必然会相信自己能够无往不可胜，无高不可攀，嫉妒之火自然也就无从产生了。二是要保持心智的平衡。“非淡泊无以明志，非宁静无以致远”（诸葛亮语），“宠辱不惊看庭前花开花落，去留无意望天上云卷云飞”（洪应明《菜根谭》），如果有了这样平衡的心智，那就不会总看着邻居的草坪葱绿可爱而心生妒意，而能多回过头来细细琢磨自己的花园该种什么花草才更令自己赏心悦目，惬意无比。三是要宽容大度，笑对他人。“君子量不极，胸吞百川流”（孟郊诗），“海纳百川，有容乃大；壁立千仞，无欲则刚”（林则徐语），只有大肚能容，方可断却许多烦恼障，只有笑容可掬，才能结成无量欢喜缘。法国著名作家雨果说得好：“世界上最宽阔的东西是海洋，比海洋更宽阔的是天空，比天空更宽阔的是人的胸怀。”只要我们具有了比海洋、比天空更广阔的胸怀，那么我们就永远不会跟嫉妒沾边，而永远生活在平静和快乐之中。

心理失衡生嫉妒

在学校里，我们常常可以见到这样的一些同学：看到别人长得比自己漂亮，穿得比自己时新，就说人家是爱出风头，喜欢臭美；看到别人学习成绩比自己好，就说人家是靠了成天死用功，没啥了不起；看到别人当上了班干部，就说人家是拍老师的马屁拍来的，一点都不光彩；看到别人在学科竞赛中获了奖，就说人家是瞎猫碰到了死老鼠，完全是因为运气好……总之，只要是别人在某些方面超过了自己，他们心中就老大的不高兴，喜欢怪话连连地发泄一通，甚至恶言恶语地攻击一番。所有这些，就都是典型的嫉妒心理的表现。

那么，嫉妒心理又是何以会产生的呢？说到底，这都是因为心理失衡而造成的。在通常的情况下，绝大多数人都向往能始终生活在一个“你有我有大家有”、“你好我好大家好”的平和的境况之中。可是，向往仅只是一种愿望，现实却往往并不能尽如人愿，那种人人皆有、人人均等的美好愿望，常常会被严酷的现实所打破。而这种状况一旦被打破，且自己又处于相对劣势的地位时，除了一些善于很好把控自己情绪的人能坦然面对之外，有一些人就不免会心理失衡，酸溜溜地产生强烈的嫉妒情绪。这些人觉得，自己最想做的事情，居然有人已经做了，而且又做得那么好，自己最想达到的目标，居然有人已经达到，而且又是那么有目共睹，所以他们也就感到心中十分的不爽，甚至要双目喷火了。不过，尽管他们怏怏不快，满腹怨言，可他们又毕竟理不直，气不壮，无法明火执仗地进行堂而皇之的攻击，于是他们就只能躲躲闪闪，遮遮掩掩，施放一些易于迷惑人心的烟幕弹，散播一些转弯摸角的中伤他人的恶毒话。这，就是嫉妒心理的一种独特表现方式。

嫉妒情绪的产生，往往有一个发展过程，其外在表现大致有这样三个层次：最初的层次是潜意识嫉妒心理，此时还没有形成自觉意识，对人的心理激活作用也较为微弱，一般不会产生严重后果，但这种心理状态有其普遍性，且常常与羡慕、竞争等心理混在一起。对于这种潜意识的嫉妒心理，我们应见微知著，防患于未然。第二个层次是显意识嫉妒心理，已经由无意识（或下意识）转到有意识，显露出来的行为是故意挑剔或散布不良言论，严重者还可能出现人身攻击、诬陷乃至诽谤，致使被嫉妒者感到较大的压力或痛苦，而嫉妒者则以此来求得心理平衡和满足。这种不良心理状态已开始转化为不良品德问题，因而对此更应引起足够的重视，努力加以戒备。第三个层次是变态嫉妒心理。所谓“变态”，即指脱离正常社会生活范围的异常表现，主要有两种形式：一种是猖狂地攻击被嫉妒者，另一种则变成一种无事不嫉妒的人，甚至本不该嫉妒的事也要嫉妒。这一层次的嫉妒，不管是对嫉妒者也好，抑或是对被嫉妒者也好，往往都会造成极为严重的恶果。

嫉妒是一种病态心理，是心灵的沉重枷锁，它会将一个人牢牢拴住，谁要是犯上了这种病，谁就不但得不到任何好处，而且会跌进痛苦的深渊，同时还会给他人和社会带来许多的不测乃至灾难。所以，我们应该竭力防范它，尽力远离它，决不给它以任何的可趁之机。

嫉妒心理危害大

所谓嫉妒心理，就是某些人在个人欲望得不到满足时，对造成这种现象的对象所产生的一种不服气、不愉快乃至相当怨恨的情绪体验。嫉妒看似小病，实质危害极大，主要表现在以下三个方面：

一是嫉妒会影响自身的进步和发展。嫉妒是心灵的地狱，嫉妒会使一个人变得卑下、偏狭，会使人丧失理智和信心，即便是生活在阳光下，他们也享受不到人间的温暖，体会不了人生的乐趣，他们只觉得自己一直生活在黑暗的世界里，总感到无比的心寒，万分的孤独。他们总是拿别人的优点来折磨自己，将许多宝贵的时间消耗在琢磨他人、诽谤他人的小动作上，因此也就无法集中精力来搞好自己的学习和工作，也就根本不可能真正有所作为。同时，由于嫉妒，他们还常常会精神紧张，功能失调，久而久之，嫉妒之火便会转化为生理之疾，并扩散到身体的各个部位，引起躯体上的种种不良反应，七病八疾便会不请自到，造成人体内分泌紊乱，消化腺活动下降，肠胃功能失常，脾气暴躁古怪……所有这些，势必都会对他们的身心健康造成极大的危害。

二是嫉妒会对他人造成相当的伤害，甚至酿成巨大的悲剧。大凡有嫉妒心的人，只要发现周围有人比他高出一头，胜出一筹，他的嫉妒之火就会在瞬间燃起，他就会吃不下饭，睡不好觉，甚至会咬牙切齿，心中滴血，于是他就会把对方看作对头，甚至视为仇敌，就会想方设法去孤立和攻击对方，就会挖空心思地散布流言蜚语进行中伤，甚至会不计后果地采用卑劣手段加以陷害。这就正像鲁迅先生早就说过的那样：在中国，“有什么稍稍显得突出，就有人拿了长刀来削平它”。嫉妒就好比是田中的杂草，当它茂盛之时，庄稼就必定要枯萎。只要哪里有妒贤嫉能者在，哪里的能人贤者就会遭殃，他们的才能就无法施展，他们的抱负就难以实现，有些人甚至会因此而招来杀身之祸，从而饮恨终生。大诗人屈原，就因屡屡遭嫉蒙谗，而被楚怀王疏远，被楚襄王流放，最后在汨罗江畔抱石沉沙，葬身江流。大军事家孙膑，就因被庞涓所嫉妒，而饱受膑刑之苦，且差点儿送了性命。民族英雄岳飞，更是因受奸相秦桧的嫉妒，而惨遭杀身之祸，枉死在风波亭上。嫉妒对他人造成的伤害和悲剧，由此即可见一斑。

三是嫉妒会成为社会进步的绊脚石。一个社会的进步，离不开健康向上的社会风气，离不开融洽和谐的人际关系，离不开人才辈出的竞争环境。正是因为刘备三顾茅庐，请出了诸葛亮，方使无立足之地的蜀国，三分天下有其一。正是因为李世民广纳贤良，从谏如流，这才开创了大唐王朝的太平盛世。如果是武大郎开店，嫉贤妒能，高者难容，那么这个店必然会很快就关门大吉。同时，嫉妒的祸水不仅会淹没被嫉妒的对象，而且还会漫延到其周边的广大地方，造成人与人之间你猜我忌、勾心斗角的态势，使融洽的人际关系受到严重破坏，并导致世风日下，人心涣散，人才遭殃，事业受损。在我们的历史上，那妒贤嫉能之辈当道之日，即是社会由盛变衰之时的众多史实，岂不都是最雄辩有力的明证么？

见贤思齐，驱除嫉妒病

嫉妒之所以会给自己给他人和给社会带来严重的危害，是因为嫉妒完全是那些缺少应有道德修养的人，凭着失去理智的激情，为逞一时之快而作出的错误选择。所以，要想铲除这些危害，我们就必须用以理智和道德为重的心胸，很好地把控自己，战胜自己，以货真价实的进取心来改造和取代嫉妒心，用光明磊落的奋斗来驱散嫉妒的阴影。这就正像20世纪声誉卓著、影响深远的思想家伯特兰·罗素在其《快乐哲学》一书中所说的那样："嫉妒尽管是一种罪恶，它的作用尽管可怕，但并非完全是一个恶魔。它的一部分是一种英雄式的痛苦的表现。人们在黑夜里盲目地摸索，也许走向一个更好的归宿，也许只是走向死亡与毁灭。要摆脱这种绝望，寻找康庄大道，文明人必须像他已经扩展了的大脑一样，扩展他的心胸。他必须学会超越自我，在超越自我的过程中，学得像宇宙万物那样逍遥自在。"

梅花自有其独特的清香，何必嫉恨桃花的娇艳；兰花自有其高雅的气质，何必嫉妒玫瑰之丰采。一个人只要端正了心态，具有了正确的思维方式，就必然能去恶修善，有所作为。

先人有言："嫉贵则贱，嫉富则贫，嫉智则愚。"所以，面对那些高于自己的人，我们一定要心怀阳光，心胸豁达，承认自己与他人的差距，并以他人为学习的榜样，为追赶的目标，努力在取人之长、补己之短、见贤思齐和从善如流等方面下切实的工夫，真正做到知耻而后勇，化嫉妒为拼搏的动力。心胸豁达，对于我们实在是太重要了，因为只有心胸豁达了，才能既站在生活的制高点，一览众山小，又站在生活的最低处，风雨平常事，才能既增强对他人的认同和理解，又促进对自身的自责和忏悔，从而使自己完全走出自我狭隘的小圈子，在大幅提升自身素养与价值的基础上，迎头赶上他人，并进而后来居上。这样的做法是否具有切实的可行性呢？就让我们用下面的这一实例来作出回答吧：

美国有一位名叫阿瑟·华卡的农家少年，一直很嫉妒那些商界的成功人士，可他又是一个很好强的人。有一天，他在杂志上读了大实业家亚斯达的故事，很嫉妒亚斯达能有那样巨大的成功，但他转念又想，为什么自己要这样嫉妒呢，再怎样嫉妒都不可能像他那样成功，何不向他请教，并得到他的忠告，这样自己或许也能取得成功。于是，他便跑到了纽约，一大早就来到了亚斯达的事务所。一开始，亚斯达觉得这少年有点讨厌，然而一听少年问他“我很想知道，我怎么才能赚到百万美元”后，他的表情就变得柔和并微笑起来，两人竟谈了差不多一个小时。随后，亚斯达还告诉华卡该怎样去访问其他实业界的名人。华卡照着亚斯达的指示，遍访了那些曾让他嫉妒的一流的商人、总编及银行家。在赚钱方面，华卡所得到的忠告并不见得对他有所帮助，但是能得到成功者的知遇，使他增强了自信，他开始化嫉妒为奋进的动力，并努力仿效他们成功的做法。过了两年，这个20岁的青年，便成为了当初他做学徒的那家工厂的所有者。24岁时，他又成了一家农业机械厂的总经理。就这样，在不到5年的时间里，华卡就如愿以偿地赚到了百万美元。后来，这个来自乡村粗陋木屋的少年，又成为一家银行董事会的一员。在以后的创业过程中，华卡一直践行着他年轻时到纽约学到的基本信条：多与比自己优秀的人结交，把嫉妒别人转变为学习别人的长处，以此来帮助自己成功。

华卡的经历清楚地告诉我们：面对那些比自己优秀的人物，如果我们只是眼红、心恼，让嫉妒虫挠得浑身痒痒的，那就会永远落在他们的后面，并且将愈来愈望尘莫及；若是我们能远离嫉妒，心生向往，近距离去跟他们亲近，虚心去向他们学习，那么我们就不仅能彻底摆脱因为嫉妒而造成的种种烦恼和不快，而且能很快找准方向，少走许多弯路，以最快的速度赶上乃至超越那些优秀者，从而获得与他们一样的成功和快乐。“见贤思齐勤求索，我辈岂是蒿里人？”只要我们心明此理，切实去做，那么原本不显山不露水的我辈，也终会有“龙峰绝顶窥蓬瀛，登高望远形神清”的美好一天。

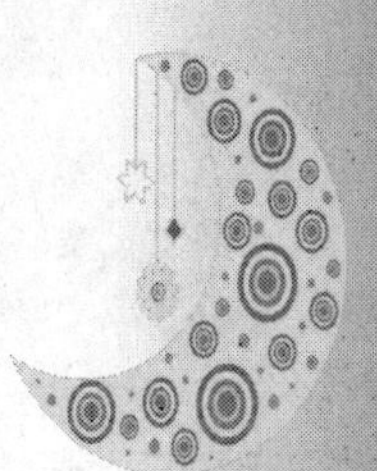

嫉妒是一个绿眼的妖魔，嫉妒是一根伤人害己的毒刺，对于这一妖魔和毒刺，我们决不能等闲视之，而要倾力认真对付。而见贤思齐，超越自我，可以说是彻底驱走这个妖魔，完全拔掉这根毒刺的最有效的方法。因为唯有如此，才能使自己常得安宁，使他人不受伤害，使社会永远祥和太平。

注重自身素质的全面提升

在《成绩差并不真就那么可怕》一文中，我们已经说过，成绩差并没有什么大不了，天不会就此而蹋下来。不过，这只是问题的一个方面，我们还必须看到问题的另一个方面：成绩差本身毕竟并不是一件好事儿，倘若因为它没有什么大不了就等闲视之，就依然优哉游哉地任其存在甚至发展下去，那它就很有可能真会变成一件可怕的事。要知道，那些名家巨匠并不是因为成绩差而成为名家巨匠的，而是因为他们始终不甘于成绩差的状况，努力设法去加以改变，不断地提升和完善自己，使自己日益进步提高，或是尽可能扬长避短，变不利为有利，将自己过人的长处发挥到极致，这才得以凌空展翅，大有作为的。所以，如果说自己的学习成绩当真比较差，那就应该好好地向那些由丑小鸭变为白天鹅的名家巨匠看齐，努力去改变因成绩差而导致的令人难堪的窘境，尽快从那被人不屑一顾的灰色群体之中彻底摆脱出来。

要实现这样的转变，绝不能只是单一地着眼于学习成绩的提高，而首先必须注重自身素质的全面提升。有人说："成绩是一时的，成功是一事的，而成长却是一生的。"此话说得极为辩证，非常精辟，值得我们永铭于心。青少年的成长，其实关涉到极其众多的方面，除了学习成绩的好差之外，更有人品的是否高洁，身心的是否健康，做事的是否富有创造力，为人的是否具有亲和力，以及摔倒在地后有没有屡败屡战的精神和勇气，等等。可在当今的现实社会中，成长的多元化标准却被人为地缩减成了"悠悠万事，唯分第一"的一元化标准。这样的一元化标准显然是十分片面的，甚至是完全错误的。所以，我们在提升自己的过程中，一定要挣脱这样的桎梏，冲破这样的牢笼，在努力提高自己成绩的同时，更着力于自身素质的全面提升。试想，如果一个人思想境界不高，道德品质低下，胸无高远之志，行无合格之举，脑子里尽是些乌七八糟的念头，平日里总是跟一些不三不四的人交往，他有可能静下心来刻苦攻读，将学业成绩提高上去么？

诺贝尔物理学奖获得者丁肇中一次回母校清华大学演讲，在接受学生的提问时说了这么一句话："据我所知，在获得诺贝尔奖的90多位物理学家中，还没有一位在学校里经常考第一，经常考倒数第一的，倒有几位。"在校学习时成绩平平的美国总统布什，在返回母校耶鲁大学接受荣誉法学博士学位时，有人问他现在接受这项荣誉作何感想，他的回答更是让人不胜惊讶："对那些取得优异成绩的毕业生，我说'干得好'；对那些成绩较差的毕业生，我说'你可以去当总统'。"这都告诉我们：学校里有高分低分之分，但校门外没有，校门外总是把校门里的一切打乱了重新洗牌。这也就是说，学习成绩固然也很重要，但它绝不能主宰一切，绝不能决定一个人一生的前途和命运。所以，所有成绩差的同学要想实现巨大的转变，千万不能只是将双眼死死地紧盯着分数，而是首先要在自身素质的全面提升上下切实的工夫。只有这样，转化的目标才有可能如愿达成，未来的前程才有可能一片锦绣。

“学问变为气质”

提起文明言行，人们也许都会自然而然地想起诸如“不乱丢果壳”、“不随地吐痰”、“不出语伤人”、“不动手打人”之类的要求来。不错，所有这些，都属于文明言行的范畴，但如果仅止于此，应该说还是远远不够的。譬如说，有别有用心者在公众场合大放厥词，蛊惑人心，激起了大家的公愤，人人意欲口诛之，笔伐之，可有人却偏说：“沉默是金，还是算了吧。”又譬如，有歹徒持刀行凶，拦路抢劫，受害者孤立无援，处境危险，可有人却偏在一旁冷眼旁观，无动于衷，该出手时不出手。你说，这一些人的言行文明不文明呢？倘若仅以“不出语伤人”、“不动手打人”的标准来衡量，这些人的作为似乎与文明言行并不相悖，可我们难道能说这些人的作为果真是符合了文明言行的要求么？我们觉得，只要稍有良知者，对此将都不难作出正确的回答。这就可见，所谓文明言行，绝不仅仅是“不出语伤人”、“不动手打人”等表层的简单要求，它还有着更深刻的内涵，它还直接关系到一个人内在的思想道德素养。

正因为上述的原因，精神文明建设就是一个极为艰巨的长期任务，它不只需要发通知，作规定，强调几个“不”，突出几个“要”，而更要在提高人们的思想素质方面下切实的工夫；否则，就会如寺庙里的菩萨那样，外表的镀金再怎么灿烂耀眼，也掩盖不了那泥塑木雕的内在本质。

提高思想道德素质，说到底就是要培养崇尚文明、弘扬正气的高雅气质。这样的气质从何而来？对此，英国唯物主义哲学家培根曾有过极为精当的回答：“学问变为气质。”而要有学问，这就得认认真真地读书，读马列经典，读理论著作，读文学名著，读一切于我们大有裨益的书。任何一本好书，都可以为我们开掘出一个更深邃、更广阔的世界，都可以使我们具有更高远的目标，更宏大的志向，都可以使我们成为心胸更为博大、品格更为高尚的人，对于广大青少年来说，情况就尤其是这样。学问一旦变成了气质，每遇一事，我们就能行于所当行，止于所当止。一言一语，无丝毫矫饰；一举一动，无任何造作。我们就能褒是贬非，激浊扬清，该出口时就出口，该出手时就出手，使正气更为高扬，使歪风就此遁迹。总之一句话，读书学习，使学问变为气质，这乃是自我铸造的开始，同时也是社会文明的发端。

20 世纪 30 年代，北京东城北总布胡同有个“太太的客厅”，是“京派”文学和贵族文化的殿堂。“太太的客厅”就设在林徽因的家里。尽管当时林徽因已经身染严重的肺病，但她仍保持着与生俱来的开朗和明丽，说起话来依然总是滔滔不绝。费正清的夫人曾回忆说：“梁太太（林乃梁思成的老婆）总是聚会的中心人物。当她侃侃而谈的时候，她的那些爱慕者们总是为她那天马行空般的灵感中所迸发出来的精辟警语而倾倒。”萧乾在回忆中也曾说：“那绝不是结了婚的妇人的那种闲言碎语，是有学识、有见地、犀利敏捷的批评。”林徽因的外貌固然美丽，但并不是那种摄人心魄的美，何以会令那么多人为她倾倒呢？很简单，这不仅在于她的容貌，更在于她的学问、智慧、才华和活力。这就更可见学问的头等重要。

现今的社会，较之 20 世纪 30 年代，对一个人的气质的要求，无疑是更要高出了一截。所以，为了使自己真正成为一个新时代的有气质讲文明的有为青少年，我们每一个同学就更应该勤奋读书，广积学问，并将自己丰富的学问全都转化为高雅的气质。

优雅的谈吐是人身价值的金字招牌

有一次与一位高中生交谈，当跟他说起与人谈话必须讲究艺术的问题时，没想到他却颇不以为然，只是淡淡地说："跟人说话嘛，那不过是要要嘴皮子的小事儿，而且高考又不考这玩意儿，何必那么去重视呢?"

事情果真是这样么？为了回答这一问题，不妨让我们先来看一看下面这样一则故事：

为了求职，一位英国青年走进了当地一位大商人保罗·吉本斯的办公室。吉本斯打量着这位不速之客，只见他全身上下显出一副寒酸相。吉本斯一半出于好奇，一半出于同情，接见了他，不过开始他只打算听对方说几秒钟，但对方的话匣子一打开，几秒钟就变成了几分钟，随后几分钟又变成了一个多小时。谈话结束后，吉本斯将这位青年郑重地介绍给了费城的另一个大资本家罗兰·泰勒。而泰勒呢，不仅盛情款待了这位青年，还为他安排了一个很好的工作。这位外表看上去十分潦倒的青年，是靠一种什么魔力在短短的时间内影响了两位非常重要的人物呢？答案很简单：靠他说话的能力。是他说得非常标准而且极其漂亮的话语，打动了听他说话的人，使他们完全忘掉了他那双沾满泥土的皮鞋，他那件褴褛不堪的外衣，以及他那满是胡须的面孔。一句话，是他那美丽的言辞成了他进入最高级商圈的护照。

由此可见，一个人的说话，乃是他修养和学识的证明，乃是他自身价值的金字招牌，乃是人们对他作出评判的可靠依据。与人谈话，高考时虽然并不考它，但在日常生活中，每一个人却都要不时地过好这一道关。前任哈佛大学校长伊勒特曾说："在造成一个'上流人'的教育中有一种训练是必不可少的，那就是优美而文雅的谈吐。"确实，如果一个人谈吐优美而文雅，那么他人就易于为你所倾倒，乐于跟你相亲近，你也就能随时广结人缘，到处受人欢迎。现在的社会，是一个越来越注重人际交往的社会，所以对于跟人说话这件事，我们也就更加不能小觑，而要努力使它成为一种真能打动人心的艺术。

那么，该如何才能使自己的谈吐做到优美而文雅呢？最关键的一点是必须加强个人的思想修养和性格锤炼。这是因为“有善心，才有善言”，语言美说到底是心灵美的外在表现。一个人只有具备了高雅的精神气质，脱俗的思想修养，跟人说话时才能态度诚恳亲切，用语谦逊文雅，语调平和悦耳，就像冬天的白雪那样洁白无垠，就像山中的清泉那样余音袅袅，就像磁场感应那样能营造一种愉快、亲切、自然和舒畅的氛围。而这样一来，我们也就必然能赢得好感，凝聚人气，进一步地培植和增进与对方的深厚友谊。鲁迅先生有言：“语言有三美，意美在感心，音美在感观，形美在感目。”如果我们跟人的谈吐果真能够达到这样的境界，那岂不就能收到“良言一句三冬暖”的良好效果了么？

实话还得善巧说

中央电视台有一个《实话实说》的栏目，自开办以来一直颇受广大观众的喜爱。为什么？就是因为这个栏目大力提倡以诚为本，实话实说，心里怎么想，嘴上就怎么说，竭力反对口是心非，言不由衷，虚假言辞满天飞，花言巧语唬弄人。很显然，这是对当今社会假话、大话、空话盛行的不正之风的必要匡正，这是对以诚为本的做人准则的有力弘扬。对于这一既符合现有国情，又顺应百姓民意的做法，大伙儿还怎能不由衷喜欢呢？

实话实说，这是人际交往中必须信守的一个基本原则，如若不然，那就是对"诚信"的背弃，就是对"做老实人，说老实话，办老实事"的背离。不过，世上的事情往往非常复杂，实话实说也并不意味着实话一定要死呆一板地完全照实说出，有时候也得根据情势的需要，多动动脑子，力争做到既是实话实说，又是实话巧说，以收到更好的说的效果。

在有的时候，特别是在一些外交场合，确实是不能胶柱鼓瑟似的实话实说的，而必须实话巧说才行。上世纪 60 年代的一次记者招待会上，有一外国记者突然问当时的外交部长陈毅："中国最近打下了美国 U-2 型高空侦察机，请问，用的是什么武器？是导弹吗?"试想，在这种情况之下，如果真来个实话实说，那岂不就要泄露国家的高级军事机密么？那岂不就成了一个地地道道的书呆子么？且请看向以直言快语著称的陈毅对此是如何巧妙应对的。他举起双手在空中做了一个"捅"的动作，说道："我们是用竹竿把它捅下来的呀!"陈毅的这一让人匪夷所思的回答，就正是绝妙的实话巧说。说它是实话，是因为它说出了我们打下了 U-2 型飞机这一事实；说它是巧说，是因为它说我们就像用竹竿捅一样东西那样轻易地就将 U-2 型飞机击落了下来，可见我们的武器是何等的先进。在这样的场合中，这“错”得出奇也巧得让人叫绝的对答，既保守了国家的军事机密，又不使对方过于尴尬，而且还活跃了现场气氛，真可谓是一石数鸟，妙不可言！

其实，不只在外交场合常常需要实话巧说，就是在与人相处时，有时候也同样需要实话巧说。在陶岚影的《闲话：小姐作家》一文中，有“周瘦鹃先生的千金周玲小姐，执教集芙中小学，《紫罗兰》月刊上常有她的作品，只是至今还没有把我喜欢读的一篇写出来”这么几句话，就说得极为委婉含蓄，而又十分准确到位，可以算得上实话巧说的佳妙文字。如果实话而不巧说，硬是直通通地这么写道：“……只是至今还没有写出令我喜欢的作品。”那岂非太过刺激，让人难以承受么？

实话巧说，有时候还有化解矛盾冲突，使人际关系更为融洽的妙用。请看这么一段生活中的真实故事：一次，一辆公共汽车上乘客很多，过道上也站满了人。突然，汽车猛一刹车，一位男士站立不稳，身子一下靠到了一位女士身上，那女士顿时柳眉倒竖，怒气冲冲地说道：“瞧你的德性！”男士站稳身子后，不愠不火地说：“不是德性，而是惯性。”话语一出，车厢内立即爆发出一阵友善的笑声，那位女士也怒气顿消，还面露出愧疚之色，一场一触即发的冲突就这么一下子化解了。你瞧，实话巧说的威力有多大呀！要是当真实话实说，一个劲儿地为自己的德性辩解，叫对方不要胡乱指责，那恐怕反会愈描愈黑，愈辩愈说不清楚，甚至可能由此引起一场激烈的口舌之争。

实话巧说既然如此重要，那么该怎样才能做到实话巧说呢？除了要努力学好语文，不断提高自己语言文字的表达能力之外，加强自身各方面的修养，应该是必须抓住的一个更为重要的环节。

学会“心理按摩”，巧妙解困减负

碰到了麻烦，遭遇了矛盾，有些人往往就会或闷闷不乐，郁郁寡欢，或面露愠色，颇为不快，老是处于烦躁和恼怒之中。该如何改变这种状况呢？在诸多的办法中，学会幽默就不失为一种极好的方法。

心理学研究表明，人的大脑皮层有个“快乐中枢”，那种令人觉得有趣或可笑的幽默，正是其最佳的刺激源之一。这个“快乐中枢”接受适宜的刺激后，便会呈现兴奋状态，把各种美好的东西复制出来，在人的机体内发生一场“生物化学暴风雨”，激活人体机能，洗刷生理疲劳和烦恼心理。同时，诙谐、妙趣的幽默能使人忍俊不禁，开怀大笑，而在人们笑得特别开心的时候，一些潜伏在人体内部伺机“作案”的致怒因子，便会被那一阵阵的笑声驱逐出体内。因此，科学家们便把幽默生动形象地比喻为“心理按摩”。这也就是说，在不尽如人意的生活中，幽默常常能帮助我们排解各种困苦，减轻生活重负。如果我们能学会用幽默的态度对待生活，就往往可以用四两拨千斤，游刃有余地驱散那愤世嫉俗和牢骚满腹的不良情绪。

人生在世，难免会遭人误解，也难免会有这样那样的失误，并因此而处于一种不利和尴尬的境地。一旦遇到这样的情况，如果心理失衡，总想遮遮掩掩，竭力为自身辩解，拼命替自己解困，其结果往往会越辩越出丑，越解越受困。真正明智的做法应该是，尽可能让自己多一点自信，多一点豁达，使自己思维的翅膀凌空飞翔，巧用幽默作为武器，来一点自我解嘲，以便机智地将他人的误解和自己的失误轻轻地推到一边去，从而使自己从不利和尴尬的境况中解脱出来。

曾任美国总统的林肯，虽说深受美国人民的爱戴，但他的容貌却很是难看，这在无形中成了讨人喜欢的一个障碍。林肯对此有极清醒的认识，因此他并没有采取回避的态度，反而利用它来拉近与人们的距离。一次，林肯的政敌攻击林肯是两面派，林肯听后便趁机借题发挥，以极平和的态度和风趣的语调说道："现在，让听众来评评看，要是我有另一副面孔的话，我还会戴这副难看的面孔吗？"林肯的这一幽默而又真诚的话语，不仅自然地显示了他对自己的达观态度，而且还充分表露了他所具有的人们所需要的人情味，所以他也就更赢得了人们的理解和拥戴，政敌自然也就被他轻松击退了。

美国总统林肯巧用幽默来笑对自己长相上的缺点，英国首相、陆军总司令丘吉尔则善用幽默来化解行动中的意外失误。一次，丘吉尔去视察一个部队。那天天刚下过雨，他在临时搭起的台上演讲完毕走下台阶时，由于路滑不小心摔了一个跟头。士兵们从未见自己的总司令摔过跟头，所以见后都不由哈哈大笑了起来，陪同的军官见此情景，全都惊慌失措，一时不知如何是好。谁知丘吉尔却站起身来，微微一笑说："这比刚才的一番演说更能鼓舞士兵的斗志。"结果呢，当真如丘吉尔所戏言的那样，士兵们对总司令的亲切感和认同感油然而生，在日后的战斗中更坚定地听从总司令的命令，去英勇杀敌。

幽默是传递真诚和温情的一缕春风，幽默是沟通人心灵的一座桥梁，幽默是能使我们的生活永远充满温馨的阳光，所以不管在什么时候，不管遇有什么样的情况，我们都要像美国作家特鲁所说的那样："当你希望成为一个克服障碍、赢得他人喜欢和信任的人时，千万别忽视这种神秘的力量。"

不忘如山之重的养育恩

一次，有位家长跟我说，他的孩子个儿比先前长高了，知识也比先前丰富了，可待人接物却反倒有点不如从前了，每天放学回家，家里的事儿他啥都不干，不是玩电脑，就是看电视，跟他说说，他总嫌啰嗦，弄不好还要高声顶撞。这一不听父母教导、不懂孝敬父母的情况，在青少年同学中应该说并不是个别的现象，而是较为普遍的存在。

亲子之爱，孝敬之心，这本是人类社会最古老而又最鲜活的一个永恒话题，本是我们每一个人生命中最原始而又最美好的一种精神世界。古往今来，不论社会发生多么剧烈的动荡，不论岁月留下多少沧桑巨变，父母之爱总是天高地厚一般永远让孩子们享用不尽，这就正如有人所说的那样："有一种爱，悄无声息地把你带到这个世界，在你还没有认知的时候她便紧紧围绕着你，无私的、不求回报的、却也是最昂贵的，便是母爱。有人视你作全部的生命和无价的宝贝，不美丽也不出众的你，是眼中最绚烂的玫瑰，美丽的、永远年轻的、一直在奉献着的，便是父母。"一个婴儿呱呱落地，一个宝宝快乐玩耍，一个学子踏上求知之路……这其中无一不倾注着父母或热烈或含蓄的浓浓亲情：当甜梦温馨美好时，当月亮皎洁迷人时，当花季斑斓溢香时，当前程锦绣坦荡时，父母虽然笑容灿烂，满怀喜悦，却总是以过来人的睿智，告诫孩子不要过于得意，不要在求知路上停止奋进的脚步；当无情的风暴突然袭来，凶猛的恶浪迎面打来，孩子悲观失望，忧愁叹息时，又是父母以过来人的坚定，引导孩子不要让生活欺骗了自己的心，不要让泪水模糊了自己的眼，而要坚信风雨之后依然是晴天，月缺之后依然是月圆，从而带领孩子走出认识的误区，重新扬起生命的风帆！

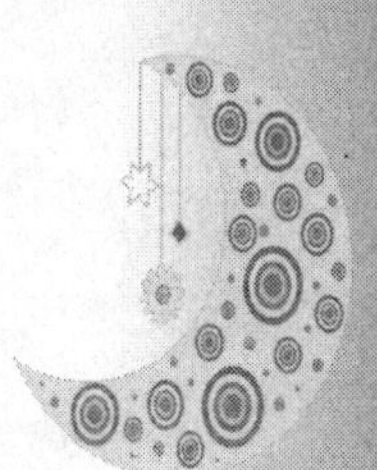

父爱如山，母爱似水，父母之爱，至伟至大，无与伦比，罕有所匹。正因为此，我们的先人为我们留下了“父兮生我，母兮鞠我，抚我育我，长我畜我”、“父母者，人之本也”、“不仁之至忽其亲”的谆谆教诲，为我们留下了“谁言寸草心，报得三春晖”、“寒衣针线密，家信墨痕新”的深深感慨。落叶在空中盘旋，谱写着一曲曲感恩的乐章，那是大树对滋养它的大地的感恩；白云在蔚蓝的天空中飘荡，绘画出一幅幅感人的画面，那是白云对哺育它的蓝天的感恩；孩子在父母跟前奔忙，写下了一个个动人的故事，那是子女对养育他的父母的感恩。因为感恩，才有了这丰富多彩的世界，因为感恩，才让我们懂得了生命的真谛。

感恩是一种生活态度，是一种精神境界，是一种善于发现美并欣赏美的道德情操，每一次的感恩，都会使我们的灵魂得到一次升华。感恩体现在生活的每一个细节中，它不需要大操大办，只要从我们身边的每一件小事做起即可。在这方面，日本一家大公司的做法为我们提供了极为有益的启示：

一天一所名牌大学的一名毕业生去这家著名的大公司应聘，主考官了解了他的一些基本情况后，突然向他提出了这样一个问题：“你给父母洗过脚吗?”大学生一下被问愣了，只得如实回答：“没有。”主考官随即说：“那你可以回去了。”经大学生一再恳求，主考官答应他第二天再来一次，但有一个条件，那就是当夜一定要给母亲洗一次脚。大学生虽不明白主考官的用意，但他还是按要求去做了。那晚，当他轻轻地握住母亲的脚擦洗时，这才发现母亲的脚竟然像木棒一样坚硬，脚后跟还有一道道的裂痕。他不由得紧紧地搂住了母亲的双脚，干涩的眼中一下溢满了泪水。这一晚，大学生终于理解了母爱，体味了回报母爱的滋味。第二天，大学生如约去到那家公司，心情异常沉重地对主考官说：“能不能进贵公司，对我来说已经是不那么重要了。现在我才知道，一个母亲为了他的儿子付出的实在太多，您使我懂得了学校里无法学到的道理，谢谢您。我一定要照顾好我的母亲，再也不让她受苦了。”主考官微笑着点了点头，说：“好，明天你就可以来公司上班了。”这则故事说的是对母亲的感恩，而对父亲的感恩，不也同样可以从那细微之处入手么?

感恩是一杯清醇的酒，能使人生甘醉；感恩是一首浪漫的诗，能使人生丰富；感恩是一曲动人的歌，能使人生快乐。感恩无边，一句话，一个行动，一点情怀，都能表达和阐释感谢的真谛；感恩无痕，一份努力，一点进步，一丝亲近，都能传达一份真情与心愿。如果我们能始终拥有一颗感恩的心，善于发现事物的美好，感受平凡中的美丽，那么看似平淡的生活就会给我们带来意想不到的幸福和欢乐。

永念“落红”精神和“老红”品格

父母之于孩子，有生、养、教、育之恩，确实是恩重如山，值得孝敬。老师之于学生，虽无生、养之恩，但在教和育方面所起的作用，却往往是其他任何人都无法比拟的，所以也同样应受到格外的尊敬。

“师者，所以传道受业解惑也。”韩愈《师说》一文中的这句话，正好凝炼地概括了老师在教育青少年方面所起的重要作用。

韩愈把“传道”放在教师的三大职能之首，应该说是很有见地的，因为正是老师，以崇高的思想、博大的胸怀，站在他那个时代的最前沿，向学生传播当时最革命的思想，最先进的理念，最规范的道德，使学生在思想上得到提高，在精神上受到熏陶，在品格上得到砥砺，从而懂得了怎样求知，怎样做人，怎样处世，怎样为人类社会作出自己应有的贡献。

作为老师，他们的手中都高擎着人类知识的奥林匹克火炬，他们不仅知识渊博，学富五车，是那识途的老马，攀越的好手，而且又都心底无私，热情满腔，能够毫无保留地倾其所有，一一传授给年轻的一代。在他们的悉心指点下，青少年学习时就可以少吃许多碰壁苦，少走许多冤枉路，甚至可以脚踩捷径，飞越栈道，以最短的距离和最快的速度直达预定的目的地。

作为老师，大多有丰富的教学经验和高明的教学方法，能够根据每个学生不同的长处和弱点，因材施教，因势利导，给以最热情的鼓励，最恰当的指导，最贴心的慰藉，并总能以最大的耐心，最巧的点拨，一一为青少年们答疑解惑，扶持他们走上成才的快车道。

老师所从事的工作虽然普通而平凡，但他们的心地却美丽而宽广，纵然有千种艰难，他们也从不却步，即便有万般辛劳，他们也从无怨言。前人有诗云："落红不是无情物，化作春泥更护花。"又云："拼却老红千万点，换将新绿百千重。"广大的老师就正具有那"化作春泥更护花"的"落红"的精神，就正具有那"换将新绿百千重"的"老红"的品格。正是因为有了他们这片片"护花"的"落红"，所以才"红杏枝头春意闹，万紫千红总是春"；正是因为有了他们这点点"换绿"的"老红"，所以才"江山代有才人出，一代更比一代强"。所以，当我们为自己的健康成长而兴高采烈的时候，当我们为祖国的飞速发展而眉飞色舞的时候，我们都应该时时刻刻地，把"化作春泥更护花"的"落红"，把"换将新绿百千重"的"老红"，永远地镌刻在我们的心中。

老师的热情像太阳，老师的教诲像春雨，对于老师的这种恩情，我们自当涌泉相报。然而，尊敬老师又并不仅在于感恩，同时还在于要更虔诚地向老师学习。这就诚如古人所说的那样："疾学在于尊师"（《吕氏春秋·劝学》），"师道既尊，学风自善"（康有为），"为学莫重于尊师"（谭嗣同），"片言之赐，皆事师也"（梁启超）。一句话，只有更好地尊师学师，我们的德行方能更为高尚，我们的学识方能愈益丰博，我们方能真正成为党和人民所需要的"四有"新人，成为建设社会主义祖国的栋梁之才。

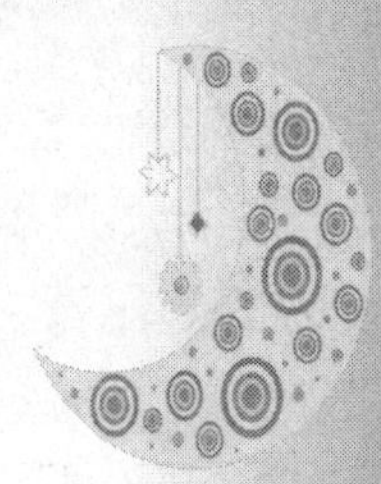

切莫贪吃酸涩难咽的青苹果

青少年同学进入青春期之后，在性激素的刺激下，生理上会产生一系列的明显变化，不知不觉间，那些原本毫不起眼的小皮猴，已一变而成英俊潇洒的帅小伙，那些先前娇羞稚嫩的小丫头，亦已一变而为婀娜多姿的美少女。这样，他们也就渐渐步入了异性相吸、爱意初萌的人生阶段，女孩子开始爱慕男孩子刚毅、进取、大度、见多识广的气质和风度，男孩子开始注意女孩子温柔、细腻、秀丽、婀娜的内秀和外表。应该说，进入青春期后这种由于感到异性的优异和卓越，而对他（她）有所向往，乃至有所追求的现象，是十分正常、无可指责的。但是，万事都要讲究适度，如果因为上述的情感正常就过分沉迷于对异性的向往和追求之中，甚至因此而陷入那“早恋”的漩涡之中，那就会产生不小的危害了。

青春期乃是长知识、学本领的黄金时期，理应将主要的精力投放到读书学习中去，全身心地去探求知识，去研究学问，这样才能打下厚实的基础，取得理想的效果。倘若过早地涉足爱河，成天陷入两人世界，满脑子都是对男女之情的憧憬和幻想，那就势必会极大地分散精力，严重地影响学习。

青春期的学生，都尚处在半幼稚半成熟的状态，人格还并不稳定，情感也瞬息多变，所以大凡“早恋”，往往都是昙花一现，倏忽而逝，善始者众，善终者寡。而一旦“早恋”告吹，轻则会伤心苦痛，懊悔不迭，重则会反目成仇，切齿相向，这对双方心灵的伤害都将是非常之大的。

再者，性意识刚刚萌动的青少年，爱沉溺于幻想，自我控制的能力又较弱，往往容易任由自己感情的泛滥，再加上好奇心大多较强，喜欢模仿，因此在某些外界因素的影响和触发下，就极易凭一时的感情冲动，做出一些越轨的傻事来。

“早恋”就有如一只尚未成熟的青苹果，乍看模样似乎十分诱人，可味道却是异常酸涩。所以，广大青少年一定要注意时时提醒自己：切莫被“青苹果”那看似美丽迷人的模样所诱惑，而急不可耐地去伸手采摘，去大口品尝；如若不然，那就必定会是满嘴酸涩难咽的滋味，必定会是懊悔莫及的长长叹息。

凡事皆有规律，如若急躁冒进，必将事与愿违，适得其反，只有顺应常规，循序渐进，方能如愿以偿，获得成功。瓜果只有成熟了，才能给人带来满嘴的香甜，同样，人也只有成熟了，才能真正享受到甜美的男女之爱。“人在年轻的时候，并不一定了解自己追求的需要是什么……等到你再长大一些，更成熟一些的时候才会明白，你真正需要的是什么。”张洁在小说《爱，是不能忘记的》中所说的这一段话，值得广大青少年同学深长思之，并永铭于心。

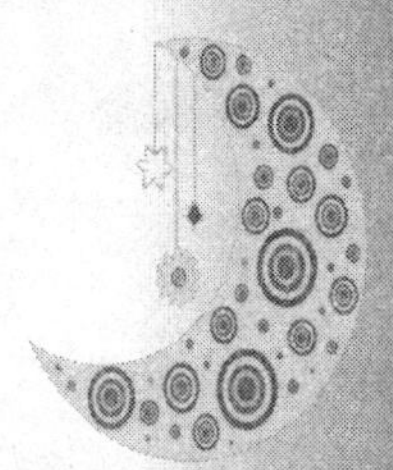

究竟是否可以早恋

现在的许多家庭，生活条件都越来越好，孩子们生理上的发育成熟也就大为提前，再加上一些影视和文学作品等诸多方面的影响，在青少年同学中早恋的现象也就屡见不鲜。老师和家长们见了这样的情景，都非常着急地尽力设法劝阻，可孩子们却往往并不买账，他们常常会理直气壮地说："时代不同了嘛，别再那么老封建！再说，现在的作品里不都那么写，电影里不都那么演嘛，有什么可以大惊小怪的?"这就搞得一些老师和家长也没有什么办法好想。

那么，在校读书的青少年同学是否真就可以早恋呢？纯理论的阐述往往难以奏效，看一看 2006 年度诺贝尔文学奖获得者奥罕·帕慕克的一段经历，或许倒可以使我们得到一个应有的答案。

19 岁那年，奥罕·帕慕克在一所美国人开办的私立学校中就读，他是校中最优秀的男生，不仅长相俊秀，气质儒雅，而且还拉得一手漂亮的手风琴，因此被伊斯坦布尔赫赫有名的皮草大王的女儿——貌若天仙、伶俐可爱的依丝米忒爱上了。这事儿很快被奥罕·帕慕克的父亲——一位深受西方思想熏陶的葡萄酒商人敏锐地觉察到了，他便在一次晚餐时与儿子进行了一场认真的谈话。当父亲了解了事情的全部真相后，他便简捷明了地说道："还是到此为止吧，听爸爸的话。"见父亲说话时态度颇为温和，儿子便为自己辩解道："爸爸，是她主动的。况且，她的条件的确不错呀!"父亲轻轻地摇了摇头，说："奥罕，你还太小。""太小？爸爸，我已经 19 岁了，是一个男子汉了。而你，当年只有 17 岁不就和妈妈好上了?"儿子自认为抓住了父亲的把柄，情绪越发激动了起来。父亲的态度虽然依然十分和蔼，可他的立场却没有丝毫后退，只听得他接着说道："你说的没错。可是，你知道吗？我 17 岁的时候已经在葡萄酒作坊当酿酒师傅了，每个月能拿 2000 万里拉。我是说，我当时已经能够自食其力，有一定的经济实力为爱情埋单。你呢，你凭什么心安理得地钟爱自己心仪的女孩？”儿子桀骜的心被父亲的这一番话征服了，他只是埋头扒饭，不再吭声。慈祥的父亲又语重心长地安慰儿子道：“奥罕，不是爸爸古董封建。你想想看，一个男人，如果没有经济基础，不能为他的爱人提供必要的物质保障，如果你是女子，你会怎样看待这样的男人？儿子，我告诉你，我一直认为，一个男人，不能自食其力，哪怕他 40 岁甚至 50 岁，都不配谈恋爱，谈了，就是早恋；相反，只要他有立业挣钱养家的本事，15 岁恋爱也不算早恋！”一语惊醒梦中人，经过一番激烈的思想斗争，奥罕·帕慕克终于决定从依丝米忒身边安静地走开、尽管他为此而承受了半年的痛苦。此后，他把所有的精力都集中到了学业上，终于一举考上伊斯坦布尔科技大学——土耳其最好的国立大学，在那里奠定了日后事业的牢固基础。在荣获诺贝尔文学奖之后，奥罕·帕慕克曾在重要场合多次提到这件鲜为人知的早年趣事，坦言自己感激父亲当年“温柔地扼杀了一种愚蠢而羞涩的情绪”，让自己避免了蹉跎年华。

奥罕·帕慕克虽然与我们国度不同，种族各异，但就其爱慕异性的感情而言，却应该是与我们相似和相通的，因此他的经历也就并非只是一个孤立和简单的个案，而是有着它普遍的警示意义，值得引起我们足够的重视和深深的思索。显而易见，奥罕·帕慕克起始时对恋爱的认识是肤浅的，甚至是愚蠢的，幸运的是他有一个慈祥而又通达的父亲，以温和的态度和精警的话语，“温柔地扼杀了”他那“愚蠢而羞涩的情绪”，从而使他“避免了蹉跎岁月”。我们不一定每一个人都有奥罕·帕慕克那样的幸运，但我们毕竟有幸读到了奥罕·帕慕克的故事，我们也就同样应该由此而猛然惊醒，明白究竟该如何来正确对待早恋的问题了。有了上述的前车之鉴，有谁还硬是要去重蹈覆辙，而不明智地及时改弦更张呢？

早恋不可取，情丝当斩断——这就是奥罕·帕慕克的故事留给我们的一个明确无误的结论。但愿所有业已涉足早恋的青少年同学，都能由此而“悟已往之不谏，知来者之可追”，像奥罕·帕慕克那样断然从那虚幻缥缈的无根之爱中抽身而退，并为了将来的宏伟事业而埋首于当前的学业之中。

抵御诱惑，远离网络陷阱

网络就像无边无际的大海一样，蕴藏着极其丰富的宝藏和资源，只要进入其中，那琳琅满目的各种知识便会扑面而来，使我们感到目不暇接，美不胜收。不过，毋庸讳言，在这知识的大海之中，同时也隐藏着许多急流、暗流和礁石，初入其境时，也许会觉得光怪陆离，十分新鲜刺激，可一旦不慎陷入了其中的漩涡里面，那就随时都会伴随着危险乃至厄运。

据调查，在我国现有的网民中，大、中、小学生约占 70％，其中未成年人约有 20％。在被调查的学生中，选择玩游戏的占 55％，热衷聊天的占 76％，曾光顾色情网站的占 46％，只有不到 20％的学生上网是搜索信息。这也就是说，许多青少年是把网络当作了意欲解脱重压和寻求精神刺激的玩的器具，而没有把它当作学习知识和提高技能的有用工具，因此也就误入了歧途之中。

先说网上游戏。网上游戏固然可以给青少年提供舒缓压力和体验成功的自由空间，可它的另一半却是一个恶魔，它仿佛一个黑洞一般正在吞噬着孩子们的健康和心灵。特别是那些凶杀和色情游戏，可以说更是一把杀人不见血的软刀子，它就像毒品一样会使青少年上瘾，会使他们在泥坑中越陷越深，甚至走上犯罪的道路。

再说网上聊天。网上聊天虽说是一些青少年解除寂寞和孤独的一个很好去处，然而网上聊天毕竟是通过网络支撑而搭建的一个虚拟的平台，在这个区域里所有的一切都是一种虚拟的假设，谁要是过于认真了，甚至陶醉了，那他就很可能会上当，受骗，甚至受害。退一步说，即便没有受骗受害，花那么多时间去跟人天南海北地闲聊一通，却并不能得到什么实实在在的收获，岂不也太不划算了么？

然后说网上色情。网上的色情内容固然可以给青少年的感官带来一时的快感刺激，但由于他们心理上不成熟，意志较薄弱，自制能力差，是非判断能力和法制观念都不怎么强，所以也就极易在淫秽色情东西的引诱和刺激下产生强烈的性冲动，一旦失控的话，那就很可能会做出所谓“需要面前无法律”的蠢事来，其后果之严重，自然就更是不堪设想了。

最后说网上恋爱。在网络中，男女两方天各一方，且都处于“双盲”状态，因此也就极易出现所谓“距离产生美感”的状况，双方都会觉得其情其境都分外美妙，加之两人又都可以无拘无束地倾诉衷肠，表达感情，所以网恋也就会自然而然地悄然而至。然而，网恋实际上是朵很难开放的花朵，对于男青少年来说，到头来通常都是竹篮打水一场空，不仅徒耗精力，而且将会带来很多的痛苦与烦恼；而对于女青少年来说，情况也就更为不妙，其结果往往会落入骗局，不是遭人抢劫，就是被人强暴。

以上这一些，都是网络上的一个个陷阱，青少年同学如若掉入其中，就很可能会成瘾成癖，越陷越深，而终至难以自拔，造成灾难性的后果。所以，广大青少年一定要引以为戒，警钟长鸣，竭尽全力抵御种种诱惑，远离那看似美丽的网络陷阱。

处世篇

人是需要支撑的

一个“人”字，一撇一捺，是一个支撑的结构，这正说明人是需要相互支撑的，每一个人既需要得到他人的支撑，同时也需要支撑他人。“人”之所以能威武地挺立于天地之间，关键就在于人与人之间有着这种相互支撑的关系。正是因为有了这种相互的支撑，无数个人才融汇在一起，成为了气势磅礴的大海，具有了无坚不摧、无攻不克的巨大力量。反之，如果没有相互的支撑，那么任何人都不过是渺小的一滴，很快就会干涸，消散，成为历史的匆匆过客。也许正因为如此，自古以来，人们就一直认为，人类的力量源于支撑，生命的价值在于奉献。

事实上，人类前行的历史，也确实是由无数人的相互支撑和无私奉献构筑而成的。大禹治水，三过家门而不入，孟子“老吾老以及人之老，幼吾幼以及人之幼”，杜甫老想着“何时眼前突兀见此屋，大庇天下寒士俱欢颜”，范仲淹只念着“先天下之忧而忧，后天下之乐而乐”，孙中山为推翻帝制积劳成疾，毛泽东为解放全中国奋斗一生，邓小平为改革开放殚精竭虑……正是因为有了这些人的支撑和奉献，我们在今天才得以沐浴这明媚的阳光。

也许有人会说，相互的支撑和奉献，这主要是大人们的事儿，与我们青少年关系不大。这话可说得并不符合实际。试想，给困难的同学多提供一点帮助，给无助的老人多送去一点温暖，在班级里多做一点好事，在公益劳动中多流一点汗水……这不都是相互支撑和奉献的表现么？而只有这样从小就培养自己的支撑和奉献精神，长大后我们才能成为一个为全社会造福的大有益于人民的人。在这个世界上，一个人是极其渺小的，仅靠个人的力量，断然无法解决生活中遇到的所有问题，而且，单身一人独自走完漫漫的人生之路，那该是多么孤寂，又是多么充满风险！走相互支撑、乐于付出之路，这才是我们唯一正确的选择。因为唯有这样，才能在快乐的时候有人与我们分享，痛苦的时候有人与我们分担，忧伤的时候有人给我们安慰，气馁的时候有人给我们鼓励，我们才能真正得到心灵的沟通，感情的寄托，彻底摆脱孤独和寂寞。所以，假如我们的生命是花，我们就一定要让它开得更娇更艳，将整个世界装扮得更加美丽；假如我们的生命是草，我们就要拼尽全力给世界奉献自己的一星浅绿，使大地更充满青春活力；假如我们的生命是树，我们就一定要力争成为一棵参天大树，为他人遮风挡雨，即便是在戈壁沙漠或荒山秃岭上，也要给迷路的跋涉者送去一线希望。

有一首歌这样唱道："接受我的关怀，期待你的笑容，人字的结构就是相互支撑。"这首歌道出了人与人应当相互支撑的人生真谛，曾使许多人都深受感动。提倡相互支撑，乐于奉献，从表面来看似乎只是要求我们付出，而实际上呢，在支撑他人的过程中，我们自己也会得到诸多的好处，特别是获得人格的快速提升。伸出相互支撑的手，挽起来，是一个天；撑起来，就是高大的"人"。所以，相互支撑，无私奉献，这应该永远是我们最神圣的使命，最巨大的欢乐！

团结弥足珍贵，合作尤需珍惜

当一株植物单独生长时，往往会显得非常单调，毫无生机，并且会很快枯萎乃至死亡；而当众多植物一起生长时，则不仅根深叶茂，而且生机盎然，竞相争荣。人们把植物界这种相互影响、相互促进的现象，称之为“共生效应”。譬如松萝，它虽然是属于低等植物的地衣，但它却开拓了大陆的绿色王国，迎来了千姿百态的植物世界。它不仅能够在岩石上繁殖，把坚硬的石层转化成松软的土壤，而且还能在凄风苦雨的逼迫中不屈生长，在冰霜雪霰的袭击中勇敢抗争。松萝之所以有这样顽强的生命力，就在于它是一种很独特的生物共生体——“菌藻联合部队”。它由真菌的菌丝组成外围，内部包裹着陆生的藻类，真菌能为藻类提供营养原料，藻类能把原料变为真菌也能吸收的有机食物，它们团结合作，相互取长补短，于是赢得了某些高等植物也无法比拟的生命力和战斗力，形成了锲而不舍的“进取性格”，以致从低等植物的阶梯上一跃而获取了先锋植物的荣誉称号。

植物要共生方能共荣，动物也不例外。大象虽为力大无穷的庞然大物，可它们也把相互合作看作是头等大事。有一年，一群大象要通过一个酷旱的地区，走着走着，一头小象忽然走不动了。这时，象群竟然集体停了下来，直到那头小象在大家的帮助下重又能够行走，象群才复而向前。后来，又有一头象不慎落入陷阱，象群再度停下来救助同伴，有的用鼻子勾，有的用牙齿拱，直到费尽千辛万苦把同伴救出来后，这才继续前行。在动物王国里，有的动物曾经辉煌一时，但后来却灭绝了，而大象之所以能有今天的繁衍，其团结合作的智慧正是它们赖以生存的强大支柱。

人类虽为万物之灵，可也同样不能背离只有在共生之中方能求得共荣的这一生存原则。一次，有个人和上帝谈论天堂和地狱的问题。上帝对这个人说："来吧，我让你看看什么是地狱。"他们走进一个房间，屋里有一群人围着一大锅肉汤。每个人看起来都营养不良，绝望又饥饿。他们每个人都有一只可以够到锅子的汤匙，但汤匙的柄比他们的手臂要长，自己没法把汤送进嘴里，所以看上去他们都显得异常悲苦。上帝对这个人说："看到了吧，这就是地狱。来，我再让你看看什么是天堂。"上帝把这个人领入另一个房间，这里的一切和上一个房间没什么不同。一锅汤，一群人，一样的长柄汤匙，但大家都在快乐地歌唱。上帝又对这个人说："这就是天堂。""我不懂，"这个人说，"为什么一样的待遇与条件，而他们快乐，另一个房间里的人们却很悲惨?"上帝微笑着说："很简单，在这儿他们会喂别人。"

这一则故事，明白无误地告诉我们：一个人只有与他人相互合作，才能使自己享受到天堂般的快乐；如若不然，那就会像生活在地狱中那样悲苦。整体大于各孤立部分的总和，团结弥足珍贵，合作尤需珍惜，它可以优化我们睿智的心灵，美化我们壮丽的青春，使我们的生命焕发出更为耀眼的绚丽光彩。这就正像著名教育家苏霍姆林斯基所说："良好的个人素质，美好的人性人格，只有在与人相处与友相交的过程中，才能得以熔铸和淬火。"所以，请时刻铭记：唯有确立必须与人友好相处的正确理念，唯有很好学会与友相交的娴熟本领，我们才能处处学得他人的好思想、好举止、好个性，我们才能在尽心的付出中时时得到思想品德方面的宝贵滋养，并由此而在集体生活的大家庭中真正体验到一种鱼游春水、雁翔晴空般的舒坦和快乐。

大家在一起会把事情做得更好

现在的学校里，各方面的竞争都非常激烈，因此有许多同学也就成天只想着争先进，夺第一，至于同学之间互相帮助的事儿，也就往往被丢到了脑后去。有些同学甚至还认为，既然要争先进，夺第一，怎么还能去帮助别的同学呢？那岂不是等于去干于人有利而于己无益的傻事么？

事情果真像这些同学所想象的那样么？看一看下面这个故事，相信大家一定会得到一个正确的答案。

几年前，在西雅图举行的一场别开生面的奥林匹克运动会上，九名残疾人选手，聚集在100米赛跑的起跑线上。随着一声枪响，他们一起开始起跑。然而，其中的一个小男孩不幸摔倒在沥青路面上。他爬起来坚持再跑，却又再次跌倒……再起来，又跌倒……这男孩忍不住哭泣起来。其他八名赛手听到哭声，不由放慢了奔跑的速度，并且开始频频回顾。然后，几乎是不约而同，他们中所有的人都转身跑回到孩子的身边。一名患有唐氏综合征的女孩弯下身子，吻着他说道："我们在一起会把事情做得更好。"说完，九个人手挽着手，一起重新迸发，共同到达了赛跑的终点。体育场里的每一个人都动情地为这些特殊的竞赛者们站了起来，掌声雷动，足足持续了好几分钟。

这件事明白无误地告诉我们，在人类的心灵深处，其实都懂得这样的道理：在生活中确实存在着某些比个人赢取胜利更为重要的东西——在生命的旅途中帮助其他人获胜，即使这样做意味着会降低自己前进的速度，甚至将由此而改变我们自己的生活路径，然而它却更能显示一个人生命的意义。"一支照亮别人的蜡烛，其实并没有失去自己。"这一句看似平常的话语中，正包含着耐人寻味的深深哲理。

其实，竞争和互相帮助并不是不能互容的。竞争标志着奋发进取，积极向上，你追我赶，竞高争长，乃是前进的动力，往往最能促使学业不断进步，思想积极上进。互相帮助则是联结人们心灵的纽带，能促使大家在学业上互相切磋，品德上互相激励，思想上互相启迪，从而愉快充实地度过我们生活中最美好的时光。所以，竞争与互相帮助在本质上是没有冲突的；不仅是没有冲突，而且是互相补充和互相促进的：因为有了互相帮助，竞争不再是孤军奋战，不再缺乏人情味，因为有了互相帮助，同学之间才会更团结友爱，集体才会更具有凝聚力和竞争力；与此同时，因为有了竞争，互相帮助才会显示出更积极的意义，因为有了竞争，互相帮助才会在更高的水平上协力地进行。

同时，我们还应该看到，同学之间的互相帮助主要是表现在思想和学习方面，而思想和学习上的互相帮助跟其他方面的帮助还有着很大的不同，那就是它绝不是简单的单向付出，而往往能取得共同获益的双赢结果。这是因为思想和知识的交换，完全不同于普通物品的交换：你有一个苹果，我有一个苹果，交换之后，每个人还是只有一个苹果；但是，你有一种思想，一种知识，我有一种思想，一种知识，交换之后，每个人就有了更多的思想，更多的知识。这也就是说，在思想和学习上的携手共进，对任何一方都将是互惠互利，好处多多。情况既然是这样，我们又何乐而不为呢？“我们在一起会把事情做得更好。”让我们永远记住这一极为朴素的真理！

同心山成玉，协力土变金

在个人情感和价值越来越多元化的今天，广大青少年同学的自我意识正在逐渐增强，而团结合作意识也往往因此而有所缺失和淡漠。于是，在学校里也就不时会出现这样一些不和谐的音符：有些同学自视清高，刚愎自用，毫无与人合作的意愿；有些同学认为求人不如求己，即便遇到了较大的困难，也喜欢单独蛮干，而从不和其他同学沟通交流；有些同学更是只顾个人私利，从不参与班级的各项活动，从不愿与他人分享自己的见解和观点……久而久之，他们也就始终只是生活在自己的小天地里，而永远无法融入集体的大熔炉中，因此也始终难以实现自身的价值，获得真正意义上的成功。

当一粒粒沙子松散存在的时候，它的力量几乎是可以忽略不计的，可当它跟水泥、石子和水混合搅拌在一起以后，它就能变得比花岗岩还要坚硬。同样，当一个人单独活动的时候，他的能量也是相当有限的，可当无数个人携手并肩，齐心合力去干某种事情的时候，往往就能产生排山倒海、所向披靡的巨大力量。这就正如哲学家威廉·詹姆士所说的那样："如果你能够使别人乐意和你合作，不论做任何事情，你都可以无往不胜。"

有这样两幅画面，我们或许就更能明白必须加强相互合作的道理。

先请看第一幅：在一个湿热的夏天，各式各样的人都在车站等车，其中有穿西装的商人、带婴儿的母亲、建筑工人和无家可归的人。不久，一辆挤满了人的电车进站了。当候车的人发现车厢里已挤满了人时，大家便都往上冲，一个妇女带着四个孩子，怎么也找不到一个地方可以容得下她这一家子人。当她想试试另一节车厢时，车门关了，车开动了。她只得无可奈何地再等下去。

再请看另一幅画面：同一辆电车驶入了下一站。一支棒球队正在候车，他们一共有十多人。当他们看到电车已被挤得水泄不通时，他们其中的一名队员叫道："我去看看第一节车厢有没有位置。"另一名队员说："我去看一下最后一节。"教练和其他的队员紧紧把住中间车厢的门，不让它关上，因为他们知道只要有一扇门是开着的，车就不会开动。一会儿便闻听有一个队员叫道："这里有位置。"大家听到后，便一起向一个地方聚集。就这样，棒球队的十多人便一起都乘上了那辆电车。

以上这两幅形成鲜明对比的图景，不正有力地说明了"二人同心，其利（锋利）断金"和"同心山成玉，协力土变金"的道理么？所以，在人际交往的社会中，我们一定要加强相互之间的合作，努力做到心往一处想，劲往一处使，以确保学业的进步和事业的成功。这是因为团结合作不仅是由每个成员相互帮扶而形成的一种合力，而且是由多种情感凝聚升华而成的一种精神，它不仅能为人们提供解决问题的方法，而且还能催生人们攻克难关的智慧。它就好比一根无形的潜在的红线，始终在串联着每个成员的心灵，叠加着每个成员的智能，而这就足以形成一股无坚不可摧的强劲力量。

共享知识成果，同获成功快乐

有些青少年同学虽然也知道合作的好处，但他们又往往认为自己智慧超群，能耐出众，即便不与人合作，也照样能把事情办得非常漂亮。而实际上呢，双拳不敌四手，即便再怎么有本领的人，如果只是单枪匹马地去战斗，也还是远不如与人合作更为强大有力。看一看下面这个兀鹰的故事，相信必将会有助于我们对这一问题的正确认识。

在阿根廷的沙漠地区，飞翔着一种凶猛的兀鹰，它们全都矫健而敏捷，个个都是捕捉猎物的高手，可尽管如此，它们却很少单独行动。它们往往是三五成群地在天空中盘旋，一旦发现地面上的猎物，就从各个方向俯冲而下，在最短时间内将猎物杀死，然后，每个参与者都分得一份食物。科学家经过长期观察研究，得出结论说，这都是由于沙漠地区环境差，食物少，自然生态恶劣造成的。在这种环境条件下，为了避免被天敌捕捉，许多弱小动物都有很强的逃生能力。因此，对于兀鹰来说，要想获得足够的食物，单干就不如合作行动更有收获。

自然界的情况是这样，人类社会的情况亦然如此，作为人类精英的诺贝尔奖获得者，他们的成果也大多是通过合作而获得的。譬如 DNA 的发现，就是一个有力的明证：

1953 年 4 月 25 日，英国的《自然》杂志刊登了美国年轻的生物学家沃森和英国年轻的物理学家克里克的研究成果：DNA 双螺旋结构的分子模型。这一成果后来被誉为 20 世纪以来生物学方面最伟大的发现，标志着分子生物学的诞生。而这一伟大成果的诞生，就正是科学家们亲密合作的产物。1951 年春天，23 岁的沃森在一次生物大分子结构会议上，得知英国著名生物物理学家威尔金斯正在进行 DNA 结构的研究，他的一张

DNA X射线衍射的幻灯片，给沃森留下了极其深刻的印象。当年秋天，沃森从美国来到英国剑桥大学卡尔迪什实验室工作。在这里，他遇到了35岁的英国物理学家克里克。他们都被DNA结构之谜强烈地吸引着，于是便决定对这个富有挑战性的课题进行共同研究。虽说沃森和克里克一位是生物学家，一位是物理学家，但他们在剑桥大学相遇后，便像两个一见钟情的恋人一样，在一间办公室开始了亲密无间的合作，他们共享知识，共享智慧，共享时间，每天至少交谈几个小时，共同讨论相关的学术问题。在合作研究的过程中，互相的争辩，互相的批评，互相的补充，激发了他们的灵感，开阔了他们的思路，丰富了他们的想象力，使他们一步步冲向了建立DNA结构模型的最前列。为了更好地弄清DNA的结构，他们还同科学家威尔金斯、富兰克林进行了几次重要的学术交往，借助他们提供的X射线数据分析，证实了双螺旋结构模型的完全正确，确保了研究的最后成功。他们默契合作发现DNA双螺旋结构的过程，成为科学家合作研究的典范，在科学界传为佳话。1962年，沃森、克里克和威尔金斯三人分别获得了诺贝尔生理学和医学奖（富兰克林因患癌症于1958年病逝而未被授予该奖）。

法国著名天文学家拉普拉斯曾说："大自然所表现出来的智慧，真是形形色色、变化万端，为了了解它，我们必须联合我们大家的知识和努力才行。"科学方法论研究者贝弗里奇亦根据他多年的观察和经验指出："多数科学家在孤独一个人时停滞而无生气，而在集群时就互相发出一种类似共生的作用。"沃森和克里克等人合作研究所取得的巨大成果，就正好充分证明了这些论断的无比正确。

兀鹰是动物中的强者，诺贝尔奖获得者更是人中之龙凤，他们都尚且如此重视相互间的合作，作为正处在成长途中的广大青少年同学，又怎么能自视过高，恃才自傲，置相互合作于不顾呢？

在集体的熔炉里熔铸自己

一天，佛祖释迦牟尼曾这样考问他的弟子：“一滴水怎样才能不干涸?”弟子们冥思苦想：孤零零的一滴水，一阵风能把它吹干，一撮土能把它吸干，其寿命能有几何？怎么会不干涸呢？弟子们你看看我，我看看你，始终也答不上来。释迦牟尼便说：“把它放到江、河、海洋里去。”释迦牟尼之所以要提出这样的问题，无非是要让大家懂得：我们每一个人，就好比那一滴水，而集体呢，就是那江，就是那河，就是那海洋，只有当我们凝心聚力汇集成一个集体之后，才能像江河和大海那样，具有势不可挡、排山倒海的无穷力量。

无数事实也充分说明，当一个个个体单独存在的时候，他们的力量确实是非常渺小的，只有当无数的个体有机地组合在一起之后，才能凝聚成一种不可估量的巨大力量。有一位畅游南美洲的作家就曾亲眼目睹过这样一个景观：草原上秋日的一天，一片临河的草丛突然起火，呼呼的烈焰形成一个火圈，向草丛中央一个小小的丘陵包围过来。丘陵上无数的蚂蚁被熊熊火势逼得节节后退，包围圈也越来越小，看来它们除了葬身火海，似乎已无路可走。但就在这时，出人意料的事发生了，蚂蚁们迅速聚拢，抱成一团，滚成一个黑色的“蚁球”，冲进火海。烈火将外层的蚂蚁烧得噼啪作响，然而“蚁球”却越滚越快，终于穿过火海，冲进河中，使大多数蚂蚁得以绝处逢生。

你瞧，那共同的精神支柱，共同的心理依托，共同的奋力追求，共同的浴血苦战，所组合成的力量，是何等的惊天动地，何等的无与伦比！这就正如一首我们常听到的歌所唱的那样：“团结就是力量，这力量是铁，这力量是钢，比铁还硬，比钢还强……”

一只只小小的蚂蚁团结在一起，何以会产生如此惊人的巨大力量？这是因为“整体大于各孤立部分的总和”，有组织、有共同目标的集体具有其组成个体在孤立状态中所没有的性质，每个个体在井然有序的集体之中，能够更好地各司其职，充分地表现出他们各自非同寻常的性能，从而形成一股超乎想象的强大合力。

小小的蚂蚁需要抱团才能产生伟力，人虽为万物之灵，天地主宰，情况亦不能例外。别说是遇有特大的意外之灾，即便是要攻克学习上的一些难题，亦同样离不开相互团结、共同合作的力量，若是仅靠单兵独马，孤军奋战，那就都逃脱不了以失败告终的命运。

那么，要怎样才能加强这样的团结合作呢？著名教育家苏霍姆林斯基对此有非常精到的见解：“良好的个人素质，美好的人性人格，只有在与人相处与友交往的过程中，才能得以熔铸和淬火。要使每个人从少年和青年时期就对人的高尚精神深怀赞美，产生敬爱之心。这实际上决定着对人、对人性美的信任，如果缺少这种信任，人的内心将是空虚的。”有谁不希望自己能成为一个具有高尚精神的人呢？有谁不希望自己能具有更强大的力量去战胜前进路上的种种障碍呢？既然如此，那就让我们都全身心地投入到集体之中，在集体这个熔炉里不断地熔铸自己吧！

帮助大家也就是帮助自己

美国南部有一个州，每年都举办一次南瓜品种大赛。有一个农夫的成绩特别优异，他经常是首奖或优等奖的得主。可在得奖之后，他却每回都毫不吝惜地将得奖的种子分送给街坊邻居。有一位邻居对此很是不解，便问他："你的奖项得来不易，为了改良品种，你每季都投入大量的时间和精力，现在为什么这么慷慨地将种子送给我们呢？难道你不怕我们的南瓜品种超越你吗？"没想到这位农夫却这么回答道："我将种子分送给大家，帮助大家，其实也就是帮助我自己！"

帮助大家怎么会就是帮助自己呢？原来，这位农夫的地跟邻居的地都毗邻相连，他将得奖的种子分送给邻居，邻居们就能一起改良他们南瓜的品种，这样就能避免蜜蜂在传递花粉的过程中，将邻近的较差的品种转而传染给他的南瓜，如此一来，他也就能够更专心致力于品种的改良了。相反，若是他将得奖的种子私藏起来，那么邻居们在南瓜品种改良方面势必无法跟上，蜜蜂就容易将那些较差的品种传染给他的南瓜，这样他就必须在防范外来花粉方面花费更多的精力，投入更多的成本。由此可见，就某一方面来看，这位农夫和他的邻居们确实是处于互相竞争的态势之下，然而从另一方面来说，他们双方却又同时处于微妙的合作状态之中。这位农夫没有计较一己的私利，一时的得失，而是着眼于全局来思考问题，着眼于长远来规划未来，他这样不算小账而善算大账，可以称得上是一个真正的智者。

"帮助大家，其实也就是帮助自己"，不仅在种南瓜时是这样，在学习知识时也同样是如此。这是因为你在学习知识的过程中要去帮助别人，首先自己得对所学的知识作更深更透的研究，有更真更切的了解，要不然以

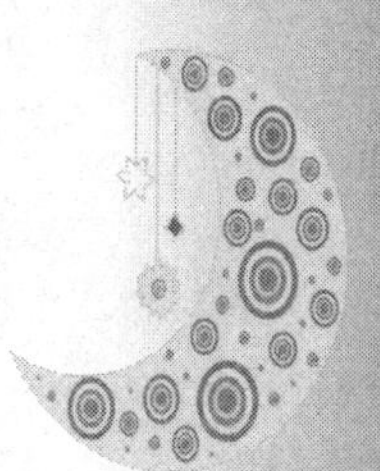

己之昏昏是绝对不可能使人昭昭的。这也就是说，要帮助别人，得有一个前提，那就是自己必须学得更认真，钻得更深入，对所学的知识有更深切更透彻的了解。情况既然是这样，帮助别人岂不其实也就是帮助自己的一件极大的好事么？

同时，所谓帮助别人，绝不是你居高临下地总给别人作单向的知识灌输，在有些时候也许更多的是相互的切磋和研究，而在这样的切磋和研究的过程中，就往往会“水击产生涟漪，石击爆发火花”，使你获得新的启迪，产生新的思想，掌握新的知识，其益处就显然不是你一个人单独研究时所能获得的。

再有，只要大家都确立了帮助别人的理念，那么在你或更多的“你”的帮助下，全班同学的成绩就将会整体得到上升，老师的教学起点也就必将随之而进一步提高，这样不也就为你成绩的提升构建了一个更为理想的平台么？

所以，只要往深处细细地想一想，我们就会明白：在学习上帮助别人，绝不是简单的付出，更多的乃是丰厚的回报，在帮助别人的同时，也确实是大大帮助了自己。明乎此，相信大家就一定会卸却一些不必要的思想包袱，以更大的热情义无反顾地投身到帮助别人的行列中去。

合作与竞争——缺一不可的两轮与双翼

每当谈起同学之间必须相互合作的话题时，有些同学就会提出这样的一个问题：合作的重要我们也都知道，但当今的时代是一个竞争的时代，学校里也不无例外地弥漫着激烈竞争的气氛，面对这样的情况，我们究竟是该注重合作好呢，还是该努力竞争好呢？

这个问题提得好，因为只有对这个问题有了正确的认识，我们才有可能很好处理合作与竞争的关系，才有可能在团结合作方面取得更大的成效。

纵观人类社会发展的历史，合作与竞争是社会发展中普遍存在的两种基本的相互作用形式，是推动社会进步的两个主要的动力机制。两者相伴相随，相关相联，体现着它们各自不同的社会功能。团结合作，是一个集体事业兴旺发达的标志和可靠保证，没有合作，任何集体都不可能形成合力并得以有序地发展；公平竞争，则是一个集体发展进步的一种促进力量，没有竞争，集体的发展进步就不可能获得更大的活力，就难以有更大的超越。这也就是说，合作与竞争，这是同一事物的两个不同方面，它们就好比是车之两轮，鸟之双翼，缺一而不可，只有两者相互协调，相辅相成，才能促进个人和集体的健康快速发展。

当今时代，市场经济的大潮业已席卷中华大地的每一个角落，学校也并非世外桃源，作为市场经济最基本的动力机制的相互竞争，也必然会给校园和所有的学生带来深刻的影响。在这样的一种大背景下，我们每一个青少年同学无疑必须努力培养自己的竞争意识，提高自己的竞争能力，拿出敢为天下先，争当弄潮儿的气魄，敢于竞争，勇于争先。只有这样，我们才能搏风击浪，勇立潮头，成为令人艳羡的新时代的佼佼者。然而，这种竞争意识的培养，竞争能力的提高，又决不是仅靠个人的一己之力所能完成的，只有在同学之间的相互关心、互相帮助和团结合作之中，每一个人思想道德水平的提高，学业成绩的长进，才有可能真正如愿达成。这是因为一个集体就像一盆燃烧的炭火，只有每一块炭都与其他的炭紧紧相连，合力燃烧，共同发热，才能愈烧愈旺，既温暖了自己，也温暖着别人。反之，如果每一块炭都自以为是，小视同伴，排斥他人，那就必然会独“炭”难成火，导致整盆炭火的熄灭，结果也就势必谁也得不到温暖。所以，合作和竞争其实是一对孪生兄弟，我们完全可以做到既在合作中竞争，又在竞争中合作，通过两者的有机结合，建立起一种健康和谐、互利共赢的生动局面。而这种和谐共赢的局面一旦建立，我们就能始终用一种欣赏的眼光去肯定别人的成绩，用一种豁达的心态去分享别人的成功，我们的能力水平就会因此而大有长进，我们的人生境界就会因此而大为提升，我们也就能在激烈的竞争中永远立于不败之地。

要言之，在处理团结合作和相互竞争的关系时，我们一定要恰当地把握好度，绝不能认为因为有竞争，所以就互相防范，互相对立，而应该懂得正因为有竞争，所以相互之间就更应该互相沟通，互相合作，因为唯有合作，才是一种取之不竭的巨大力量，才是一笔享用不尽的宝贵财富。在我们的面前，有期中考和期末考，有中考和高考，可谓关卡重重，较量频频，竞争是不可避免的，但我们决不能因此而陷入勾心斗角、人人自危的恶性争斗，我们需要的只能是在合作中竞争，在平等中竞争，在互助中竞争，在友谊中竞争，在和谐中竞争，因为只有这样，我们才能与大家一起，肩并着肩，手牵着手，风雨同舟地去战胜种种艰难险阻，迎来那风和日丽的美好明天。

“竞”而不斗，“争”而不伤

18世纪，法国有两位著名的科学家名叫普鲁斯特和贝索勒，他们是一对论敌，围绕有关定比定律的问题，他们之间的争论长达9年之久。双方你来我往，针锋相对，谁也不肯让谁，谁也不愿服输，而最后以普鲁斯特的胜利告终，他成了定比定律的发现者。历经数年的交锋而终获胜利，普鲁斯特本可以为此而欢庆一番，甚至有资格对贝索勒的错误加以嘲笑和斥责。但是，普鲁斯特却并没有因此而得意忘形，也没有因此而小觑对手，反倒是发自肺腑地对贝索勒表示了这样由衷的感谢：“要不是你一次次质疑问难，我是很难深入地研究这个定比定律的。”同时，普鲁斯特还十分真诚地向公众宣告，发现定比定律是他和贝索勒共同研究的结果，贝索勒有一半的功劳。总之一句话，普鲁斯特在竞争获得胜利之后，非但没有趾高气扬，盛气凌人，反而以极为谦诚的态度宽容了强劲的对手，表现出了他大海一般广阔的磊落胸怀。正因为这样，他也就获得了比发现定比定律更多的鲜花和掌声，并在科学发展史上留下了一段脍炙人口的佳话。

在应该如何对待竞争对手这个问题上，普鲁斯特可以说是为我们树立了一个宽容待人的极好榜样。而反观社会上的有些人呢，在与对手交往时就缺少普鲁斯特那样的雅量，他们往往把对手视作为敌人，成天只是想着如何压制和打垮对手，如何让对手永远没有出头之日。眼看着对手的失利或失败，他们就幸灾乐祸，就不胜欣喜；一旦对手获得了进步，或在某些方面超过了自己，他们就妒火中烧，说什么也痛快不起来，甚至恨得牙痒痒，必欲除之而后快。这样一来，原本十分正常的竞争就变成了异常残酷的斗争，人与人之间也就总是针锋相对，剑拔弩张，始终弥漫着浓重的火药味，乃至血腥味，搞得水火不容，乌烟瘴气。如此“竞争”的结果，必然是两败俱伤，不仅对手处处受制，长期不得安宁，自己也时时焦虑，始终陷入勾心斗角的烦恼之中。更有甚者，还可能会落得个玉石俱焚的可悲结局。

在现今的社会和学校里，竞争是不可避免的，但不管怎样竞争，我们都应该像普鲁斯特那样，以光明磊落的宽阔胸怀，做到“竞”而不斗，“争”而不伤，以便在友好的竞争中取得双赢，获得共同的提高和进步。而真要做到这一点，就必须牢牢把握这样一个两字要诀：宽容。莎士比亚曾经说过：“宽容就像天上的细雨滋润大地，它赐福于宽容的人，也赐福于被宽容的人。”如果我们能用宽容的心理理解人，用宽容的目光看待人，那么我们就一定会觉得整个世界都葱茏一片，春意盎然，到处都充满了友爱和温馨。事实上，一个集体就好比是一座生长着各种花卉的大花园，只有我们每一个人都毫不吝惜地为它倾洒心灵中最温情的宽容的雨水，它才有可能真正成为一个欣欣向荣、和谐美好的乐园。也只有生长在这样一个和谐美好的乐园中，我们每一个人才能够更显生机勃勃，更为茁壮成长。

接纳对手，善待对手

由于美洲虎是一种濒临灭绝的珍稀动物，秘鲁的国家级森林公园特意为一只年轻的美洲虎辟出一块近20平方公里的森林作为虎园，还精心设计和建造了豪华的虎房，好让它自由自在地生活。虎园里有成群人工饲养的牛、羊、鹿、兔，可供老虎尽情享用。人们总以为，如此美妙的环境，可算是美洲虎生活的天堂了，然而让人感到奇怪的是，从没有人看见美洲虎捕捉过那些专门为它预备的“活食”，也从没有人看见它王者之气十足地纵横于雄山大川之上，啸傲于莽莽丛林之中。人们经常看到的是，它整天呆在装有空调的虎房里，或打着盹儿，或耷拉着脑袋，睡了吃，吃了睡，总是一付无精打采的熊样。该怎样才能改变这种状况呢？大家一时都想不出什么好办法来。一天，一位动物行为学家到森林公园来参观，见到美洲虎那副懒洋洋的样儿，便对管理员说，老虎是森林之王，这么大的一片虎园，即使不放进去几只狼，至少应放上两只豺狗，否则，美洲虎是无论如何也提不起精神的。管理员们听从了动物行为学家的意见，不久便从别的动物园引进了几只美洲豹投进了虎园。这一招还当真灵验，自从美洲豹进了虎园的那天，这只美洲虎就再也躺不住了。它每天不是站在高高的山顶愤怒地咆哮，就是有如飓风般俯冲下山岗，或者在丛林的边缘地带警觉地巡视和游荡。老虎那种刚烈威猛、霸气十足的本性终于被重新唤醒，它又成了一只真正的老虎，成了这片广阔的虎园里真正意义上的森林之王。

美洲虎因为有了美洲豹这样的对手，这才重新找回了逝去的光荣，这才重新显现了它所特有的王者风范。同样，一个人只有有了可以与之相抗衡的对手，才会有危机感，才会有竞争力，才会激发起旺盛充沛的奋斗精

神，才会释放出深藏于身的无限潜能，才会不断地奋发图强，永远地锐意进取，从而跃上一个又一个更新更高的台阶。如果没有了强劲的对手，那他就会疲疲沓沓，慵懒怠惰，就会不思进取，甘于平庸，就会不仅现在在学习上平平淡淡，毫无长进，而且将来在工作上也会碌碌无为，虚度一生。所以，一个强劲对手的出现，对我们来说绝不是仇敌，绝不是祸害，而反倒是一种幸运，一种福分。既然如此，我们就决不应该畏惧他，仇视他，而是应该伸出我们的双手，热情地欢迎他，乐意地接纳他，以便在与他激烈竞争的过程中，更出色地搞好自己的学习，更充分地施展自己的才华。

在这一方面，曾经是世界冠军的美国拳击手杰克的做法，就很值得我们效法。每次比赛前，他必先安静地祷告一会儿。一次，一个朋友问他："你在祈祷自己打赢这场比赛吗?"他摇摇头，说："如果我祈祷自己打赢，而我的对手也祈祷打赢，那上帝会很难办的。"朋友很奇怪："那你到底在祈祷什么?"杰克说："我只是祈求上帝让我打得漂漂亮亮的！最好让我们都不受伤!"可见，在他的眼中，对手固然是他的对手，但更是他的朋友，他之所以那么热爱拳击事业，就是为的要和对手一起，共同谱写拳击史上最辉煌的篇章。在杰克的面前，那些冷漠的眼神穿透天空，急欲将对手打翻在地并使之永世不得翻身的竞争者，显得是何等的丑陋，何等的渺小！所以，我们一定要以杰克为榜样，善待对手，关爱对手，与对手携手并肩，合力去开创学习的新境界，实现奋进的新目标。

尊重他人——人际交往的黄金定律

“你希望别人怎样对待你，你就怎样对待别人。”这是人际交往中必须遵循的一条规则，人们习惯地称之为“黄金定律”。这条定律究竟是说的什么意思呢？我们觉得，简而言之，这就是要求我们在与人相处的时候，必须始终自觉地尊重他人。

在与人相处时，为什么必须自觉地尊重他人呢？下面的这个故事就对此作出了很好的回答：

从前，有一个年轻人骑了马急着赶路，眼看天色已晚，可还是前不着村，后不着店，他心里不由得寒丝丝的有点发毛。正焦急之时，恰好遇上了一位老者，年轻人便急忙高喊：“喂，老头儿，这里离客店还有多远？”老人头也不抬地答道：“五里。”年轻人听了，心里才踏实了一点。谁知跑了十多里路，还是不见人烟，年轻人不禁暗想：这老头儿肯定是在骗我，实在是可恶极了，回去非得责问他一番不可。可就在这刹那之间，他又猛然有所醒悟：“五里”与“无礼”，这不是谐音么，莫非是老人在借机教训我吧？于是，他便拨转马头往回赶。见到老人之后，他果然来了个一百八十度的大转弯，不但没有生气，反而亲热地叫了声“老大爷”。话音刚落，便听得老人说道：“客店已经走过头了，如不嫌弃，可到寒舍一宿。”说着，便把年轻人请到了自己的家中。

故事虽小，但所说的道理却非常清楚明了：不尊重他人，便会被人讨厌，甚至遭人作弄；只有尊重他人，才会讨人喜欢，被人热情相待。人与人的相处，就好比那天平的两端，一般都保持着大体的平衡，如果我们这一端增加了尊重他人的砝码，那么另一端获得他人尊重的砝码也一定会随之相应地增加。这也就是说，我们只有自觉地尊重了他人，他人才会把相同的甚至更诚挚的尊重反过来馈赠给我们。所以，每当自己与他人发生纠葛甚至产生龃龉时，我们决不能只是一味地去怨怪他人如何不明事理，如何不近人情，而应该深刻反省和认真检讨自己在尊重他人方面所存在的不足和问题，并竭力地及时加以改正或弥补。

对于一个人来说，尊重他人是一种基本的修养和应有的风度，如果连这一基本的修养和应有的风度都不具备，那么在人际交往时就很难站稳脚跟；只有具备了这种修养和风度，才有可能去感染乃至感动他人，并从而获得他人更多的敬重。美国学识渊博的哲学家约翰·杜威曾说："人类本质里最深远的驱策力就是希望具有重要性。"这就告诉我们，每一个来到这个世界上的人，都有被尊重、被关怀和被肯定的强烈渴望，如果我们能满足他的这种要求，给他以应有的尊重，那么他就必然能在情感上感到十分温暖和愉悦，在精神上觉得异常充实和满足，这样他也就能一下子缩短与我们心灵的距离，顿觉与我们心心相印，情投意合，很快就成为我们友好的朋友。

用真诚的关爱去温暖他人的心

在人际交往中，除了应遵循“黄金定律”外，还应遵循“白金法则”：“别人希望你怎样对待他，你就怎样对待他！”这条法则究竟是说的什么意思呢？简单来说，就是要求我们在与人相处的时候，必须始终用真诚的关爱去温暖他人的心。

为什么要把用真诚的关爱去温暖他人的心作为人际交往中应该遵循的“白金法则”呢？这是因为，我们人是一种区别于其他动物的高级动物，除了像其他的动物一样具有健全的躯体之外，我们更具有其他动物所不具备的圣洁的思想和高尚的情感。而这种思想和情感，正是在与他人的交往中体现出来的。有人曾说：“我们只有在他人镜像的映射中，才看得到我们自身存在的意义。”此话就是告诉我们，就像必须透过镜子才能看到自己的模样那样，我们也只有在与他人交往的过程中，借由他人作出的反应，才能看见自己精神层面的价值。

作为物质层面的躯体，是以“阳”面存在的，我们必须通过吃饭、穿衣等来确保它的存在，以使自己能够安身立命于世，这就决定了我们都有“自利”的一面。而作为精神层面的思想和情感，则是以“阴”面存在的，我们必须藉由自己付出的关爱，从别人作出的反应和回馈中，才能获知自身的价值，享受人生的快乐，这就决定了我们又都有“利他”的一面。这也就是说，“自利”仅能带给我们物质面的生存，唯有“利他”，才能带给我们精神面的满足。而只有精神需求得到了满足，我们才能真正成为区别于普通动物的高级动物，才能真正享有人生应有的价值和意义。所以，在人生的道路上，除了需要空气而不至于闷死，需要水而不至于渴死，需要食物而不至于饿死，需要衣服而不至于冻死之外，我们更需要思想的引领，精神的抚慰，情感的关爱，生活的照顾，行为的支助，这才能使我们的生命更加充实，更富内涵，更快乐幸福，更充满积极的意义。

在生命的历程中，可以说没有一个人不企盼着他人的关爱：在碰到挫折的时候，期望能得到他人的鼓励；在获取成功的时候，期望能得到他人的肯定；在遭遇危难的时候，期望能得到他人的援助；在陷入迷茫的时候，期望能得到他人的指点……这就正如德国着名的哲学家、心理学家和教育家赫尔巴特所说的那样："在所有的东西中间，人最需要的东西乃是人。"任何一个人，即便是再怎么伟大的人，要想获取成功，要想得到快乐，都不可能总是单兵独马，孤军奋战，而必须与人为伍，在与他人心与心的互动、情与情的交流之中，才能解脱孤独的灵魂，走出无助的困境，迎来一个个大好的机遇，走向充满希望的未来。

大豆与根瘤菌正是因为互相关爱，才得以茁壮地成长；牧羊犬与羊群正是由于彼此关心，才有了战胜狼群的力量；我们人与人之间也只有通过互相关爱，才可能净化一片蓝天，构建起一个和谐美好的社会，才可能使我们每一个人的心灵里都充满了明媚的阳光，回响着动人的音乐，生发出一个个创造的灵感，享受那一次次成功的快乐。

天空对鸟儿的关爱，让鸟儿飞得更高，海水对鱼儿的关爱，让鱼儿游得更加畅快，人与人之间的相互关爱，能让每一个人都感到社会大家庭的无比温暖，从而更充满创造的活力。关爱，这是人际交往的一个重要支点，有关爱才有和谐，有和谐才有互助，有互助才有共同智慧的闪光。唯有这样，我们的人生才会更有意义，整个社会才会更美丽多彩。关爱，是冬天的阳光，是春天的雨露，是夏天的阴凉，是人类的基本需要，同时也是其他优良品质的基础和生长点。只要学会了关爱他人，我们就拥有了一个奇异的三棱镜，哪怕是一缕微弱的阳光，都会折射出七色的迷人光彩。

善待他人就是善待自己

现在的青少年同学，在家里大多是独生子女，由于有些父母教育失当，宠爱过分，他们中的一些人自然而然地就成了家庭的中心，久而久之，养成了“得理不饶人”、“小心眼”、“嫉妒心强”等不良的心理和行为。这样，在学校里与同学相处的时候，他们总是觉得自己什么都行，别人什么都不行，以致不能正视他人的长处，而对他人的短处，则揪住不放。看见他人事情没有做好，他们就会鄙夷不屑地说：“瞧瞧瞧，这人有多笨呀，不行就是不行嘛！”就算他人当真把事情做得非常不错，他们也会不服气地说：“这有什么了不起的，要是换了我，肯定能比他做得更出色！”以这样的态度去待人接物，势必把同学间的关系搞得非常紧张，使大家的心情很不愉快。所有这一切，都是他们与同学相处时不能善待他人所造成的恶果。

人是群居的高级动物，一个人要是眼空无物，目中无人，离开了周围的人群单兵独马地去闯荡，去搏击，那就一定会事事受挫，处处碰壁，经常陷入步履维艰的尴尬境地。只有尊重他人，善待他人，加强与他人的理解和合作，才能营造一个适宜于自己生存发展的良好环境，才能做成和做好自己想要做的各种各样事情。黎巴嫩的一位作家在《你是人》中曾这么说：“如果没有你，便没有我之为我；如果没有我，便没有你之为你；如果没有我们，便没有他之为他；如果没有先于我们者，便没有我们；如果没有我们，便没有广阔的世间中的任何一个人。”整个世界便是你中有我、我中有你的一个整体，人与人之间就是唇齿相依、互不可缺的一种紧密关系，因此善待他人，实际上也就是善待自己。善待他人，为他人绽开一朵尊重的花，我们自己也同时收获了沁人心脾的心灵之香。善待他人，给别人一片晴朗的天空，我们自己也同时获得了一个明媚的世界。特别是在人与人之间交往的广度、深度、频度和强度都与传统的农业社会有着天壤之别的今天，善待他人就显得尤为重要。“你站在桥上看风景，看风景的人在楼上看你。明月装饰了你的窗子，你装饰了别人的梦。”卞之琳的这一诗句虽然不是为讴歌善待他人而写的，然而它恰恰描画出了一幅人们互为补足、互相服务的双赢画面。而正是因为有了这样的互补和互助，人类世界才有了如此多彩的梦，生命旅途才有了如此绚丽的风景。

下面的实例生动形象地说明了善待他人的好处：

有一个牧场主养了许多羊。他的邻居是个猎户，院子里养了一群凶猛的猎狗。这些猎狗经常跳过栅栏，袭击牧场里的小羊羔。牧场主多次恳请猎户把狗关好，但猎户却不以为然，口头上虽然答应，没过几天，他家的猎狗又跳进牧场横冲直撞，咬伤了好几只小羊。忍无可忍的牧场主只好去找法官评理。听了牧场主的控诉，明理的法官说道：“我可以处罚那个猎户，也可以依照法令让他把狗锁起来。但这样一来，你就会失去一个朋友，增加一个敌人。你是愿意和敌人做邻居呢，还是愿意和朋友做邻居？”牧场主答道：“当然是和朋友做邻居。”法官便说：“那好，我给你出个主意，只要按我说的去做，不但可以保证你的羊群不再受骚扰，还会为你赢得一个友好的邻居。”回到家，牧场主便按照法官说的，挑选了3只最可爱的小羊羔，送给了猎户的3个小儿子。孩子们如获至宝似的，每天放学后都要在院子里和小羊羔玩耍嬉戏。因为怕猎狗伤害到儿子们的小羊羔，猎户便做了个大铁笼，把狗结结实实地锁了起来。从此，牧场主的羊群再也没有受到骚扰。为了答谢牧场主的好意，猎户开始送各种各样的野味给他，牧场主也不时地用羊肉和奶酪回赠，渐渐地，两人就成了非常要好的朋友。

其实，这个故事中的法官给牧场主所讲的一席话，就正是说的必须与人为善、善待他人的道理。牧场主善纳其言，遵嘱而行，这才当真用善待他人的行动，将干戈化作了玉帛，将对头变为了朋友，从而也收到了善待自己的理想效果。相反，若是你打我一拳，我定要踩你两脚，那就必将仇恨日增，争斗不断，永远也不得安宁。所以，这个故事可以说就是对“善待别人，就是善待自己”这句话的最好诠释。

善待他人就是善待自己的道理既然已经如此清楚明白，那就让我们都在善待他人方面多作些努力，多下些工夫吧！

放低身段，谦待他人

在日常生活中，我们常常会遇到这样的情况：在你当众表白自己在某一方面不如某甲，在另一方面又不如某乙时，总会给人以特别诚实可信的印象，也总会格外赢得大家的好感和敬佩。这是为什么呢？因为在通常的情况下，人们总是希望自己能够高人一头，胜人一筹，格外地受到他人的重视，所以也就往往会在各种场合想方设法抬高自己，压低他人。可如果老这么着张三想要高出，李四意欲胜过，自然也就会各自都憋着一股气，相互都看不顺眼了。现在你却反此道而行之，放低身段，谦待他人，将自己与他人作具体的比较，并有意识地贬抑自己，抬高他人，他人又怎能不因被你高捧而顿生得意之感，而涌动感激之情呢？

小时候，大家都玩过跷跷板，其实放低身段谦待他人，就好像在玩跷跷板那样，你在这头特意压低自己，将远端的他人高高地抬了起来，可他在上面站得住吗？显然是站不住的，他必然也会压低自己，再把你抬上去，他一定会说："哪里，哪里，你同样是很优秀的，你也有很多高于我的地方嘛!"这么着你也谦，我也让，彼此的好感不就很易产生了么？双方的关系不就异常融洽了么？这就可见，只要你真正克制了自己的欲望，满足了他人的需求，放低身段谦待他人，你就必定会让人觉得你是一个特别实诚的人，你就必定会理所当然地获得他人的信赖，从而轻而易举地赢得很真诚的朋友。

放低身段，谦待他人，除了有意识地压低自己，抬高他人之外，还可以在与他人沟通时，毫不隐瞒地讲述自己曾经的失败经历，以此来增强他人的优越感，提升他人的自尊心，从而让他人敞开心扉与你交谈，欣欣然地接受你，喜欢你。譬如，美国有一位著名电影明星接受中国电视记者的

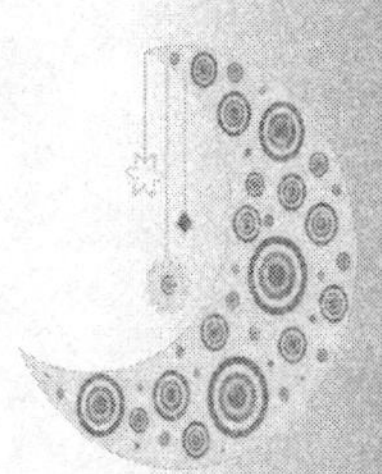

采访，当被问到她抱着什么想法进入好莱坞时，她说自己在好莱坞呆了好多年，但当初并不是当演员，而是当女招待，而且还经历了许多的挫折。她这样坦诚地承认自己以前的平凡和曾经有过的失败，非但没有对她的形象有丝毫的损伤，反而使她赢得了阵阵更热烈的掌声。一般来说，成功者身上的光环往往会让周围的人暗淡无光，所以成功人士常常容易遭遇他人的嫉妒。而放低身段，谦待他人，就正可以消除别人对你的这种敌意。因此，即便你一路顺风顺水，处处春风得意，也千万别锋芒太露，老是叽叽呱呱地太过示强，相反倒是要注意恰到好处地巧妙露怯，虚心地多听听他人的声音，这样才会使自己更受他人的欢迎，交上更多的朋友。而要做到这一点，关键就是要豁达大度，放低身段。

低垂着头的麦穗最饱满也最招人喜欢。大海总是位于低处，所以能够汇集百川。人生亦同样是如此，只有谦虚的人才能得到众人的交口称赞。所以，如果我们要想像大海一样笑纳百川，像天空一样任鹰翱翔，像高山一样簇拥群峰，就一定要摒弃自负和自满，毫不吝啬地对他人的才智和德行送上一句最由衷的赞美。有人曾说："当你真心赞美别人的时候，你何尝不是在赞美自己宽广的胸怀！而对方也会怀着感激之情在心灵深处赞美你，你会因此获得信任和友谊。"此话可真是说到了点子上，值得我们永远铭记于心，切实遵照执行。

努力学习“舍”的功课

在当今的社会中，由于受到拜金主义思潮的影响，有一些青少年同学也变得太过功利了，他们认为只有“得”才是快乐，才是幸福，而“舍”呢，就意味着失去，就意味着痛苦，因此一事当前，他们总是只想着“得”，而绝不愿意“舍”。

而实际上，关于“得”与“舍”的问题，远非一些人所想的那么简单，这里面蕴藏着值得我们细细探究的许多东西。“得”和“舍”虽看似完全相反，可究其实却是一物之两面，两者相辅而相成，缺一而不可。

以色列有两个被称为海的湖，一个叫加黎利海（又称太巴列湖），一个叫死海。它们的水虽然同出一源，可情况却迥然有别：前者湖水清澈新鲜，可供人饮用，不仅鱼儿戏游其中，人们也常来此光顾，游泳消暑；后者的水却是咸的，饮了就会生病，水中没有游鱼，岸边不长东西，一如其名一样，一切都死气沉沉。出自同源之水的两个湖，何以会出现这么大的差异呢？其原因就在于：约旦河水流入加黎利海的顶端后，又从其底部哗哗流走，大湖无私地将它的水源给下一个继续使用；而约旦河水流入死海后，死海就自私地照单全收，不再让它有一丁点儿外流。加黎利海“得”而能“舍”，故而其水永远鲜活，死海只“得”而不“舍”，所以也就当真成了名副其实的死海。

其实，不仅湖水如此，自然界和人类社会的情况亦同样如此。树舍灿烂夏花，方得华实秋果；壁虎临危弃尾，方可生命保全；溪流舍弃自我，方能汇为江海。这就可见，世上诸物，尽皆有舍方有所得。至于我们人类，那就更是唯有深明“舍得”的真意，才能真正领悟人的生存之道。一个人如果只想得到而不知舍弃，那就无异于进入了一个与世隔绝的封闭世界，即便他得到的再多，也将完全丧失自己应有的活性，也将从根本上失去他应有的人生意义。舍得两字，看似相背，实互依存，缺一不可，若是不舍，必难有得，如欲得到，必有所舍，小舍仅有小得，大舍方能大得。所以说，“得”固为一种能力，一种本领，而“舍”更是一门学问，一种智慧。只有懂得了这门学问，掌握了这种智慧，我们才能一扫患得患失的忧虑，才能尽去想得怕舍的陋习，而以拾阶而上的从容和闲庭信步的淡定，将自己的人生经营得有模有样，有声有色，从而使自己的一生活出精彩，活出快乐。

要从深井中打水，就要先往里面灌一点水，只有先“舍”了这一点水，我们才能引出整座井的泉源，才能打到一桶桶、一缸缸的水；想从地里收获粮食，我们就要先在里面播上种子，只有先“舍”了这一点种子，我们才能种出整片地的庄稼，才能收获一袋袋、一车车的粮食；同样，要想从集体中得到关爱和温暖，也只有先“舍”了自己的私利，给予他人以亲爱、友善和帮助，我们才能育出整个集体的友爱，才能得到他人那一朵朵、一束束真情的花朵。悭吝不“舍”，终将一无所“得”，慷慨而“舍”，方能所“得”多多——这就是“舍”与“得”的辩证法。所以，一事当前，我们千万不能总是以功利之心想着怎么“得”，而应该先以积极的心态努力学习“舍”的功课。

“得”未必是幸福，“舍”反倒是快乐

我国著名史学家范晔曾说：“天下皆知取之为取，而不知予之为取。”此话说得极为辩证，颇具哲理。人们不是常说“舍得”么，而所谓“舍得”，岂不就是说有“舍”才有“得”么？

现实生活中的无数事实都告诉我们，放下才是得到，能舍才是领受，“得”未必就是幸福，而“舍”反倒是巨大的快乐。世上的许多事情，其实并不是数学，而是植物学，往往不是加减乘除所能解决问题，而要先懂得怎么栽才能明白怎么收。海伦·凯勒就曾从她自身的经历中得出了这么一个结论：“任何人出于他的善良的心，说一句有益的话，发出一次愉快的笑，或者为别人铲平粗糙不平的路，这样的人就会感到欢欣是他自身极其亲密的一部分，以致使他终身去追求这种欢欣。”是的，“施恩于人共分享，献花者手中留余香”，只要我们不时地把快乐分给别人，快乐就会始终与我们相伴。

有时候，所“舍”也许仅只是很少的一点，但它所产生的涟漪，却能波及整个社会，产生巨大的效应。许多年前，美国费城有一个名叫海蒂的小女孩，一次她想去参加一个牧师开办的主日学校，但由于房屋太小而未能如愿，只得怅然离去。两年后，海蒂不幸夭折。有一天，她的父母将那牧师请来，交给他一个在海蒂枕头下发现的破旧红色小钱包，里面装着海蒂打杂赚来的全部家当——五毛七分钱，另外还有一张纸条，上面有海蒂的笔迹：“这笔钱用来盖大一点的教堂，好让更多的小孩可以参加主日学校。”在海蒂葬礼后的第二个礼拜天，牧师将海蒂奉献了她的所有的事儿告诉了大家，在场的人无不为之动容。礼拜结束后，有一位来宾当即表示愿意为新教堂提供一块良好的土地，他说：“只要支付五毛七分的价格，我便让教会拥有它。”此事在媒体上披露后，来自各地的支票便源源不断地涌入，于是一座能容纳 3300 人的大教堂建成了，让许多孩子都圆了参加主日学校的梦。

一个人不过是沧海之一粟，他所能“舍”的东西也许微不足道，然而这种“舍”就像一颗颗精神原子弹，能够产生让人简直难以估量的巨大能量。一颗美好的心灵，一片爱人的性情，一种宽厚的精神，都是一笔巨大的财富，它能使世人受惠，让世人得益。而世人呢，也时刻在为拥有这笔财富的人建立纪念碑，当然不一定用大理石或青铜铸成，而是永远建立在人们的心灵之中！

“甚爱必大费，多藏必厚亡。”两千多年前的思想家老子所说的这两句话，很好地说明了过分的贪爱必然会付出沉重的代价，过多的拥有必然导致更多的失去的道理。如果一个人不懂得舍弃，那么有些东西势必就将成为阻碍他前行的负累。这就诚如印度诗人泰戈尔所说的那样：“当鸟翼系上了黄金，鸟儿就飞不远了。”不管是对谁来说，舍弃都不仅是一种现实的需要，一种做人的艺术，更是一种处世的智慧，一种人生的境界。所以，我们一定要不计“蜗角虚名，蝇头微利”，而勇于舍弃，乐于舍弃，以使自己的生命之歌谱出更多的华彩乐章，以使自己人生的价值不断地得到升华。

唯有乐于助人，才是善待他人

善待他人，绝不是随大流的应景文章，而是从心底里自然地“流”出来的自觉行动，所以要善待他人，就必须乐于真诚地帮助他人。

以极度的真诚帮助他人，犹如给他人的生命之树捧上一掬清泉，能促使他人的生命之树茁壮成长；而他人的生命之树长大了，又会反过来给我们提供遮阳挡雨的诸多好处。所以，帮助他人不仅是付出，同时也是收获；而且，付出得越多，我们的内心就越充盈，幸福感就越强。这是因为，他人因我们的帮助得到了温暖，我们自己也在给人以帮助中得到了快乐。高尔基在给儿子的信中曾这样写道：“要是你在任何时候、任何地方，自己一生留给别人的都只是美好的东西——鲜花、思想、对你的美好回忆——那你的生活将会轻松和愉快……你会感到所有的人都需要你。这种感觉会使你成为一个心灵丰富的人。”这些话说的就正是这个道理。

看一看下面这则美国钢铁巨子菲利的故事，我们对此就必将会有更深刻的认识：

那是一个阴云密布的午后，大雨瞬间倾泻而下，行人纷纷逃进就近的店铺躲雨。这时，一位浑身湿淋淋的老妇人，步履蹒跚地走进了费城百货商店。看着她狼狈的姿容和简朴的衣裙，所有的售货员都对她爱理不理的。这时，一个年轻人却诚恳地对她说：“夫人，我能为您做点什么？”老妇人莞尔一笑：“不用了，我在这儿躲雨，马上就走。”可随后老妇人又心神不定了：借用人家的屋檐躲雨，却不买人家的东西，这岂非太不近情理了？于是，她开始在百货店里转悠起来，哪怕是买个头发上的小饰物什么的，也可给自已躲雨找个光明正大的理由嘛。正当她眼露茫然时，那个小伙子又走过来说：“夫人，您不必为难，我给您搬一把椅子，放在门口，您坐着休息就是了。”两个小时后，雨过天晴，老妇人向那个年轻人道了谢，并随意向他要了张名片，就颤巍巍地走了出去。几个月后，百货公司的总经理詹姆斯收到一封信，写信人要求将这位叫菲利的年轻人派往苏格兰收取装满一整座城堡的订单，并让他负责自已家族所属的几个大公司下一季度办公用品的采购任务。詹姆斯震惊不已，当他以最快的速度与写信人取得联系后，才知道这封信是那位躲雨的老妇人写的，而她正是当时美国亿万富翁“钢铁大王”卡内基的母亲。在随后的几年里，菲利以他一贯的踏实和诚恳，成为“钢铁大王”卡内基的得力助手，在事业上扶摇直上，成为了美国钢铁行业内仅次于卡内基的钢铁巨人。

古话有云：“投之以桃，报之以李。”法国伟大的启蒙思想家卢梭也说：“你爱别人，别人就会爱你；你帮助别人，别人就会帮助你；你待他情同手足，他对你就会亲如父子。”美国钢铁巨子菲利的故事，可以说就是对以上古语和卢梭话语的最好验证。世上许多与之类似的事实，也无一不雄辩地说明了这样一个真理：我们帮助的人越多，那么得到的帮助也就会越多；我们把最美好的东西给予他人，那么也就必然会从他人那里获得最美好的回馈。

“授人玫瑰，手留余香”，帮助他人，实际上也就是帮助自己，它不仅会为他人，同时也为我们自己，提供自由发展的最有利条件，就像那热带雨林一样，遍布各个层次和空间的动植物，对太阳能和土壤资源各取所需，互利共生，就能使整个群落都欣欣向荣，一派生机盎然。

“吃亏是福”蕴深意

“吃亏是福”，这是清代著名书画家郑板桥留给世人的一句名言。倘仅从字面上来理解，“吃亏是福”这句话似乎很难得到普遍的认同：一个人本应得到的权利被他人无缘无故地夺去了，一个人好不容易得到的机会被他人捷足先登抢走了，一个人付出了很多，得到的却很少，甚至是根本就没有所得……所有这些，不都是明摆着的“吃亏”么，怎么反把它们说成是“福”呢?

不错，如果草草地看，浅浅地论，上述这些人确实是“吃亏”了，根本没有什么“福”可以言。然而，如果能透过现象，作深层的剖析，作辩证的认识，我们就会发现，“吃亏”的里边，确实是有“福”藏着；我们就会明白，“吃亏是福”还当真是一句饱含哲理的至理名言。

所谓“吃亏”，按通常的理解，无非就是为人老实本份，辛勤劳苦，可好处却比别人得的少，利益却比别人占的少，本该得到的却硬是没有得到，本该拥有的却偏偏并未拥有，因此也就不免使人心中不平衡，顿生失落感：唉，亏了，亏大了！如果真是这样去理解“吃亏”的话，“吃亏”自然就是地道的吃亏，与“福”压根儿就沾不上边。可现实社会是复杂的，绝对公平的事儿根本就不存在，或吃亏或占便宜，可以说是一种社会的常态，要是遇了事谁都不愿吃亏，那就势必会纷争不断，烽烟四起，天下永无宁日。于是，就有人甘愿吃亏，乐于吃亏：见了物质利益，他们不是锱铢必较，而是宽宏大量；见了名誉地位，他们不是争先恐后，而是先人后己；在人际交往中，他们也不是唯我独尊，老子天下第一，而是时时尊重他人，处处为他人着想。他们这样去做，固然确实是少得了利，少占了光，这在世俗的眼光里确实是“吃亏”了，可在他们的内心里，他们却

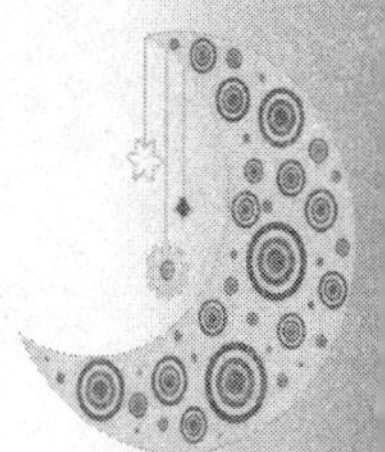

丝毫不觉得亏，丝毫不觉得冤，因为他们不仅牢牢记住了“吃亏是福”这句警语，而且还深深懂得了这一警语所包含的深刻意蕴：“满者损之机，亏者盈之渐。损于己则利于彼，外得人情之平，内得我心之安，既平且安，福即是矣。”郑板桥的这一段话，可谓是言简意赅地道出了“吃亏是福”的真谛。既然盈满乃是亏损之契机，亏损却会逐渐趋向盈满，所以人生在世，万万不可多占多得，倒是甘愿吃亏对自己更为有利。再说，自己亏损了必将有益于对方，对方必然就心平气和，而自己也会因此而心安理得。他人平和了，自己心安了，自然也就福气多多了。试想，如果从这样的角度来看待“吃亏”，并由此得出“吃亏是福”的结论，岂不是顺理成章的事情么？

若是循此而再往前推进一步，以与时俱进的眼光来看问题的话，我们就更会发现：在获得他人平和与自己心安这一双赢局面的同时，“吃亏”其实还会带来一个更为多福的大好局面——即通过一定的个人利益的亏损，换来高于个人利益的整体利益的增进，使所在团队因此而更加凝心聚力，使整个社会因此而愈发和谐稳定。这也就是说，如果能从这一更为宏阔的视野来看待“吃亏”的话，那么“吃亏”就不仅是“福”，而且是“福大福多”了。

郑板桥对“吃亏是福”道理的阐发无疑至为精辟，而一位现代哲人在这个问题上所发表的见解，也同样是对“吃亏是福”的绝妙诠释，且听他说：“人，其实是一个很有趣的平衡系统。当你的付出超过你的回报时，你一定取得了某种心理优势；反之，当你的获得超过了你付出的劳动，甚至不劳而获时，便会陷入某种心理劣势。很多人拾金不昧，决不是因为跟钱有仇，而是因为不愿意被一时的贪欲搞坏了长久的心情。一言以蔽之：人没有无缘无故的得到，也没有无缘无故的失去。有时，你是用物质上的不合算换取精神上的超额快乐。也有时，看似占了金钱便宜，却同时在不知不觉中透支了精神的快乐。”郑板桥的那番话，主要是从物质的层面来论说了吃亏与占便宜之间的辩证关系，而这位现代哲人的这一席话，则主要是从精神层面来阐述了吃亏与占便宜之间的相互转换。两者的角度虽然有所不同，但其论说却同样鞭辟入理，令人折服。相信只要我们真正悟透了此中的真意，那么今后面临所谓吃亏和占便宜的事儿时，就必定会多一些理智，少一些冲动，多一些平和，少一些怨恨，多一些愉悦，少一些烦恼。

吃得亏中亏，方得福外福

提起“吃亏是福”，有些人往往不屑一顾，以为那不过是一种空洞的说教，一种自欺欺人的自慰之辞而已。情况果真是如此么？让我们还是用以下的事实来作出回答吧：

有个砂石老板，没有文化，也绝对没有背景，但生意却做得出奇的好，而且历经多年，长盛不衰。他的秘诀其实也很简单，那就是与每个合作者分利的时候，他都只拿小头，把大头让给对方。如此一来，凡是与他合作过一次的人，都觉得他为人实诚，可以信赖，因此都愿意与他继续合作，而且还会像蚂蚁牵线似的介绍一些朋友过来，使许多人都成为他的客户。尽管每一次生意他都只拿小头，但所有的小头集中起来，就成了最大的大头，他自然也就成了真正的赢家。

无独有偶，深圳有个妇女的做法与那砂石老板的做法也有异曲同工之妙。这个妇女是从农村来的，也没什么文化，起初给人当保姆，后来在街头摆个小摊儿，卖一个胶卷赚一角钱。她认死理，一个胶卷永远只赚一角钱，可生意竟越做越大。后来她开了一家摄影器材店，依然是一个胶卷赚一角。市场上一个柯达胶卷卖23元，而她只卖16元1角，因此批发量大得惊人，深圳搞摄影的没有不知道她的。在深圳，再牛气的摄影商，也得乖乖地去她那儿拿货。

一个没有文化的砂石老板，一个半文盲的摆摊妇女，竟然在一个人精成堆的地方打败了众多的竞争对手，成为商界赫赫有名的人物。乍一听，这似乎有点像天方夜谭，可它又确实是不掺一点儿水分的真实事。奥秘何在呢？关键就在于这两个人深得“吃亏是福”的精髓，全都以实诚的品格，以吃亏的行动，去以心换心，广结人缘，广聚人脉，从而受到了众人的接纳和尊重，喜爱和欢迎，并由此从那些受惠于他们的人那里得到了他们期望以外的丰厚回报。他们这甘于吃亏的交往方式，表面看来是吃了亏，可实际上却造成了一种积极的储存效果，招来了源源不断的滚滚财源。因此，我们不妨说，他们是亏了小头，赢了大头，亏了眼前，赢了长久。

“能守苦方为志士，肯吃亏不是痴人”，古代的这付楹联，说的其实也是这个道理。吃亏之于人生，犹如磨石之于锋刃，人生只有经过了吃亏的磨砺，方能具有无敌的力量。吃亏的过程，又好比是一个吃补的过程，补的是经验，补的是气量，补的是精神，越补品性越纯真，越补境界越高尚。面对这样的甘于吃亏者，我们还岂能称他们为“痴人”？

德不高者不甘吃亏，心不诚者不愿吃亏，品不正者不肯吃亏，行不端者不能吃亏，这些人老想着“贪看无边月”，结果却“失落手中珠”，最后无一例外地落得那事与愿违的结局。只有那些将甘愿吃亏作为一种修炼，一种涵养，一种胸怀，一种品质，使吃亏完全内化到自已血肉和灵魂之中的人，才能上升到常人所难以企及的自律和大度的高超境界，才能真正享受到“吃得亏中亏，方得福外福”的无限快乐和幸福。

真诚待人，简单做人

在现实社会中，常会听到一些人发出这样的感叹：社会太复杂了，与人相处实在太难了。

那么，要怎样才能使复杂变得简单，使艰难变得容易呢？我们认为最好的办法就是：真诚待人，简单做人。

真诚待人，就是"内不欺己，外不欺人"，不文饰，不虚美，卸掉一切外衣、面具和伪装，让心灵变得纯朴、自然、厚道，真正以人的本真去接物待人。真诚待人，就是将别人当作自己，不管对谁都像对待自己一样，实实在在，本本分分，不虚伪做作，不虚情假意，完全与人呼吸与共，肝胆相照。真诚乃是立身之本，立业之端，人若真诚，则人皆信之，朋友四海，人人都愿意向他伸出手来。人若虚假，则人皆避之，势必陷入孤家寡人的境地，时感寸步难行的窘迫。所以，不论与什么人相处，我们都要存真诚的心，说真诚的话，做真诚的事，始终让人同感真诚，共享丰盛。巴尔扎克曾说："诚实不欺的性格，在无论哪个阶层里，即使心术最坏的人，也会对之肃然起敬。"这确实是人生经验的极好总结，因为只要真诚待人，必然真情相生，即便是曾经的干戈也可以化为玉帛，就算是昔日的敌人也可以变为朋友。情况既然是这样，那就让我们经常用一个亲切的微笑，一声暖人的问候，一次默契的配合，来表达情怀，来沟通心灵，来架起一座座友谊的金桥。

简单做人，就是以平静淡然的心去对待世间的万事万物，就是不要总背着贪欲和妄想的包袱气喘吁吁地前行，不要总想着在竞争中能一骑绝尘，遥遥领先，总念着在比拼中能无可匹敌，稳获胜券，而要让自己从纷繁琐碎的私念中挣脱出来，从扑朔迷离的关系中走将出来，摈弃一切奢求，忘却所有贪欲，做一个简简单单、纯纯真真的人。简单做人，就是用最明朗的心态去看待社会，看待他人，而不要让私心的尘埃蒙住了双眼，把社会和他人都看成灰蒙蒙的一片。其实，很多时候不是社会太复杂，不是别人太复杂，而是我们自己把事情想得太复杂，把别人想得太复杂了。试想，如果老戴着一付有色眼镜，将他人横瞧竖看，左猜右测，他人能不变得迷迷蒙蒙，复杂起来么？即使对方原本确实一点都不复杂，也往往会因为你总是以那种非常规的心态去对待他，而被你逼得渐渐复杂起来。而且，问题的严重还远不止于此，它还在于：在你将别人猜复杂、逼复杂的同时，你自己也将会因此而变得更加复杂，更加疲惫，更加痛苦起来。心态决定一切，要使自己从这样的疲惫和痛苦中解脱出来，就一定要改弦更张，不断地打扫自己心灵的房间。扫地除尘，只有把头脑里那些乌七八糟的东西彻底打扫干净了，黯然的心才会变得亮堂起来，我们也才可能变为一个真正简单的人。

总之一句话，只有真诚待人，简单做人，我们才能告别复杂，告别艰难，告别痛苦，获得更多更大自由和快乐的生活空间。

将适时的关爱送给那些亟需关爱的人

关爱他人不仅要真诚，而且要适时。适时的关爱就好比是一场及时雨，能使久旱的禾苗重获生机，滞后的关爱大多会成为马后炮，于人往往无多大裨补。人们往往喜欢锦上添花，殊不知雪中送炭才更为可贵。这是因为只有雪中送炭才是最适时的关爱，才是最真心实意的支持，才是最能帮助他人及时脱出困境的义举。

马克思在创立政治经济学时，经济上陷入了极度的贫困之中。此时，为了帮助马克思解决经济上的困难，为了使马克思能有足够的时间和精力撰写理论著作，恩格斯不仅毅然决定重返曼彻斯特，从事他十分厌恶的经商工作，而且还经常帮助马克思为报纸撰写文章，同时还常常替马克思还债，给马克思的孩子们送去礼物和食品。所有这一切，都令马克思十分感动，他在给恩格斯的信中曾这样写道："我的良心经常像被梦魔压着一样感到沉重，因为你的卓越才能是为了我才浪费在经商上面，才让它们荒废，而且还要分担我的一切琐碎的忧患。"当《资本论》出版后，马克思更是这样向恩格斯表示他的衷心谢意："这件事之所以成为可能，我只有归功于你！没有你对我的牺牲精神，我绝对不能完成那三卷的巨著。"他们两人就这么始终友好相处，患难与共长达 40 年之久。难怪后来列宁要盛赞这两位革命导师的友谊"超过了一切古老的传说中最动人的友谊故事"。

适时的雪中送炭和滞后的锦上添花固然都可以落得人情，但两者的价值却有着天壤之别。即便适时的雪中送炭只是给濒临饿死的人送去一个馒头，即便滞后的锦上添花是为富贵的人送去一只金锭，可两者的意义还是绝对不能等量齐观，因为前者是将他人从死亡线上重新拉回人间，而后者却并不能从根本上改变他人的命运。关爱就有如一根蜡烛，只有适时地在黑暗中将它点燃，才能给他人送去光明，为他人照亮前路，倘若滞后了在白天将它点亮，那么纵然它光彩四射，也失去了它应起的作用和应有的意义。

适时的关爱，并不是只有名人才能那么做，也并不是只有遇到重大的事情才需那么做，只要心里真正装着他人，那么不管是在什么时候，也不管是在什么情况下，人人都可以给他人送去适时的关爱。譬如有位同学讲述的这一段经历，就很能说明问题：一天进行数学考试，考前五分钟这位同学检查文具盒时，发现缺了把尺子，急得六神无主，同桌得知情况后，当即就将一把崭新的尺子“啪”的一声掰成了两半，来了个“断尺救人”，将一截断尺放到了这位同学手里，使他顺利地投入了数学考试。事儿虽小，却使这位同学非常感动，他一直珍藏着这把断尺，并表示将把它珍藏到永远。

适时的关爱既然并不像有些人想象的那么难办，那么高不可攀，那就让我们每一个人都自觉地加入到这样的行列之中，把更多适时的关爱送给那些亟需关爱的人们吧。

拉近与他人心灵的距离

要怎样才能少生气，少发怒，甚至不生气，不发怒呢？拉近与他人心灵的距离，应该说是一种行之有效的极好方法。

为了说明问题，不妨让我们先来看一看下面的这个故事：

有一个智者曾经这样问他的弟子："为什么很多人在生气的时候，说话是大声喊的，而不是小声地说呢?"弟子们七嘴八舌地说了一大堆原因，可是没有一个是让智者满意的。接着，智者便自己解释说："当两个人在生气的时候，心的距离是非常远的，而且为了掩盖他们的距离，能使对方听见自己的声音，所以必须大声地喊，而人在喊的同时就会变得更生气，更生气距离也就更远，距离更远就又要更大声地喊……"随后，智者继续说道："当两个人在相恋的时候，说话声音都很小，这种情况为什么与上述的情况正好相反呢？那是因为他们彼此的心都很近!"最后，智者又进一步开导弟子们说："当你与他人争吵时，不要让你和对方的心的距离变远，也不要说一些让心的距离变得更远的话。等到过了几天，各自的心的距离已经没有那么远的时候，再重新来解决事情吧!"

智者不愧为智者，他所说的拉近与他人心灵距离的办法，确实是治疗生气和发怒毛病的一剂良药。有些人之所以经常生气和发怒，就是因为他们与他人的心灵之间有着十万八千里的距离，因此他们总是把环境看得太黑，把他人看得太坏，把所有的一切都视作为自己各种烦恼的根源所在。这样，他们自然也就气不打一处来，成天都处在生气和发怒的境况之中了。

俗话说"酒逢知己千杯少，话不投机半句多"，为什么会出现这样的情况呢？就因为在前一种情况下两者的心灵距离近，在后一种情况下两者

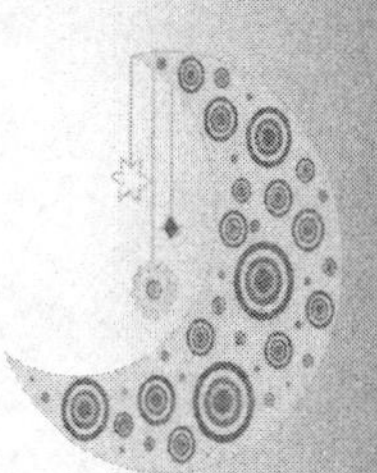

的心灵距离远。两者的心灵距离近了，自然就情投意合，互体互谅，总觉得对方的话语声声入耳，句句中听，即便偶或有一些稍稍过激或刺耳的言辞，也绝不会心存芥蒂，而会让它随风轻轻地飘逝。两者的心灵距离远了，必然就会心存戒意，互相猜忌，总觉得对方的话不怀好意，难于入耳，即便是好端端的一句话，也会误以为是别有用心，甚至是笑里藏刀，因此而怒从心起，顿时跟对方闹翻了脸。所以，在与人相处的时候，我们一定要以心换心，以情动情，尽可能做到心心相印，亲密无间。即便是有时与人发生了一些矛盾和争执，我们也要很好地返回自己的内心世界，对自己多一点省察和检查，对他人多一点尊重和理解，主动地拉近与他人心灵的距离，这样争执也就会很快平息，冲突也就会容易消弭了。

真诚地对他人感兴趣

奥地利著名心理学家阿尔夫·阿德勒写过一本叫做《人生对你的意识》的书，在那本书中，他说："对别人不感兴趣的人，他一生中困难最多，对别人的伤害也最大。所有人类的失败，都出之于这种人。"情况确实是这样，对一个你不感兴趣的人，你是决不会跟他接近，更不会跟他合群的。如果总是对他人不感兴趣，就必然会导致感情的疏远，必然会产生心灵的隔阂，久而久之，就将与他人完全格格不入，越来越失掉他人对你的关心和帮助，以致成为一个无关紧要的孤家寡人。

要摆脱孤独，要与人合群，就一定要学会真诚地对他人感兴趣，要学会从各个方面表现出对他人的极大热情和高度关注。譬如，要留心观察对方的生活和学习情况，如果对方有需要帮助的地方，那就要毫不迟疑地热情地向他伸出援手；又如，如果对方在学习上取得了进步，或是得到了某种奖励，那就一定要及时地送上你真诚的赞美和祝贺。这样始终对他人很感兴趣，时刻把他人放在心上，频频与他人接触交往，并适时地送上你的赞美，他人就自然会对你产生感激的心理，两者的心就会愈贴愈紧，相容性就必然会大大增强。

然而在现实生活中，不少人却偏偏对他人不感兴趣，他们总以为要达到自己的目的，最好的方式就是让别人清楚知道自己的想法，并让他人按照自己的方式理解问题，因此在与他人交往和交谈的时候，他们总是热衷于自己唱主角，而不愿意做一个倾听者，他们满以为这样才能得到他人的敬重。可结果呢，这些人却总是事与愿违，适得其反，成了让人感到没趣甚至感到讨厌的人。

该如何才能改变这种状况呢？最好的办法就诚如查尔斯·诺山李所

说："要令人觉得有趣，就要对别人感兴趣。"就是在与人交往和交谈的时候，必须"做一个好的听者，鼓励他人谈论他们自己"。这是因为，跟你谈话的人，对他自身的问题和他的迫切需求，比对其他任何事情都更感兴趣千百倍。有人曾说："他对自己颈部的疖痛，比对非洲的四十次地震更感兴趣。"这一说法虽然不无夸张，但我们又不能不承认，它与客观实际却十分地切合。一个对他人感兴趣的倾听者，之所以能特别受人欢迎，是因为他在倾听他人的谈话时，不仅动用听觉，而且动用整个身心；不仅听取对方的语言，而且关注对方有意无意表露的非言语信息，即通过关注和倾听对方的面部表情、姿势体态和语音语调等，深入地理解说话者的全部用意。

近代最伟大的倾听大师辛格曼·弗洛伊德，在这方面就有相当出众的表现。一位曾遇到过弗洛伊德的人，就这样描述弗洛伊德倾听别人时的态度："那简直太令我震惊了，我永远都不会忘记他。他的那种特质，我从没有在别人身上看到过，我也从没有见过这么专注的人，有这么敏锐的灵魂洞察和凝视事情的能力。他的眼光是那么谦逊和温和，他的声音低柔，姿势很少。但是他对我的那份专注，他表现出的喜欢我说话的态度——即使我说的不好，还是一样，这些真的是非比寻常。你真的无法想象，别人像这样听你说话所代表的意义是什么。"显然，弗洛伊德的做法是很值得我们效法的。在与人交往和交谈的时候，我们一定要始终看着对方的眼睛，并且适时附和道："你说得太有趣了，那接下来怎么样了呢……"或是深表赞同地说："你说得真对，请把你的想法更完整地告诉我……"这样，讲述者就一定会得到极大的心理满足，乃至于完全心花怒放了。试想，如果你始终坚持这么去做，还能不到处受人喜爱，遍地都是朋友嘛？

真心实意地赞美别人

"真心实意地赞美别人"，被人们普遍认为是人际交往中必须遵循"钻石定理"。为什么呢？这是因为"人类本质里最深远的驱动力是——希望具有重要性。人类本质中最殷切的需求是——渴望得到他人的肯定。"（心理学家、哲学家威廉·詹姆斯语）这是因为"对于人类的灵魂而言，称赞就如同阳光一样，没有它，我们便无法健康成长。"（著名心理学家杰丝·蕾尔语）这还因为诚如著名作家马克·吐温曾夸张地所说的那样："一句美好的赞扬，能使一个人不吃不喝活上两个月。"

事实也充分说明，在这个世界上，无论是咿呀学语的孩子，还是白发苍苍的老人，无论是声名显赫的达官贵人，还是身处底层的穷苦百姓，都毫无例外地希望获得来自社会或他人的恰如其分的赞美，以使自己的自尊心和荣誉感获得应有的满足。譬如美国第一任总统乔治·华盛顿，就最高兴别人称呼他为"总统阁下"；发现新大陆的航海家哥伦布，就曾经要求女王赐予他"舰队总司令"的头衔；伟大的作家雨果，就非常热衷于有朝一日巴黎市能改名为雨果市；就连莎士比亚，也总是想尽办法给自己的家族谋得一枚能够象征荣誉的徽章。显贵者如此，贫贱者亦不例外。有志之士不饮盗泉之水，乞讨之人不受嗟来之食，这就从另一个侧面，说明了人们都喜欢听取他人赞美的话语。

我国清朝有一本《一笑》的书，里面记载的一则笑话，就更生动形象地说明了赞美所具有的原子弹一般的巨大威力：古时有一个说客，曾当众这样夸口说："小人虽不才，但极能奉承。平生有一愿，要将一千顶高帽子戴给我最先遇到的一千个人，现在已送出了 999 顶，只剩下最后一顶了。"一长者听后，连连摇头说："我偏不信，你那最后一顶用什么方法也

戴不到我的头上。”说客一听，忙拱手说道：“先生说的极是，不才从南到北，闯荡了大半辈子，但像先生这样秉性刚直、不喜奉承的人，还委实没有见过!”长者顿时手捋长须，洋洋自得地说：“你真算得上是了解我的人啊。”那位说客听了这话，当即哈哈大笑道：“恭喜恭喜，我这最后一顶帽子刚刚送给先生你了。”长者闻言，一时语塞，只得露出尴尬的一笑。

这虽然只是一则笑话，但却蕴含着极为深刻的寓意。笑话中那位说客的机智固然令人钦佩，但我们更应该由此而明白这则笑话所揭示的这样一个道理：任何人都无法拒绝那悦耳动听的赞美之辞。

赞美是春雨，能滋润希望的嫩芽；赞美是劲风，能助推航船的风帆；赞美是明灯，能照亮迷茫的前路；赞美是炭火，能驱散冬夜的寒意……一句话，赞美是一种至为宝贵的精神激励，它的作用绝非任何物质奖励所能比拟。赞美就像那强烈的兴奋剂，它能够有效地启发他人的内在动机，激发他人的内在潜能，催生他人的全部活力，让盲目的人认清目标，让徘徊的人找准方位，让自卑的人捡回自信，让懦弱的人陡生勇气，让稚嫩的人渐趋老练，让成熟的人愈发坚定。所以，只要我们将发自内心的赞美的星星火光洒到了他人的心里，他人的周身就一定会产生兴奋无比的巨大“电流”，就一定会感到有如黄金般珍贵的感动，并由此产生一种强大的动力。而有了这种感动和动力，哪怕他没有强健的体魄，他也能举起千斤巨石；哪怕他没有修长的双腿，他也能迈向成功的殿堂；哪怕他没有智慧的大脑，他也能创造令人称夸的奇迹。这就诚如法国名人拉罗什富科所说的那样：“理智、美丽和勇敢的赞扬提高了人们，完善了人们。”

赞美别人里边藏着一门大学问

世上的许多人和事，如果用不同的心态和不同的视角去看待，往往会得到截然不同的结果。譬如面对一个人，如果你用消极的心态去挑剔，你就会觉得他一无是处，而如果你用积极的心态去看待，你就会发现他有着诸多的优点；如果你只是将他跟优秀者作横向比较，你就会觉得他根本不值一提，而如果你将他作纵向比较，你就会发现他有了很大的进步，而且还蕴藏着很大的发展潜能。再有，不管是谁，在不同的发展阶段，都会有不同的表现，不同的变化，因此我们决不能以静止不变的眼光去看待他，以为他就那么一丁点儿优点，就那么一丁点儿能耐，甚至误认为优秀者就永远是优秀，平庸者就始终是平庸。

其实，在看待一个人的时候，有时候只要态度一变，视角一转，就会有与他人迥然不同的发现，并由此产生令人意想不到的结果。下面的这个故事，就很能说明这样的问题：

一个家长到幼儿园去开家长会，幼儿园老师对她说："你的孩子一定有问题，你带他去看看医生，是不是有好动症，在凳子上三分钟都坐不住"。可家长回到家里却对孩子说："老师表扬了你，说你以前一分钟都坐不住，现在能坐三分钟了。"孩子听了，那天破天荒地一下吃了两碗饭。上小学了，家长又去开家长会，老师说："班上 50 个学生，你的孩子排在 40 多名，你带他去看看医生，他是不是智商有问题。"可家长回到家里，却对孩子说："老师说你在学校表现很好，只要你认真学习，一定能赶上排在 21 名的同桌。"初中要毕业了，家长又去开家长会，这次，这位家长第一次没有被排在差生家长的行列。会后，她怀着忐忑的心情去问老师，她孩子的表现到底怎么样，老师对他说："你的孩子要考重点高中，恐怕还有些困难。”这一次，这位家长高兴地回到家里，满怀喜气地对孩子说：“老师说只要你努力，一定会考上重点高中。”结果，孩子后来果然跨进了重点高中的大门，并在高中毕业后满怀信心地参加了高考。高考发榜了，孩子捧着北大的录取通知书放声大哭，十分动情地对母亲说：“妈，我知道我不是一个聪明的孩子，这世上也只有您一直在欣赏和赞美我……”

这位母亲所做的这一切，正好应验了这么一句话：好孩子是夸出来的。而与此同时，我们更应该看到，这位母亲还有着她所特有的高明之处，即她特别善于抓住不同的时机，根据不同的情况，对孩子作出不同的赞美和鼓励：开始时的赞扬重在激励孩子建立必要的信心，下定努力的决心；中间的赞扬重在激发孩子的潜能，鼓起他再接再厉的勇气；最后的赞扬则重在肯定成绩，指出进一步的努力方向。正是凭借着这种在无望中看到希望的眼光，正是凭借着这种及时适度地作出的异常得当的赞美，她对孩子的教育才收到了这么令人难以想象的神奇功效。由此可以知道，赞美别人其实并非是一件轻易事，这里边藏着一门大学问。如果在与同学相处的时候，我们也能像这位母亲一样有心、一样得法地去赞美我们身边的同学，那么我们就也一定能采摘到令我们大喜过望的神奇果子。

找准正中对方下怀的赞美点

给人说好话，唱赞歌，乍看起来似乎并不是什么十分困难的事，可实际上呢，很多时候却并不像想象的那么简单。这是因为，世界上的人，形形式式，千差万别，有的温顺，有的暴躁；有的热情，有的冷漠；有的坦诚，有的刁钻；有的喜顺从，有的爱抬杠；有的似小绵羊，有的像小辣椒……如果你不问对象，总是用同一种模式去对对待他们，有时或许还真会遇到“不识好人心，狗咬吕洞宾”的麻烦事。正是因为人的这种差异性，决定了我们在与他人交往时，必须积极动脑，运用智慧，善于想方设法从不同的人身上找到合适的赞美点，这样才能收到我们所期盼的理想的赞美效果。

在这一方面，美国的一位图书推销高手比恩·崔西的做法，可以为我们提供极为有益的启示：

一次，比恩·崔西出去推销书籍，遇到了一位非常有气质的女士。当那位女士听到崔西是推销员时，脸一下子阴了下来：“我知道你们这些推销员很会奉承人，专挑好听的说，不过，我不会听你的鬼话的。你还是节省点时间吧。”比恩·崔西微笑着说：“是的，您说得很对，推销员是专挑那些好听的词来讲，说得别人昏头昏脑的，像您这样的顾客我还是很少遇到，特别有自己的主见，从来不会受到别人的支配。”这时，细心的崔西发现，女士的脸已由阴转晴了。接着，女士问了崔西很多问题，崔西都一一作了回答。眼见女士的脸更显灿烂了，崔西便开始高声赞美道：“您的形象给了您很高贵的个性，您的语言反映了您有敏锐的头脑，而您的冷静又衬出了您非凡的气质。”女士听了，竟开心得笑出了声来，并很爽快地买了他一套书籍。而且，之后她又在崔西那里购买了上百套书籍。

又一次，比恩·崔西到某家公司推销图书，办公室里的员工选了很多书，正要准备付钱，忽然进来一个人，大声道："这些跟垃圾似的书到处都有，要它干什么?"崔西正准备向他露一个笑脸，可他接着就一句话冲了过来："你别给我推销，我肯定不会要，我保证不会要。""您说得很对，您怎么会要这些书呢?明眼人一下子都能看得出来，您是读了很多书的，很有文化素养，很有气质，要是您有弟弟或者妹妹，他们一定会以您为荣为傲，一定会很尊重您的。"崔西微笑着，不紧不慢地说。"你怎么知道我有弟弟妹妹的?"那位先生有点兴趣了。崔西回答说："当我看到您，您给我的感觉就有一种大哥的风范，我想，谁要是有您这样的哥哥，谁就是上帝最眷顾的人!"接下来，那人以大哥教导小弟的语气说话，崔西呢，就像对大哥那样尊敬地赞美他，两人聊了十多分钟。最后，那位先生以支持崔西这位兄弟工作为由，为他自己的亲弟弟选购了五套书。崔西在当天的日记中写道："其实，我心里很明白，只要能够跟我的顾客聊上三分钟，他不买我的图书，那是不可能的。因为，无论做人还是做事，要改变一个人，最有效的方式是，传递信心，转移情绪。"同时，他还写下了这样一段颇富哲理的话语："人是感性左右理性的动物。若一个人的感性被真正调动了，那么，他想拒绝你，比接受你还要难。而要想迅速控制一个人的感性，最有效和快捷的方法就是恰如其分的赞美。"

此后，随着推销图书经验的日渐丰富，比恩·崔西更是总结出了这样一条人性定律：没有人不爱被赞美，只有不会赞美别人的人。他曾经说："我能让任何人买我的图书。"这绝不是他的任意夸口，因为他确实有着一条推销图书的秘诀：非常善于赞美顾客。仔细揣摩比恩·崔西与他人的交谈，即可发现他至少在以下这两个方面有着他过人的聪明之处：善于抓住每件事情的重点来述说自己的感受，让对方感到他确实是抓住了自己不得不认可的最核心的东西；善于化解对方激烈对抗的言辞，并在峰回路转中把它扩大和引申，最终异常巧妙地从中淘出正中对方下怀的赞美点。如果我们也能认真学一学比恩·崔西的做法，那么我们也定将无往而不胜，将那一顶顶"高帽子"如愿地赠送到我们所想要赠送的人的头顶上。

千万别让赞美打折扣

对他人的赞美，要怎样才能取得最佳的效果呢？这其中有一个极为重要的秘诀：要真心实意地给人以最热情的赞美，千万别让赞美打折扣。

现实生活中的许多事实都告诉我们，要让赞美很好地发挥作用，在赞美他人时必须紧紧围绕赞美这一主旨，主要谈论对方的成绩，而千万不要提及会让赞美打折扣的旁枝末节。可不少人并不明白这个道理，他们在赞美他人的时候，往往会很容易犯这样一个严重的错误：

对于他人的成绩，不是给予百分之百的充分赞美，而是喜欢画蛇添足地加上几句令人沮丧的评论或是削弱赞美的话语，使赞美打了很大的折扣再送出去。譬如，有些家长或老师为了要改变一个孩子读书时不够专心的态度，往往都会这样对孩子说："孩子，这学期你的成绩进步了，我们真为你感到高兴，但是，与同桌相比，你还有着较大的差距，今后必须更加专心才行。"面对这样的谈话，孩子在听到夸他进步的那一刻，可能会感觉很高兴，可是当他听到了"但是"后边的那些话语，他的情绪或许就会一下子降到冰点了。为什么？因为家长或老师起始时的那些赞美的可信度，已经遭到了他极大的怀疑。他一定会觉得，起始时的那个赞美，纯属"醉翁之意不在酒"，不过是要批评他学习不专心的一条预设的引线而已。赞美的可信度既然遭到了曲解，那么要改变他学习态度的目标自然也就很难实现了。

要怎样才能改变这种不恰当的赞美呢？我们觉得，最好的办法就是绝不要在"但是"后面做文章，千万不要让赞美打折扣，而要真心实意地给孩子以最热情的赞美："孩子，这学期你的成绩进步了，我们真为你感到高兴，只要你下学期学习更专心一点，你一定能超过同桌，超过许多成绩优秀的同学!”这样的赞美，充满着热情，饱含着激励，绝没有打丝毫的折扣，更没有隐含着某种批评和指责，孩子听了以后，能不非常乐意地接受，能不竭尽自己的最大努力去达成家长或老师的期望么?

让赞美打折扣的情况之所以会发生，除了上述的这一原因外，还有以下另外的两种情况：一种情况是，有一些人心胸窄，心眼小，人家的成绩越突出，他就越觉得自己有责任去评论而不仅仅是去赞美，因为他们实在不愿意只是去唱赞歌，而是一定要多少挑出点缺陷，自己的心理才感到平衡。有些人甚至更是进而认为，人无完人，金无足赤，只有打了折扣的赞美才更加真实，更为可信，更有分量，更起作用。这样，在赞美他人的优点或成绩时，他们就总喜欢将批评也同时“搭卖”出去。另一种情况是，有些人总觉得自己能耐大，水平高，对他人的成绩往往不以为意，因此即便是赞美他人，他们也把它当作自我表现的一个机会，想凭借那打了折扣的赞美，来显现他敏锐的眼光和评判的水平。譬如，有位同学在市级的作文竞赛中拿了一等奖后，他们就这样来评说：“这位同学能拿到这样的奖项，固然十分可喜，值得祝贺，但是严格来说，他的文章其实还是存在一些瑕疵的，还大有提高的余地，所以希望他今后能作进一步的努力。”这种大打折扣的赞美，往往会使受赞美者原有的喜悦之情一扫而空，反而是那几句额外“搭配”的非议，会让人怏怏不乐，难以释怀。由此可见，凡是打了折扣的赞美，都会产生不必要的负面影响，它会像在簇新的雪白桌布上涂抹上了一块黑色的污迹那样，给人带来不快与难堪，甚至使人顿生厌恶和反感。很显然，这也就背离了赞美的本意，丢失了赞美的效果。

综上可知，我们在对他人加以赞美的时候，一定要杜绝那种打了折扣的赞美，而要设法将赞美的作用发挥到极致，以使他人的心里感到暖暖的，在我们真诚的赞美声中汲取更多前行的力量。

用赞美架起友谊的桥梁

赞美的作用，不仅能给他人巨大的精神激励，而且还能构架起我们与他人之间友谊的桥梁。

赞美，这是用自己审美的眼光对他人的个性、言行以及成绩所作的一种羡慕式的肯定，是用自己的热情和善意去体贴另一颗需要让人理解和接纳的心，因此它也就像沙漠中的甘泉一样，能极大地满足他人尊严的需要，能有效地化解他人人性的饥渴，能使他人格外感到人生的温暖和甜美。

古人曾说："投我以桃，报之以李。"人与人相处，总是保持着大致平衡的关系，如果我们以满腔的热情给了他人以由衷的赞美，那么他人也就必将会想方设法用另一种方式来回报我们。这样，赞美也就成了搞好人际关系的一笔非常重要的感情投资，成了人际交往的极为理想的黏合剂，成了建立深厚友谊的汩汩不绝的情意之源。

赞美，它表达的是善意和真诚，传递的是信任和关爱，所以它也就必然能润滑纷繁的人与人之间的各种纠葛，必然能化解我们有意无意间与他人形成的隔阂和摩擦，使前进的路途少了许多磕磕绊绊的障碍，使日常的生活多了许多和谐的音符。这样，相互之间的隔膜就能随之而洞穿，人与人之间的坚冰就能由此而溶化，相互敌对的人也就能相逢一笑，化敌为友。

曾任美国总统的富兰克林年轻时，有一位很有钱很能干的议员曾很不喜欢他，并曾公开骂过他，这给他造成了很大的麻烦。该怎么办？当他得知那位议员的图书室里藏有一本非常稀奇而特殊的书后，他就给那位议员写了一封便笺，表示自己极欲一睹为快。图书借到并阅读了大约一个星期后，他在还书时又特别给那位议员附了一封信，不仅对那书大加赞美，而且还对议员表示了深深的谢意。从此，他们的关系就有了明显改善，此后更是成了很要好的朋友。

赞美不仅能使干戈化为玉帛，而且还能使素昧平生的人成为知音。春秋时期的俞伯牙和钟子期，原本是两个天各一方的陌路人，而且一个贵为高官，一个贱为樵夫，地位甚是悬殊。乍一看，两人似乎是说什么也无法扭合到一块的，可最终呢，俞伯牙却硬是将身为樵夫的钟子期引以为知音，且与之结为挚友，并由此而为后人留下了一段“高山流水遇知音”的千古传唱的动人故事。原因何在呢？答案只有一个：这完全是钟子期对俞伯牙的琴声真诚而又恰当的赞美所催生的奇葩和结出的硕果。

总而言之，只要我们多给他人送去一些真诚的赞美，人与人之间便会多一份理解，少一点戒备；多一份温暖，少一点冷漠；多一份融洽，少一点隔阂。这样，我们就能与他人之间架起一座座坚固的友谊的桥梁，并由此而得到许多真诚而热情的帮助，获取诸多诉说不尽的好处。不信，试着举起我们的手来，伸出大拇指赞美别人，看看是不是在一个手指头向着别人的同时，却有四个手指头是向着我们自己的？